全国高职高专"十三五"规划教材·铁道交通类
动车组检修技术专业精品规划教材
全国行业紧缺人才、关键岗位从业人员培训推荐教材

动车组制动

主　编　李　飞

副主编　袁　野　张冰玉

北京交通大学出版社

·北京·

内 容 简 介

随着国家"一带一路"战略的提出,高速铁路在中国乃至世界范围内快速发展。制动系统作为高铁列车的核心系统,对动车组运行准点率、舒适性及安全性等方面有着决定性的影响。动车组运行速度的提高,对列车的制动性能及运行平稳性提出了更高的要求,也相应增加了动车组制动系统故障检测及检修的难度。目前,高速铁路的发展,亟须大量能够从事动车组运用和检修方面的技术技能人才。为此,国内各铁路高职院校的动车组检修技术专业开设了动车组检修及运用方面的相关专业课程。本教材针对该专业高职学生及培训学员的学习特点进行编写,以便于教学的开展。

图书在版编目(CIP)数据

动车组制动 / 李飞主编 . —北京:北京交通大学出版社,2017.3 (2018.1 重印)
ISBN 978 - 7 - 5121 - 3172 - 9

Ⅰ.①动… Ⅱ.①李… Ⅲ.①动车 – 车辆制动 – 高等职业教育 – 教材
Ⅳ.①U266

中国版本图书馆 CIP 数据核字(2017)第 036748 号

动车组制动
DONGCHEZU ZHIDONG

策划编辑:刘 辉 责任编辑:刘 辉 助理编辑:陈可亮
出版发行:北京交通大学出版社 电话:010 – 51686414 http://www.bjtup.com.cn
地 址:北京市海淀区高梁桥斜街 44 号 邮编:100044
印 刷 者:北京鑫海金澳胶印有限公司
经 销:全国新华书店
开 本:185mm × 260mm 印张:13.75 字数:344 千字
版 次:2017 年 3 月第 1 版 2018 年 1 月第 2 次印刷
书 号:ISBN 978 - 7 - 5121 - 3172 - 9 / U · 253
印 数:1501 ~ 3500 册 定价:32.00 元

本书如有质量问题,请向北京交通大学出版社质监组反映。对您的意见和批评,我们表示欢迎和感谢。
投诉电话:010 – 51686043,51686008;传真:010 – 62225406;E-mail:press@bjtu.edu.cn。

前　言

本教材作为系列教材之一，主要介绍动车组制动系统的内容。全书分为 5 个项目。项目 1 介绍动车组制动系统的相关概念，动车组制动方式分类、特点及基本的制动原理。项目 2 介绍 CRH 系列动车组制动系统的特点和性能，主要介绍 CRH_1、CRH_2、CRH_3 和 CRH_5 型动车组的总体概况、电制动系统、空气制动系统和各型动车组防滑装置。项目 3 主要介绍动车组制动压缩空气系统，主要包括压缩空气供给装置特点、类型、结构及工作原理，压缩空气净化装置分类及工作原理，压缩空气控制装置及各个控制阀的结构及工作原理，基础制动装置的概述、组成，以及制动盘及夹钳机构工作原理。项目 4 主要讲述了动车组制动控制系统的相关知识，介绍了制动控制系统的各种操作设备的基本情况，制动控制指令形式、产生原理、传递方式，常见制动形式如常用制动、紧急制动、停放制动、备用制动实施时的控制信息（电信号、空气信号）传递路径与控制方法。项目 5 结合现场运用情况，介绍动车组使用过程中常用的制动试验方法、联挂与回送作业、制动系统检修作业、典型故障的分析与处理情况。

全书由天津铁道职业技术学院李飞主编，袁野、张冰玉任副主编。具体的编写任务如下：天津铁道职业技术学院张冰玉编写项目 1、项目 2 的任务 1 和 2 及项目 3 的任务 1，天津铁道职业技术学院尚红霞编写项目 2 的任务 3 和 4 及项目 3 的任务 2 和 3，天津铁道职业技术学院袁野编写项目 4 的任务 1 和 2 及项目 5，天津铁道职业技术学院李飞编写项目 4 的任务 3 ~ 7。

由于编写水平有限，加之时间仓促，本书难免有不妥之处，恳请读者给予批评指正，提出宝贵意见。

编者

2016 年 7 月

目　　录

项目1　动车组制动系统基础知识

项目描述

动车组运行速度的提高，对列车的制动能力及运行平稳性等提出了更高的要求。因此，高速动车组上必须装备高效率和高安全性的制动系统，为列车正常运行提供调速和停车保障，并保证在意外状况下尽可能缩短制动距离。

本项目针对动车组制动系统的相关概念作了介绍，同时列出了动车组制动方式的分类及特点。此外，还简要介绍了动车组制动系统（主要为电制动及空气制动）的基本工作原理。

本项目任务：

任务1　动车组制动系统概述

任务2　动车组制动系统作用原理

教学目标

1. 知识目标

（1）掌握动车组制动的基本概念，包括制动、缓解、制动距离等，了解制动的重要意义；

（2）掌握动车组制动类型；

（3）了解空气制动与电制动基本原理。

2. 能力目标

（1）能够对动车组制动系统有大致全面的认识，为后续课程的深入学习奠定基础；

（2）掌握动车组制动系统检修工作的基础理论，能够更好地胜任今后机械师的工作。

3. 素质目标

（1）在项目完成过程中培养学生对专业领域的热爱；

（2）养成严谨认真的学习态度，培养创新和挑战意识。

【任务1】 动车组制动系统概述

📋 任务单

任务名称	动车组制动系统概述					
任务描述	让学生首先对制动系统的重要性有深刻的认识,从而引起其对本门课程的重视,再进一步引出制动、缓解等基本概念,以及制动系统的不同分类方式等。					
任务分析	本任务是本门课程的入门内容,所以引起学生的学习兴趣与重视非常重要。通过观看由于制动系统故障所引发的事故案例,并结合课堂分组讨论能够达到预先设定的学习效果。引起学生的学习兴趣后,开始逐步引入制动的相关知识,循序渐进,依次深入,通过任务单进一步巩固所学知识点。					
学习任务	【子任务1】观看由于制动系统故障造成惨烈事故的视频,结合视频与学习引导文互相交流对于制动系统重要作用的认识。 【子任务2】简述制动、缓解、制动距离的概念,以及我国《铁路技术管理规程》对紧急制动距离是如何规定的。 【子任务3】按照动能转移方式及制动力操纵控制方式划分,动车组有哪些制动方式? 【子任务4】铁路上所说的"黏着"与物理中的"静摩擦"有何关系?有哪些因素会影响黏着系数?					
劳动组合	各组成员相互讨论交流,根据所给的事故案例,并结合课堂所讲授的内容完成任务单。各组长评判小组成员的学习情况,并作出小组评价。					
成果展示	(1)每组通过讨论派一位代表谈一下观看事故案例,以及制动系统的初步学习后,对制动系统的认识,各组相互评价补充。 (2)选出各组任务单完成最好者,各组之间进行评比。					
学习小结						
自我评价	项目	A—优	B—良	C—中	D—及格	E—不及格	综合
	安全纪律(15%)						
	学习态度(15%)						
	专业知识(30%)						
	专业技能(30%)						
	团队合作(10%)						
教师评价	简要评价						
	教师签名						

学习引导文

1.1.1　列车制动基本概念

1. 制动和缓解的概念

在轨道交通运输中，"制动"是指人为施加作用力使列车减速、停车、阻止其运动或加速的统称。反之，解除或减弱已实施制动列车的制动作用的过程则称为"缓解"。

为了能够实施制动与缓解作用，须要在列车上安装一套完整的设备，即"制动装置"。当前我国铁路运输中广泛使用的空气制动装置主要包括制动机和基础制动装置两大部分。其中制动机是制动装置中受司机直接操纵与控制的部分，通过其产生制动原动力，制动机主要包括制动缸及分配阀等；基础制动装置是主要用于传递制动原动力并将其进行放大，最终产生制动力的部分，如制动夹钳等。

由制动装置引起的，与列车运行方向相反并且司机能够根据需要控制其大小的外力称为制动力，该力是人为施加的阻力，远大于列车运行过程中自然产生的阻力。

制动力有多种产生方式，图 1-1 以摩擦制动中的踏面制动为例，用闸瓦紧压在车轮踏面上，通过闸瓦与踏面之间的摩擦，获得所需要的制动力。

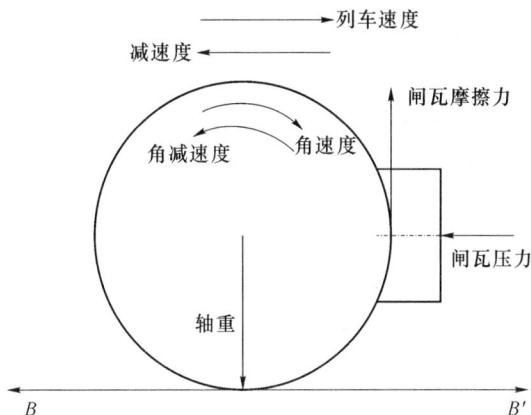

图 1-1　踏面制动制动力产生示意图

2. 制动距离

"制动距离"指从列车施行制动作用开始，到其完全停止所驶过的距离。该指标能够综合反映列车制动装置性能的优劣，制动距离越小，列车制动性能越好，安全性也越高。此外，还有一个制动（平均）减速度的概念也可作为制动性能的评价指标，该减速度指列车从施行制动到完全停止的速度变化量与所用时间的比值。

为确保行车安全，世界上每个国家都制定有自己的制动距离标准，即在紧急情况下最大允许的制动距离。根据我国《铁路技术管理规程》（下文简称《技规》）的相关规定，对于不同速度等级的旅客列车和货物列车分别规定了如表 1-1 所示的紧急制动距离。

表 1 – 1 我国客、货车紧急制动距离

分类	客车						货车	
速度/(km/h)	120	160	200	250	300	350	90	120
紧急制动距离/m	800	1 400	2 000	2 700	3 700	4 800	800	1 100

3. 制动的意义

对于动车组而言，制动性能的优劣不仅仅关乎于行车安全，更是对列车速度的提升有重要影响。想要实现速度上的飞跃，除了要有大的牵引功率外，同时也要有良好的制动性能，保证高速下制动停车的可行性。制动装置对于铁路运输的意义可以通过以下的例子来理解。

如图 1 – 2 所示，列车在甲、乙两站之间运行，该车从甲站出发，行驶了 s_0 距离后加速至 v_1。s_0 为起动加速距离，其大小由列车牵引功率决定。若列车 A 到达乙站停车，由于其制动功率较大，可以从 a 处实施制动，制动距离为 s_1。另一制动功率较小的列车 B 在与 A 以同一运行速度下到达乙站停车，则需从 b 处开始实施制动，制动距离为 s_2。由于列车 B 减少了高速行驶的时间，故列车 B 的技术速度低于 A。为保证行车安全，根据《技规》有关规定，列车以 160 km/h 的速度运行，其制动距离为 1 400 m。假设此时 s_1 为 1 600 m，若要在相同的制动距离下停车，则列车 B 必须将区间运行速度限制在 v_2，这样区间的运行速度就会下降。

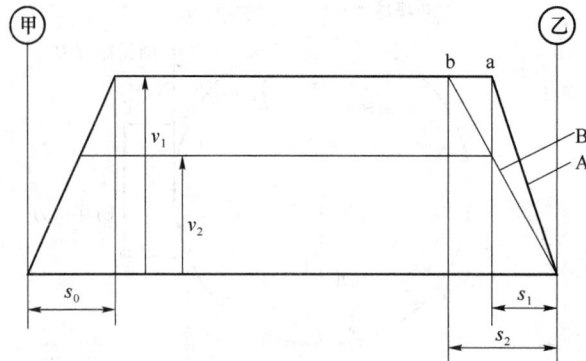

图 1 – 2 制动性能与区间速度和制动距离的关系

由此可见，良好可靠的制动性能一方面能够保证列车在任何情况下都能实现减速、停车等功能，确保行车安全；另一方面也是提高列车牵引速度和运输能力，实现高速重载的必要前提。牵引与制动功能相互制约且相互促进，没有先进的制动设备就没有现代化铁路运输的快速发展。

1.1.2 动车组制动方式分类

按照不同的划分标准，制动方式有不同的分类形式。

1. 按照能量转移方式分类

从能量的角度分析，制动的实质就是将列车动能转化成其他形式的能量并且消耗掉。根

据列车动能消耗方式的不同，制动方式可分为摩擦制动和动力制动。

（1）摩擦制动。

摩擦制动是一种通过机械摩擦来消耗列车动能的制动方式。相对于动力制动而言，其优点是制动力与列车运行速度无关，即无论在高速还是低速运行时，列车都具有制动能力，尤其是在低速时能对列车施行制动直至停车。其缺点是由于摩擦副热能散发能力有限，故制动能力有限，不太适用于高速运行下列车的制动。摩擦制动是列车最基本的制动方式，其主要包括闸瓦制动、盘形制动和磁轨制动等。

①闸瓦制动。

闸瓦制动也称踏面制动，是自轨道交通运输诞生以来使用最广泛的一种制动方式。如图 1 - 3 所示，该方式是将闸瓦，即铸铁或其他材料制成的瓦状制动块紧压滚动着的车轮踏面，通过闸瓦与车轮踏面的摩擦产生制动力，并将列车的动能转变为热能耗散于大气。

②盘形制动。

盘形制动是在车轴或车轮辐板侧面安装制动盘，用制动夹钳使两个闸片紧压制动盘侧面，通过摩擦产生制动力，将列车动能转变成热能消散于大气。根据安装位置的不同可分为轴盘制动与轮盘制动，图 1 - 4 所示为轴盘制动。

图 1 - 3　闸瓦制动

图 1 - 4　盘形制动（轴盘）

与闸瓦制动相比，盘形制动可大大减轻车轮踏面的热负荷和机械磨耗，并且可以按制动要求选择最佳"摩擦副"。考虑到制动盘需要具有良好的散热性，在制动盘的中间部分设计有散热筋片，更适宜高速列车。此外，盘形制动制动平稳，几乎没有噪声，故现今高速列车的空气制动系统普遍采用盘形制动方式。

③磁轨制动。

磁轨制动是通过将车辆转向架上的磁铁吸附在轨道上并使磁铁在轨道上滑行，通过电磁铁上的磨耗板与钢轨之间的滑动摩擦产生摩擦制动力的制动方式。磁轨制动分为电磁型磁轨制动和永磁型磁轨制动，其最大的优点是产生的制动力不受轮轨间的黏着条件限制，其主要区别在于选用磁铁的不同，前者采用的是电磁铁，后者为永久性磁铁。

（2）动力制动。

动力制动的基本原理是使牵引电机作为发电机工作而产生制动力，所产生的电能可以在制动电阻上转变为热能发散（电阻制动）或反馈至供电网（再生制动），高速列车中多采用再生制动。再生制动的制动力与列车运行速度有很大关系，列车速度越高，制动力越大，随着列车速度的降低，制动力也随之下降，故动力制动适合高速行驶下列车的制动。动力制动包括电阻制动、再生制动等。

①电阻制动。

电阻制动是在制动时将原来驱动轮对的自励牵引电动机转变为他励发电机，由轮对带动发电，并将电流通往专门设置的电阻器，采用强迫通风，使电阻器产生的热量消散于大气而产生制动作用。

②再生制动。

与电阻制动相似，再生制动也是将牵引发动机转变为发电机。不同的是，它将电能反馈回电网，使本来由电能变成的列车动能再生为电能，而不是变成热能消散掉。目前，我国的动车组均采用再生制动这种动力制动方式。

2. 按制动力形成方式分类

按动车组制动力的形成方式，可分为黏着制动与非黏着制动，这是按照制动力形成是否依赖于轮轨之间的黏着关系而划分的。

铁路运输过程中，主要通过车轮与钢轨之间的黏着蠕滑作用进行牵引力的传递，各国高速动车组也主要利用轮轨之间的黏着关系进行制动。因此，车轮和钢轨间的黏着特性是影响牵引和制动的最直接，也是最主要的因素。机车处于牵引工况时，当机车的牵引力大于轮轨黏着力时，将造成车轮的持续空转，在车轮表面和钢轨表面形成擦伤。机车处于制动工况时，当机车的制动力大于轮轨黏着力时，将造成车轮的打滑，车轮打滑也会使钢轨表面和车轮表面形成擦伤。车轮擦伤和钢轨擦伤会成为列车运行过程中的随机激扰，对车辆的稳定性和平稳性造成严重影响。故本部分对轮轨黏着关系作一下简要介绍。

根据刚体运动学理论的分析，当车轮沿钢轨自由滚动时，车轮与钢轨在接触的瞬间应为没有相对运动的一个接触点。此时，轮轨间的纵向作用力为静摩擦力，其最大值取决于静摩擦系数与钢轨对车轮的支持力。但在实际的轮轨接触过程中，尤其是在高速运行工况下，用弹性动力学理论所得到的结论更符合实际情况。由于车体传递给车轮及轨道的力非常大，此时应把轮轨均看作弹性体，在巨大的轮轨作用力下，轮轨间实际形成了一种近似于椭圆形面的接触状态。

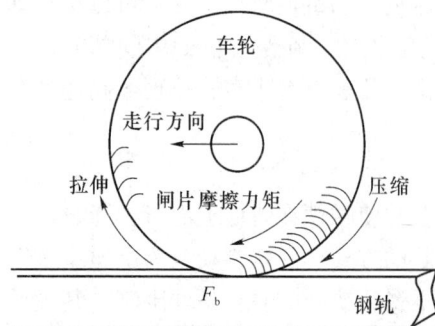

图1-5 闸瓦制动轮轨变形形态

图1-5以闸瓦制动为例，车轮走行方向如图中箭头所示，闸片的摩擦力矩与车轮滚动方向相反，实现制动作用。在该力矩作用下，对于车轮而言，其位于轮轨接触部位的左、右两侧部分分别处于拉伸和压缩状态；而对于钢轨，其位于接触部位左、右两侧的部位受力状态正好与车轮相反。随着车轮的滚动，车轮会在轮轨接触部位发生从拉伸到压缩的状态转变，而钢轨在该处的状态转变情况则与之相反，因而轮轨之间必然存在相对滑动。此外，由于车轮采用锥形踏面，列车在运行过程中不可避免地会受到冲击和各种振动，也会使得车轮在钢轨上滚动的同时伴随些许的纵向和横向滑动。

故在研究轮轨关系问题时，用黏着一词代替摩擦。黏着力即黏着状态下轮轨间纵向水平作用力的最大值，黏着力与轮轨间垂向载荷的比值即黏着系数。黏着系数是表示车轮与钢轨间黏着状态的指标，它表示了车辆的牵引力或制动力传递给钢轨的可能程度。黏着系数既不是静摩擦系数，也不是动摩擦系数，而是介于两者之间。

总之，车轮在钢轨上的运动不是纯粹的静摩擦状态，而是"静中有微动""滚中有滑"，故轮轨间纵向水平作用力的最大值比最大静摩擦力要小得多。

对于黏着系数，相关国内外轮轨关系工作者做过很多影响因素的研究。黏着系数是根据不同应用条件的客观要求（比如防滑器的摩擦磨损特性、是否装有闸片、车轮踏面状态、轴重转移状况、天气情况、运行区段线路情况、制动距离要求、列车最高运行速度等），进行人为选取的。不同季节、不同地点、不同车型时的黏着系数都有所不同。在实际使用中，一般是先根据公式算得黏着系数，再根据实际状况进行一定量的增减，作为设计依据。例如，日本新干线高速列车试验表明，轮轨在干态接触状态下，当列车速度小于 300 km/h 时，轮轨黏着系数变化不大。又有黏着试验发现，在轮轨间存在水介质时，轮轨接触面水膜、油膜的存在对轮轨黏着力影响很大，会显著降低轮轨间的黏着力，引起低黏着的发生。轮轨间的低黏着状态会引起车轮在钢轨上空转或滑行，造成车轮踏面或钢轨轨头的擦伤。轮轨表面擦伤将在列车运行时产生强烈的振动和冲击，导致车轮轴承、车轴和钢轨的损伤，增加车辆和线路的维修成本，故需确定行车最为合适的黏着状态，并且研究会对黏着系数造成影响的因素。此外，轮对的运用工况也是影响轮轨黏着系数的一个有效因素，制动黏着系数和牵引黏着系数大小是不同的，通过受力分析可以看出，制动时的黏着系数比牵引时的黏着系数要小一些。

在传统的制动方式中，如闸瓦制动、盘形（包括油压卡钳盘式、涡流盘式）制动、电阻制动和再生制动均属于黏着制动，因为其制动力的产生都离不开轮轨间的黏着关系，即轮轨接触区域必须有黏着作用，并且制动力的大小受黏着限制。

相比而言，磁轨制动与轨道涡流制动制动力的产生则与轮轨间的黏着作用没有直接关系，磁轨制动只取决于制动体与钢轨之间因接触摩擦所产生制动力的大小，故属于非黏着制动。

3. 按制动力操纵控制方式分类

按制动力的操纵控制方式，动车组所采用的制动方式可分为空气制动和电制动两类。

（1）空气制动。

空气制动又分为直通式空气制动和自动式空气制动两种。

①直通式空气制动。

图 1-6 所示为早期的直通式空气制动机，此方式通过制动阀将总风缸的压缩空气经列车管直接送入制动缸，直接在制动缸得到所需制动力，空气压力大小直接决定制动力的大小。这种制动机的制动阀结构较为简单，操纵上只有制动、保压、缓解三个位置。此种方式作用下，列车管充气，制动缸增压，产生制动作用；列车管排气，制动缸也排气，制动缓解。该制动方式整个系统构成，以及制动阀的结构都较简单，可以用制动阀直接调节制动缸的压力，能够满足编组较短的动车组或机车车辆制动、缓解时间的一致性；但对于较长编组的列车，由于所有制动缸全部由排空状态开始经列车管充气，空腔容积大，列车制动力上升时间较长。此外，位于列车前部的车辆的制动缸制动时增压比后部车辆快，缓解时排气减压也较快，这就使制动作用一致性差，容易形成纵向冲击，故干线机车几乎不再采用此种制动方式。

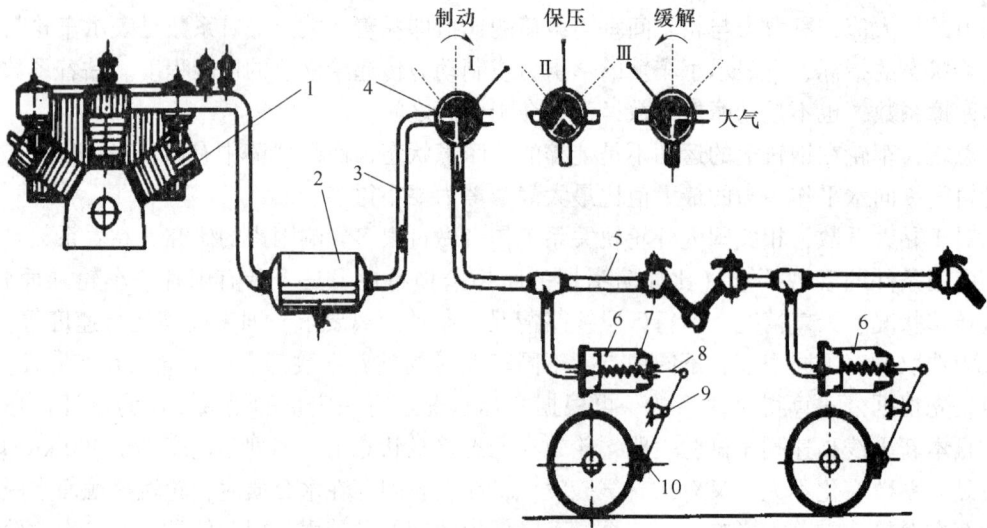

图1-6 早期直通式空气制动机示意图

1—空气压缩机；2—总风缸；3—总风缸管；4—制动阀；5—制动管；

6—制动缸；7—缓解弹簧；8—活塞杆；9—制动杠杆及其支点；10—闸瓦及瓦托

图1-7所示为目前在动车组中普遍采用的电气指令微机控制的直通式空气制动机。该种制动方式的操纵控制用电信号，制动作用的原动力还是压缩空气，其将传输到制动计算机的电气指令经EP阀转换为空气指令，控制中继阀向制动缸提供压缩空气。此种制动方式的优点是全列车能够迅速地发生制动和缓解作用，列车前后部制动动作一致性较好，列车纵向冲击小，并且缩短了制动距离，适用于高速、重载列车。

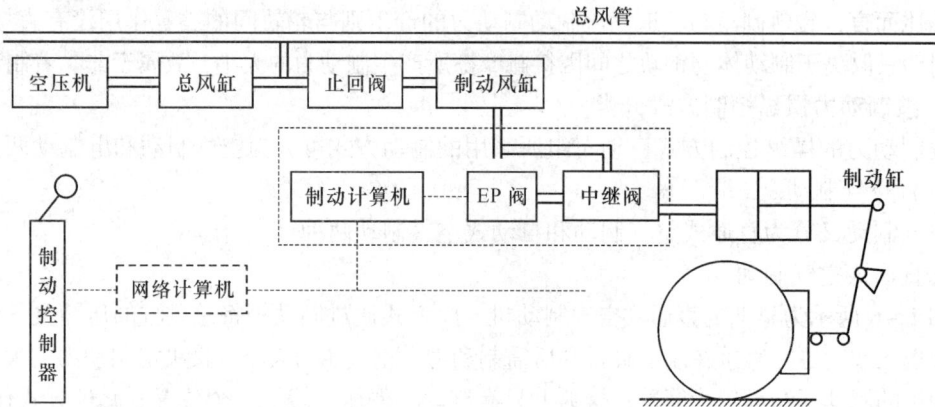

图1-7 电气指令微机控制的直通式空气制动机示意图

②自动式空气制动。

自动式空气制动机是通过制动阀改变列车管的空气压力，以此压力变化为控制信号，控制车辆制动机的三通阀（又称分配阀），使制动缸获得所需要的空气压力，再进行制动，详见图1-8。三通阀由主活塞、滑阀、节制阀等组成，一通制动管，二通副风缸，三通制动缸，是自动式空气制动机最简单、最基本的控制阀。

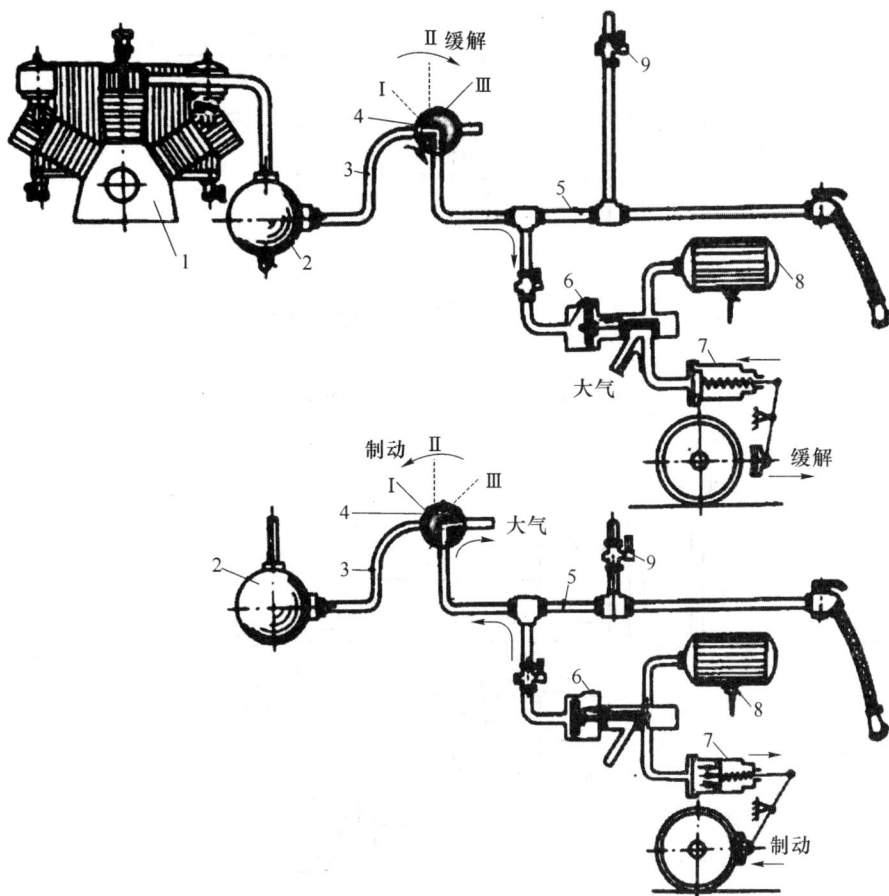

图 1 - 8　自动式空气制动机示意图

1—空气压缩机；2—总风缸；3—总风缸管；4—制动阀；5—制动管；

6—三通阀；7—制动缸；8—副风缸；9—紧急制动阀

制动阀位于不同工作状态时，三通阀结构如图 1 - 9 ~ 1 - 11 所示。

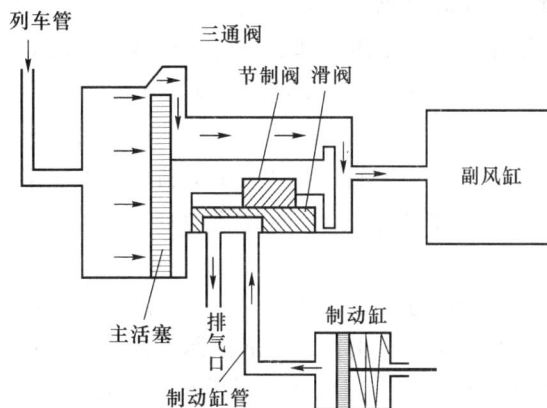

图 1 - 9　三通阀充气缓解位

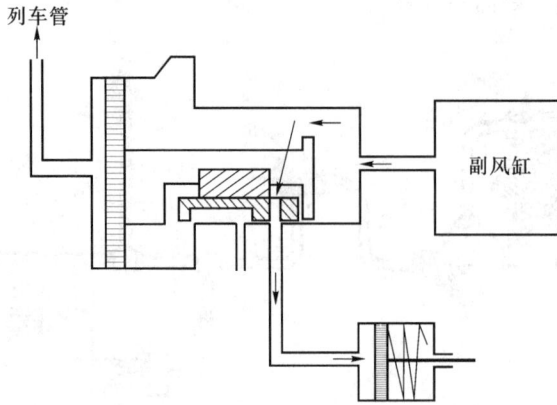

图 1 – 10　三通阀排气制动位

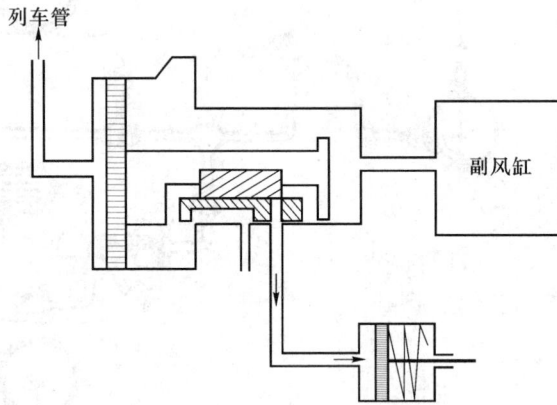

图 1 – 11　三通阀中立保压位

　　当制动手柄置于充气位（即图 1 – 8 的Ⅲ位）时，总风缸的压力空气经制动阀进入列车管，列车管压力升高，三通阀主活塞左侧压力升高，推动主活塞带动节制阀及滑阀右移，并打开上端充气沟。列车管内的压力空气经充气沟进入滑阀室和副风缸，向副风缸充气直至与列车管压力相等。同时，滑阀联络槽使制动缸管与排气口连通，制动缸内压力空气经 三通阀的排气口排向大气，制动缸活塞由缓解弹簧推至缓解位，呈缓解状态（见图 1 – 9）。

　　当制动手柄置于制动位（即图 1 – 8 的Ⅰ位）时，列车管的压力空气经制动阀排出，列车管压力降低，三通阀的主活塞右侧压力高于左侧，推动主活塞先左移一个间隙，关闭上端充气沟，再带动节制阀及滑阀移到左端。滑阀关闭了制动缸管与排气口的通路，打开了副风缸与制动缸的通路，使副风缸的压力空气进入制动缸，推动制动缸活塞，产生制动作用（见图 1 – 10）。

　　制动后，当制动手柄置于中立位（即图 1 – 8 的Ⅱ位）时，制动阀的通路被全部遮断，列车管的压力空气既不能从制动阀排出，也不能由制动阀充入，此时列车管压力保持不变。起初，三通阀活塞仍然处于制动位，但副风缸继续向制动缸充气，使副风缸的空气压力降低，而制动缸的压力增加，直至副风缸的压力稍低于列车管的压力，形成压力差，活塞带动节制阀向右移动一个间隙的距离，而滑阀未动，节制阀遮断了副风缸与制动缸的通路，副风缸的压力不再下降，制动缸的压力也不再上升，形成中立位（见图 1-11）。

可以看出，自动式空气制动的特点与直通式相反，其为制动管排气（减压）时制动缸充气（增压），产生制动作用；制动管充气（增压）时制动缸排气（减压），产生缓解作用。其优点为当列车发生分离时，制动软管被拉断，制动管风压急剧下降，三通阀迅速左移到制动位，列车能够自动、迅速地制动直至停车。由于制动时每车都有副风缸向本车制动缸供气，缓解时制动缸压缩空气都可以从本车的三通阀处排出，所以制动时制动缸动作较快，风压上升也快，并且列车前后部制动、缓解的一致性都比直通式好，很大程度上缓解了列车运行中的纵向冲击，适用于编组较长的列车。

（2）电制动。

电制动是操纵控制和原动力都采用电信号的制动方式，它通过控制电机的电流大小和方向，使电机产生一个与列车运行方向相反的力，从而达到使列车减速的目的。电制动方式主要有电阻制动和再生制动。因为电制动能够提供较大的制动力，以及其他一些优点，所以电制动是各种高速动车组所采用的主要制动方式。

4. 按用途分类

（1）常用制动。

常用制动是使用频率最高的一种制动方式，是在正常条件下为调节、控制列车速度或进站停车实施的制动。常用制动作用比较缓和，且制动力可以调节，通常只用列车制动能力的 20%~80%，多数情况下只用 50% 左右。

（2）非常制动。

非常制动有时也称快速制动，是紧急情况下为使列车尽快停住而施行的制动。其特点是把列车制动能力全部用上，且动作迅猛，制动力为最大常用制动力的 1.4~1.5 倍。

（3）紧急制动。

紧急制动也是在紧急情况（如信号突变、异物占道等）下采取的制动方式，特点与非常制动类似。其与非常制动的区别在于非常制动一般为电空联合制动，也可以是空气制动；而紧急制动只有空气制动作用。

（4）辅助制动。

辅助制动包括备用制动、救援/回送制动、停放制动和停车制动等。

1.1.3 动车组制动方式特点

由于动车组具有其固有的结构特点及技术特性，且运行速度较高，故对其制动系统又提出了新的要求，需具备以下特点：

①动车组制动系统需操作灵活，作用灵敏可靠，制动减速快，动车组前后车辆制动、缓解一致。

②高速动车组具有动力制动能力，在正常制动过程中，应尽量发挥动力制动能力，以提高经济性，降低运行成本。

③采用几种制动方式联合制动的方法来代替传统的单一摩擦制动的方法，形成了由动力制动、非黏着制动及摩擦制动组成的复合制动模式，从而很大程度上增强了列车的制动能力。

④高速动车组各车辆的制动力应尽可能一致，制动系统应根据载客量的变化，具有自动调整能力，同时协调好动力制动与空气制动的分配，以减少制动时的纵向冲击。

⑤由于运行速度较高，动车组的黏着系数小，制动距离要求短，因此动车组均设置高性能电子防滑器进行防滑控制，充分利用黏着。

⑥采用微机技术的电气控制命令来实行制动控制，由于制动控制具有一致性，从而增强了列车制动的安全性和舒适性。因为充分利用了动力制动系统，实现了以动力制动为主、摩擦制动为辅的制动模式，从而很大地减轻了摩擦制动的损耗。

任务实施与评价

（1）下发任务单，明确学习任务、主要内容、知识目标、能力目标、素质目标要求；

（2）学生按任务单要求制订学习计划，完成预习任务及相关知识准备；

（3）播放制动系统故障引发的事故案例，观看结束后各组分别派一名代表谈谈自身感受，如对铁路制动系统重要性的感受；

（4）教师组织抢答制动缓解及制动方式分类等相关概念，检查预习成果；

（5）结合学习引导文内容，教师辅导答疑，学生以个人或学习小组方式进行学习小结及反思；

（6）学生进行学习自我评价及学习小组成员互评，教师及小组长（副组长）进行学习他人评价并检查任务完成情况。

【任务2】 动车组制动系统作用原理

任务单

任务名称	动车组制动系统作用原理
任务描述	本任务对动车组制动系统，主要包括电制动及空气制动两大部分进行介绍，学生应了解其大致作用原理，最终掌握制动系统示意图，并能够进行解释。
任务分析	本部分内容涉及原理类介绍，学生可以学习小组为单位，教师下发学习任务。学生通过搜集学习资料，每组派一名代表在黑板上画出动车组制动系统原理图并进行讲解，之后进行小组间相互评价。教师可以此调动学生的学习积极性。
学习任务	【子任务1】以 CRH$_2$ 型动车组为例，简述其空气制动系统的工作原理。 【子任务2】画出 CRH$_2$ 型动车组能量传递过程。 【子任务3】以小组为单位，综合课前学习资料，选派学生代表在黑板上画出动车组制动系统示意图，并进行讲解。
劳动组合	各组成员相互交换课前搜集的学习资料，交流学习体会，选出小组代表进行组间评比，结合课堂所讲的内容完成任务单。各组评判小组成员的学习情况，并作出小组评价。
成果展示	（1）每组通过讨论派一名代表画出动车组制动系统示意图并进行讲解，各组相互评价补充。 （2）选出各组中画图及讲解最优者，进行奖励。

学习小结						
自我评价	项目	A—优	B—良	C—中	D—及格	E—不及格	综合
	安全纪律（15%）						
	学习态度（15%）						
	专业知识（30%）						
	专业技能（30%）						
	团队合作（10%）						
教师评价	简要评价						
	教师签名						

学习引导文

动车组制动系统采用电气指令微机控制的空电复合制动，即空气制动与电气制动复合形成列车的制动力，见图 1 – 12。

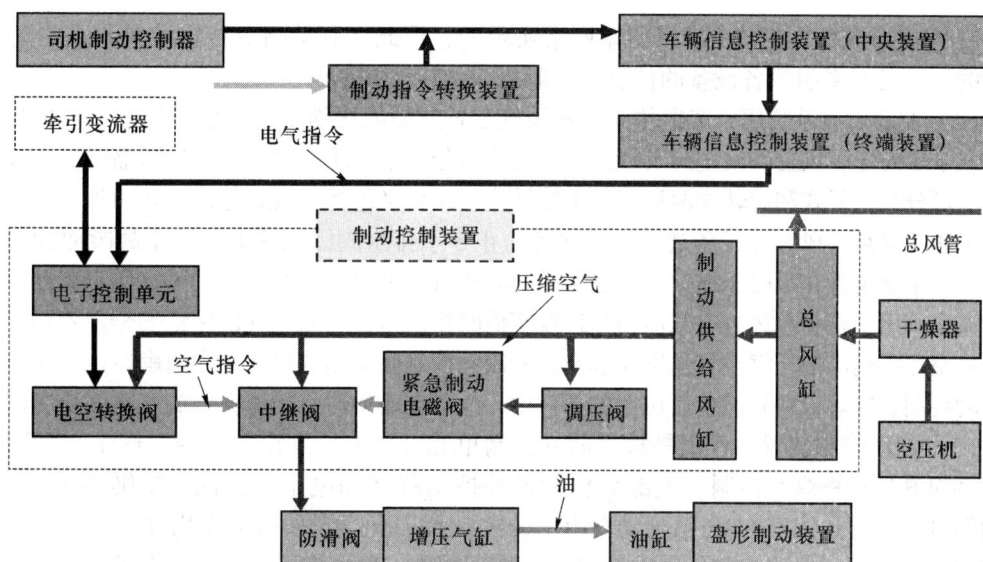

图 1 – 12　动车组制动系统示意图

电气制动简称电制动，我国动车组大都采用再生制动方式。再生制动的制动功能通过牵引传动系统由牵引变流器控制牵引电机来实现，且其基本构成在各个车型上是一致的，但其性能、控制、实际有效与否又与很多因素有关。故从传统的列车制动的概念及当今制动技术的发展来看，空气制动方式一直是铁路机车车辆，包括动车组在内的最根本的制动方式。

1.2.1 空气制动系统

空气制动部分，因其指令方式、指令传输载体、空气制动力控制方式及基础制动装置的不同而具有较大差异。我国动车组通过"引进—消化—吸收—再创新"的过程形成目前所采用的电气指令微机控制的直通式电空制动系统，其组成主要包括制动指令及其传输装置、制动供风系统、制动控制装置、基础制动装置四大部分，图1-13所示为空气制动系统组成及工作原理示意图。

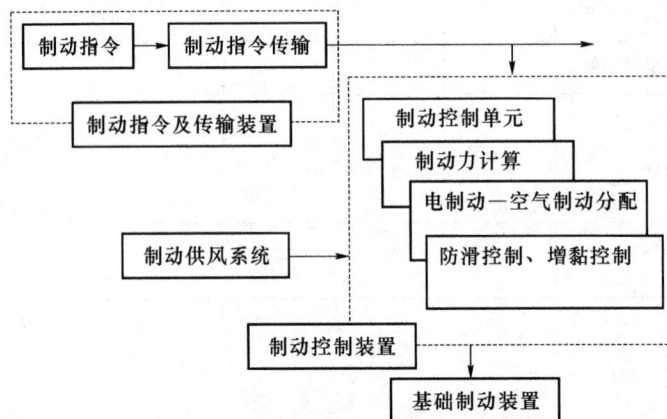

图1-13 空气制动系统组成及工作原理

（1）制动指令的传输是借用列车网络实现的，因此，制动指令传输装置不是制动系统独有的，而是与牵引等各设备的信息与控制指令的传输共享的。

（2）制动供风系统用于产生并储存各用气装置所需的压缩空气，该系统一般包括空气压缩机、干燥装置、风缸、安全阀及管路、塞门等部分。空气压缩机用于产生压缩空气，按其压缩方法可分为往复式和旋转式两种，其中旋转式空压机又包括涡旋式与螺杆式两种。干燥装置是为了防止管路、风缸等设备被腐蚀，并且防止冬季排水阀因结冰冻结发生故障而设置的装置，有的干燥装置在吸收压缩空气中水分的同时还可以吸附灰尘及油等。风缸用于存储压缩空气。安全阀用于防止总风缸空气压强超过规定值时排出多余压缩空气以保证安全。管路主要是用于将空压机输出的压缩空气送给风缸及各种制动控制阀等用气设备。塞门串在连接风缸和空气制动控制装置等设备管路前后位置的部件中，为了在需要时将压缩空气的气路截断或打开。

（3）制动控制装置的作用是根据制动控制单元（BCU）发出的指令，产生空气制动原动力并对其进行操纵和控制。该部分包括各种控制阀（如电空转换阀、中继阀和电磁阀）和制动缸等部件。国产CRH系列动车组中的控制阀、塞门等采用单元化方式，集中安装在金属面板的前面，总称为空气制动装置，以减轻质量，减少维护、检修工作量。

（4）基础制动装置也是转向架的组成部分之一，目前主要采用空气盘形制动器，包括传动及摩擦两部分。

图1-14以CRH_2型动车组为例，其空气制动系统工作原理如下：

压缩空气由空气压缩机产生，经由贯通全列车的总风管送到各车的总风缸，再经两个单向阀分别送至制动风缸和控制风缸。各车制动风缸中的压缩空气供给中继阀、紧急电磁阀和电空转换阀使用。电空转换阀将送来的压缩空气调整到与制动指令相对应的空气压力,并作为指令压力送给中继阀。中继阀将电空转换阀的输出作为控制压力,输出与其相应的压缩空气送到增压缸。当车辆设备发生故障时,经由紧急电磁阀的压缩空气作为指令压力被送到中继阀。此时中继阀与常用制动时相同,将具有相应压力的压缩空气送到增压缸。在对增压缸空气压力进行控制时,制动控制装置用根据制动指令、速度和载重计算出的制动力减去电制动的反馈量后,得到实际需要的空气制动力,并将此变换为电空转换阀的电流,由电空转换阀产生与电流成比例的空气压力(AC压力),将此压力作为中继阀的控制压力,通过中继阀产生增压缸空气压力(BC压力)。

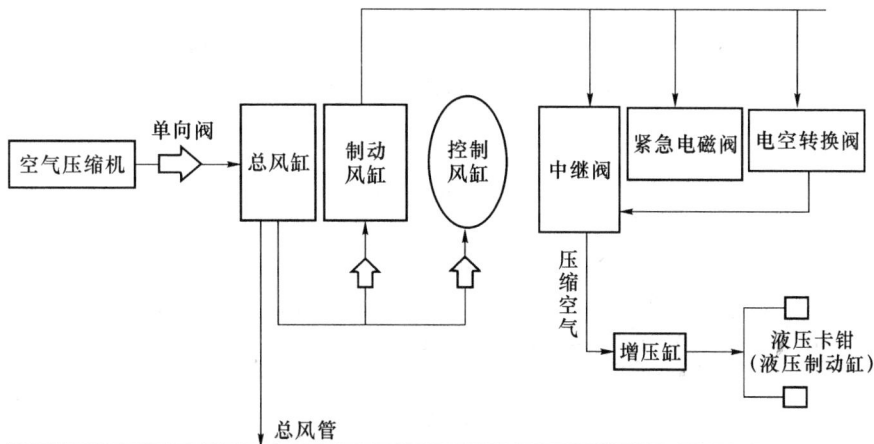

图1-14 CRH$_2$型动车组制动系统简图

紧急制动时,从紧急用压力调整阀输出的控制压力经紧急电磁阀通往中继阀。中继阀对电空转换阀和紧急用压力调整阀的空气压力进行比较,将二者中较大的作为输入,产生相应的增压缸空气压力输出。

中继阀输出的增压缸空气压力经制动软管,从车体送到转向架上增压缸的输入侧,在增压缸的输出侧产生比空气压力高且与空气压力成比例的液压送给制动夹钳装量,使其产生制动动作。

1.2.2 电制动系统

动车组上的电制动有电阻制动和再生制动两种,二者都是让列车的动轮带动牵引电动机,使其产生逆作用,将列车的动能转变为电能,再变成热能消耗掉,或反馈回电网的制动方式。动车组采用电制动与空气制动联合作用的方式,并以电制动为主。

1. 电阻制动

下面以新干线100系动车组为例,介绍电阻制动系统的组成及工作原理。

(1)系统组成。

图1-15、1-16所示为动车组的主电动机回路和电阻制动主回路,图1-17所示为电阻制动主回路的控制原理。其具体工作过程如下:由司机制动控制器或列车自动控制系统ATC发出制动指令后,制动控制单元BCU首先对列车运行速度进行判断。当速度大于25 km/h时,制动主回路构成,PB转换器转为制动位置,然后制动接触器动作,此时B_{11}闭合,P_{11}、P_{13}打开。随后依次是励磁削弱接触器打开,预励磁接触器投入,最后,断路器投

入，L_1闭合。此时，电枢绕组、励磁绕组和主电阻器构成电阻制动主回路，并使电流向增加牵引时剩磁的方向流动，再由主电阻器将电枢转动发出的电能变为热能消耗掉。

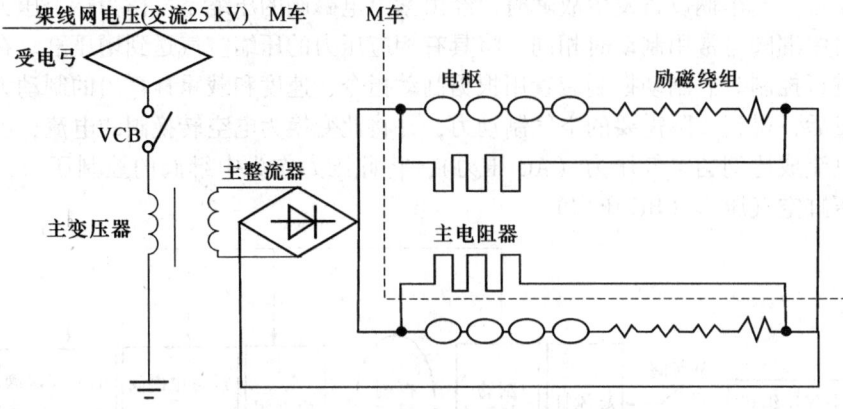

图 1-15　主电动机回路

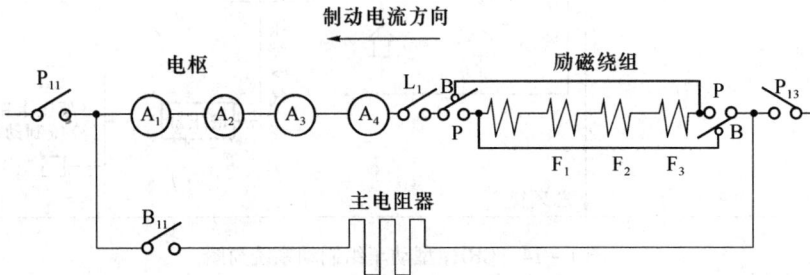

图 1-16　电阻制动主回路

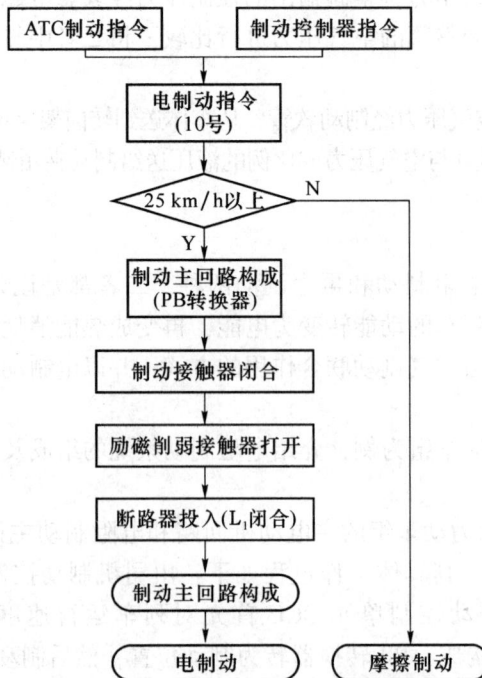

图 1-17　电阻制动主回路控制原理

（2）制动力产生原理。

在电制动系统中，电制动力的产生原理如下：根据弗莱明右手定则，产生的感应电动势通过回路形成感应电流，这一电流在电枢中流过时就会产生与电枢运动方向相反的制动力。简言之，就是让运动的导体切割磁力线发电，然后利用该电流产生与导体运动方向相反的力，来实现对电枢的制动作用。

根据图 1-18，电阻制动产生制动力的原理如下：假设转子，即电枢顺时针转动，此时励磁磁力线从 N 极到 S 极构成回路，按照弗莱明右手定则，则会产生如图所示的从纸面向外的电流 "⊙" 和从纸面向里的电流 "⊗"。这一电流按弗莱明左手定则会产生在图左侧 "⊗" 处向下、图右侧 "⊗" 处向上的阻止电枢转动的力，这就是直流电机产生的电制动力。

2. 再生制动

（1）系统工作过程。

再生制动的工作原理与电阻制动类似，也是利

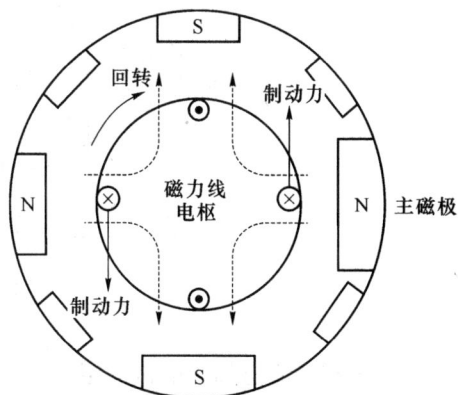

图 1-18 制动力产生原理

用动力车车轮的转动，带动牵引电动机作为发电机运行，产生的电能不是消耗在制动电阻上，而是将电能反馈到供电系统，从而产生制动作用的一种制动方式。动力车使用再生制动时，不仅具有使列车制动的作用，而且能将列车的动能与位能转变为有用的电能。从能量综合利用角度看，再生制动是一种比较理想的制动方式。

高速动车组牵引传动过程与再生制动过程互为逆过程，二者的电路组成是相同的，不同的只是能量的传递方向。以 CRH₂ 型动车组为例，其能量流动示意图如图 1-19 所示。列车牵引运行时，先用主变压器将电网 25 kV 的单相交流电降压，然后用整流器将交流电变为直流电，再由逆变器将直流电变成三相交流电供给感应电机。再生制动时，过程与牵引运行正好相反，原来的整流器和逆变器也发挥其逆作用，分别执行逆变器和整流器的功能：整流器将电机产生的三相交流电变换为直流电，再由逆变器将直流电变换为与电网频率相同的单相交流电，最后由主变压器将交流电升压后反馈回电网，供处于牵引运行状态的其他动车组利用。

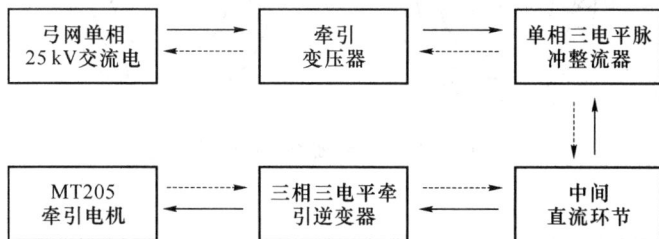

图 1-19 CRH₂ 型动车组能量流动过程

（2）制动力产生原理。

制动时主电动机转变为发电机运行，电机磁场从 N 极到 S 极构成磁通回路，与在转

子中通过的电流相互作用产生制动力，其基本原理与直流电机相同；不同之处在于感应电机定子线圈中通过的是三相交流电，它在定子中产生旋转磁场，当定子磁场转速比转子慢时，磁场切割转子导线，根据弗莱明右手定则可知：转子导体中有电流产生，产生的电流又切割定子磁力线，由弗莱明左手定则可知会产生制动力。三相交流电的波形见图 1-20。

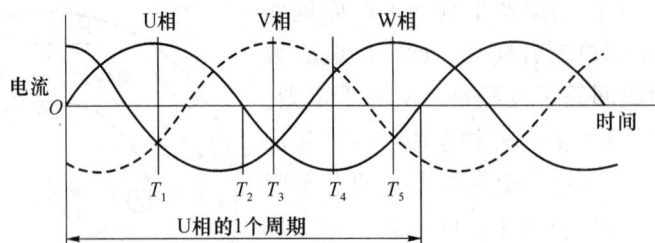

图 1-20　三相交流电波形

当三相交流电加于电机的定子后，其结果如同在定子周围有磁场在旋转，定子磁场的旋转状态见图 1-21。图中的"⊙"表示从纸面向外的电流，"⊗"表示从纸面向里的电流，"○"表示没有电流流过。

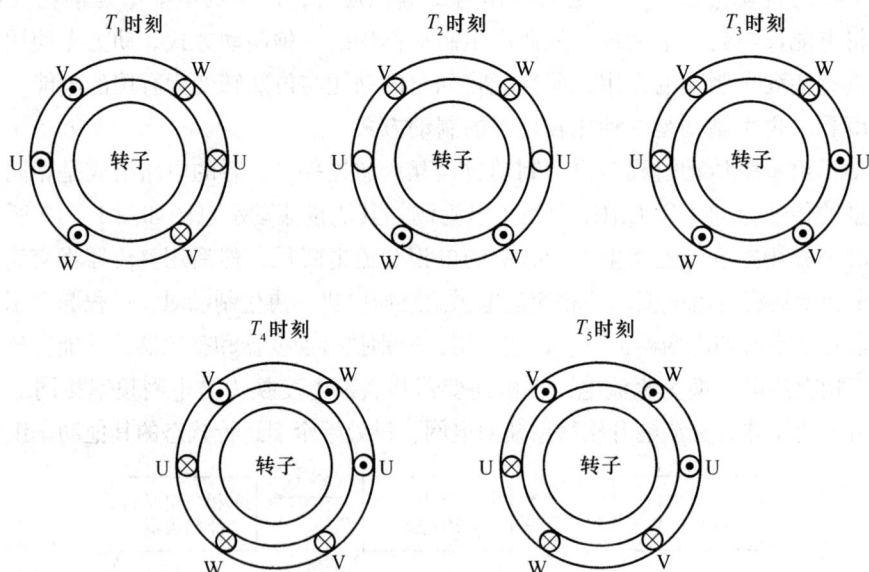

图 1-21　定子磁场的旋转状态

📋 任务实施与评价

（1）下发任务单，明确学习任务、主要内容、知识目标、能力目标、素质目标要求；

（2）学生按任务单要求制订学习计划，完成预习任务及相关知识准备；

（3）用动车组制动系统示意图引入本部分学习内容，进行空气制动与电阻制动的讲解；

（4）组织小组讨论，进行组间画图比拼与讲解，并让各组对图形与讲解进行相互点评；

（5）结合学习引导文内容，教师辅导答疑，学生以个人或学习小组方式进行学习小结及反思；

（6）学生进行学习自我评价及学习小组成员互评，教师及小组长（副组长）进行学习他人评价并检查任务完成情况。

项目2　动车组制动系统总体认知

项目描述

本项目主要对四种不同车型动车组的制动系统进行介绍，主要包括电制动系统、空气制动系统及防滑装置等部分。通过大致的介绍，使学生对不同车型动车组制动系统的构成与基本原理有大致了解，为后续动车组制动系统各部件原理的深入学习奠定基础。

本项目任务：

任务1　CRH_1 型动车组制动系统

任务2　CRH_2 型动车组制动系统

任务3　CRH_3 型动车组制动系统

任务4　CRH_5 型动车组制动系统

教学目标

1. 知识目标

（1）掌握各种不同车型动车组制动系统的组成，对各车型动车组制动系统的特点和区别有大体了解；

（2）掌握动车组制动系统的组成中各部分的功能作用。

2. 能力目标

（1）能够对不同车型动车组制动系统有大致全面的认识，为后续动车组制动系统各部件原理的深入学习打下基础；

（2）掌握动车组制动系检修工作的基础理论，能够更好地胜任今后机械师的工作。

3. 素质目标

（1）在项目完成的过程中，培养学生对专业领域的热爱；

（2）养成严谨认真的学习态度，培养创新和挑战意识。

【任务 1】　CRH₁ 型动车组制动系统

📋 任务单

任务名称	CRH₁ 型动车组制动系统					
任务描述	针对本部分学习内容，需要学生掌握 CRH₁ 型动车组制动系统的各组成部分，尤其是司机制动控制手柄、空气制动系统制动过程两部分内容。					
任务分析	对于不同的动车组车型而言，其制动系统既有相似之处，又具有各自的特点。通过对不同车型制动系统的初步介绍，能够激发学生的学习兴趣，使其带着问题进入到学习情境中。					
学习任务	【子任务 1】简要叙述 CRH₁ 型动车组司机制动控制器的工作过程。 【子任务 2】介绍 CRH₁ 型动车组空气制动系统的制动过程。					
学习小结						
自我评价	项目	A—优	B—良	C—中	D—及格	E—不及格	综合
	安全纪律（15%）						
	学习态度（15%）						
	专业知识（30%）						
	专业技能（30%）						
	团队合作（10%）						
教师评价	简要评价						
	教师签名						

学习引导文

2.1.1 制动系统概述

CRH$_1$ 型动车组由青岛四方 – 庞巴迪铁路运输设备有限公司和瑞典庞巴迪运输有限公司合作引进。该车由 5M3T 共 8 辆编组组成。此外，根据需要还配备了可以使两列动车组重联运行的设备。

1. 制动系统的组成

CRH$_1$ 型动车组的制动系统主要由再生制动系统、空气制动系统、防滑装置和制动控制系统等组成。再生制动系统主要由受电弓、牵引变压器、牵引变流器及牵引电机组成；空气制动系统主要由直通式电空制动和基础制动装置两大部分组成；防滑装置由速度传感器、测速装置和防滑系统组成；制动控制系统由各控制单元组合而成。

CRH$_1$ 型动车组采用电气指令式制动系统，各车辆的制动控制装置采用微机控制，由动车的电制动及各车的空气制动提供制动力。电制动是常用制动中优先使用的制动方式，当其制动力不足时，由空气制动来补充。当列车减速至 7 ~ 10 km/h 以下时，电制动能力减弱，在车速大约 2 km/h 时减到零，电制动完全由空气制动取代。根据制动功能的不同，又可分为常用制动、紧急制动、停放制动、保持制动及防冰制动等。

制动系统通过列车信息与控制网络把每车的制动控制单元联系在一起，形成一个整体，如图 2 – 1 所示。每车的制动设备集中于制动模块中，悬挂于车体下方。T 车制动模块中含有制动控制计算机 BC、空气制动控制板 BP；M 车制动模块中除了 BC、BP 外，还有停放制动控制板 PBP，之所以叫控制板，是因为把空气制动的控制阀集中安装于一块共同的底板上。此外，两端的 Mc 车上还装有救援回送控制板 TP。

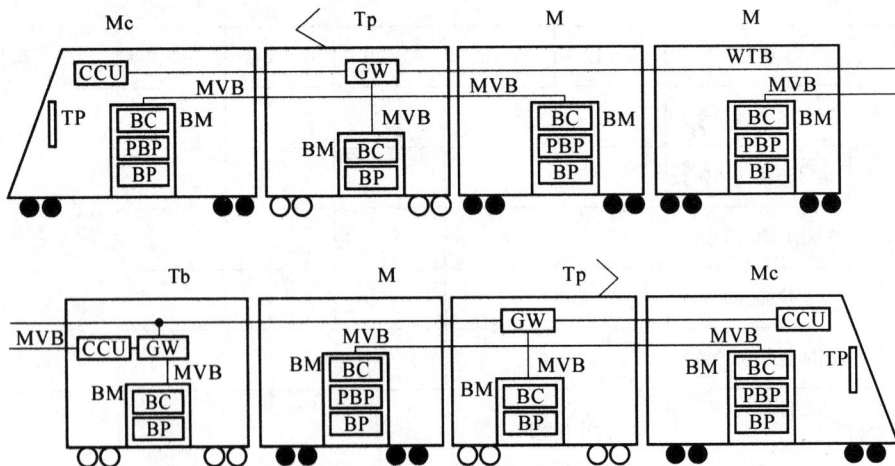

图 2 – 1 制动装置分布简图

M、Mc—动车；Tp、Tb—拖车；CCU—中央控制单元；MVB—多功能车辆总线；GW—网关；BM—制动模块；
BC—制动计算机；BP—制动控制板；PBP—停放制动控制板；TP—回送控制板；黑色轮—动轮；白色轮—从动轮

2. 司机室制动设备简介

CRH$_1$ 型动车组的制动控制器与牵引控制器合为一体，也叫作牵引制动控制器，能够进行 16 个挡位的操作，牵引和制动操纵指令由此发出。控制器安置在操控台面的右手侧，并为司机提供了一个软质绝缘材料的手垫（类似带腕部支撑的鼠标垫），其右侧旁边为紧急制动按钮，见图 2 – 2。主控制手柄共有 8 个制动级位，1 ~ 7 级为常用制动，8 级为紧急制动，1 ~ 8 级之间能实现阶段制动和阶段缓解。司机制动控制器顶部有一个锁定按钮，按下该按钮时，操控杆就到了"向前驱动"位。自此位向前推是加速，向后拉是减速。将操控杆从 0 位向后拉到 7 位可实施常用制动，向后拉过 7 位即启动紧急制动，见图 2 – 3。

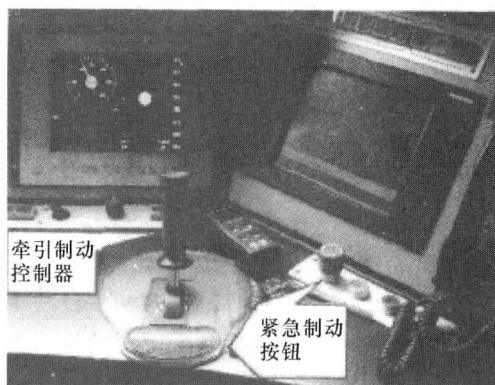

图 2 – 2 司机制动控制器

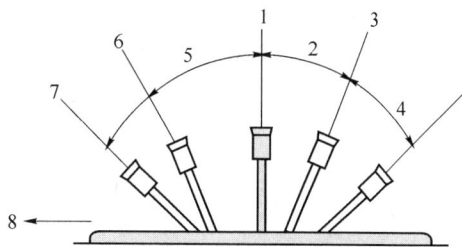

图 2 – 3 控制手柄简图

1—空挡（0）；2—速度递减三步幅，弹回到"向前驱动"位；
3—向前驱动位；4—速度递增三步幅，弹回到"向前驱动"位；
5—制动 7 步幅；6—常用全制动；7—紧急制动；8—朝司机方向

在司机座椅前方控制台下，两个电气柜箱体之间设有一个带安全警惕装置的脚踏板。脚踏板高度可以调节，可通过左侧面板上的两个电动按钮操作控制其上下移动。脚踏板上装有加热器。在脚踏板上和司机操纵台右控制面板上都装有 DSD 装置（司机安全装置）。司机通过踩踏脚踏板确认其在司机室，否则 DSD 装置将会断开安全环路引发安全制动实施紧急制动。

3. 制动作用种类

1）常用制动

常用制动是列车制动调速、进站制动的常用制功功能。采用两种不同的制动方式——电气再生制动和直通电空制动，两种方式通过制动控制计算机复合控制施加制动力。

主车辆控制单元（VCU）根据制动指令信号（级位）和车重的测量信号进行总制动力需求计算，然后进行再生制动力和空气制动力之间的协调分配。主车辆控制单元优先再生制动，如果再生制动力不足，计算机会采用空气制动补充。复合制动控制过程中，车辆控制单元会调节空气制动参考信号，以在动车和拖车之间平均分配制动力。不需要空气制动时，制动闸片以预备状态保持贴近制动盘盘面。

2）紧急制动

运行中有两种方式启动紧急制动：司机启动的紧急制动和乘客激活的紧急制动。

（1）司机启动的紧急制动。

司机启动的紧急制动包括两种情况：

①拉动司机主控制器手柄到底端（在常用 7 级制动之后，相当于第 8 位）；

②按动司机室控制台上的紧急停车按钮。按动紧急停车按钮后，将会断开主断路器、降受电弓。

司机激活的紧急制动，采用再生制动和空气制动的复合制动，必须利用尽量大的黏着力在尽量短的停车距离内实现制动。当主控手柄后移到位时，继电器打开安全环路并施加全空气制动。主车辆控制单元也以动力制动补充空气制动。

（2）乘客激活的紧急制动。

在每辆车上都有乘客紧急制动装置，乘客激活的紧急制动是单独操作的，并可由司机撤销。乘客拉动紧急制动手柄会产生下列作用：

①激活了与司机室的紧急通信单元。

②司机室控制台上的"撤销乘客紧急制动"的按钮开始闪烁，并有报警信号鸣响 4 s。

③自动切除（中断）牵引，施加常用制动。

如果司机在 10 s 内按下"撤销乘客紧急制动"按钮并保持 3 s，则缓解紧急制动，并恢复牵引。

如果在撤销乘客紧急制动、列车停车后，则将维持紧急制动，要进行紧急制动复位，必须将主控手柄置紧急制动位后才能缓解。

3）保持制动

保持制动采用与常用制动相同的空气制动。只要列车处于静止状态，保持制动会自动施加，用于列车在坡道上停车及保证起动时不溜车。保持制动可由司机操控台上的按钮进行暂时抑制（解除）。当主控手柄置于 0 位，列车速度低于设计规定速度值（一般设定在 5 km/h）或处于停车状态时，自动输出制动力。长时间按保持制动按钮可缓解保持制动。

4）停放制动

停放制动是纯气动控制的制动，可使列车在 30‰的斜坡上长时间停放时防止列车溜车。每辆动车的 5 号、6 号、7 号制动单元中含有弹簧储能式停放制动缸。它是由司机操作台上的按钮来控制，通过压缩弹簧的伸张力来施加的。如果制动缸压力降至低于 380 kPa，则自动施加停放制动。由于停放制动缸和制动缸之间没有止回阀，停放制动缸内弹簧的背压也开始下降。压力下降时弹簧伸长，这样在制动缸压力降为 0 时则停放制动完全施加。

位于 Mc/M 车转向架内的停放制动压力开关由牵引安全环路进行监控，如果施加了停放制动，或停放制动未缓解，则无法牵引。

5）防冰制动

在寒冷的冬季，防冰制动通过施加一定大小的空气制动力将制动闸片压向制动盘，通过摩擦生热很快加热闸片和制动盘，以防止制动盘和制动闸片受冰雪影响。

防冰制动启动后，每车施加共 15 kN 空气制动力，并保持 30 s，从前到后一辆接一辆依次顺序进行。在此期间，IDU 会显示相应的信息。防冰制动通常是在环境温度低于 5 ℃时，通过司机操纵启动。因 15 kN 的空气制动力将对列车产生明显的减速作用，因此应在牵引位、速度大于 60 km/h 时施加。

2.1.2　CRH₁ 型动车组电制动系统

CRH₁ 型动车组每辆动车的每根车轴上都具有电制动能力，其电制动系统与其他型号的动车组类似，也包括受电弓、牵引变压器、牵引变流器及牵引电机等部件。制动时，控制系统将三相异步电动机转换为发电机工作，将列车的动能转变为电能反馈回电网。制动过程中电制动优先使用，以减轻空气制动的负荷，减少机械制动部件的磨耗。电制动不足或失效时，由空气制动系统补充。

常用制动状况下，CRH₁型动车组再生制动力与列车运行速度之间的关系，即再生制动性能曲线如图 2 - 4 所示。

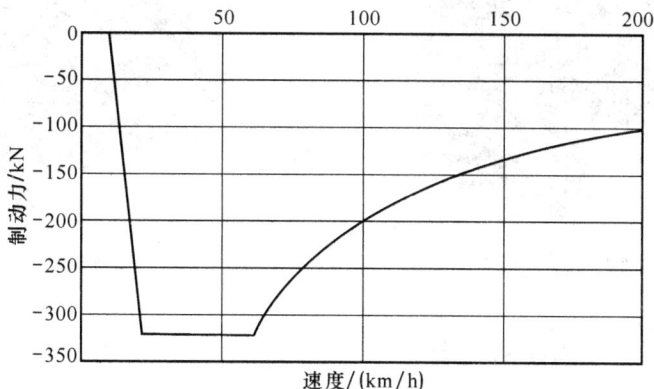

图 2 - 4 再生制动性能曲线

2.1.3 CRH₁ 型动车组空气制动系统

1. 压缩空气供给系统

CRH₁型动车组整列车的压缩空气供给系统主要由 3 台主空气压缩机（位于 Tp 与 Tb 车）、2 台辅助空气压缩机（位于 Tp 车）、总风缸、辅助风缸、空气弹簧风缸，以及一条贯穿全列车的总风管和若干条支管、空气干燥装置、空气过滤器及相关辅助设备等组成。这些设备都安置在车体底架的设备舱内。

CRH₁型动车组的主空气压缩单元采用模块化设计，安装在一个框架内，包括空气压缩机、空气干燥器、滤油器、管路及总风缸等设备。其中空气压缩机型号为 Knorr - Bremse VV120，W 型三缸机。空气干燥装置选用双塔式空气干燥器，其具体工作原理在项目 3 中会进行详细介绍。

CRH₁型动车组供气系统的整体气路原理为：空气在压缩机模块、空气干燥模块中经过压缩、干燥和净化处理后进入总风缸，然后通过车钩的软管连接贯通全列车的总风管，从总风缸被送到用气设备。救援/回送时，可由救援机车通过自动车钩向列车供气。车辆静止时，外部气源可通过列车上设置的外部供气口向动车组供气。主压缩机压力在 850 ~ 1 000 kPa 之间，总风管压力为 750 ~ 900 kPa（救援/回送时为 600 kPa）。

2. 基础制动装置

CRH₁型动车组的基础制动装置由安装在动车转向架上的轮盘、安装在拖车转向架上的轴盘和制动夹钳等装置组成。动车上每个车轮有两套轮盘式制动单元，拖车上每根轴有三套盘式制动单元。动车和拖车上的制动夹钳装置分别为 RZS 和 WZK 型紧凑式制动夹钳。制动盘由灰铸铁制造而成，轴装制动盘更换方便，无须特殊工具，较节省成本。此外，每辆动车三个制动单元还装有弹簧停放制动装置，拖车无停放制动装置。图 2 - 5 及 2 - 6 分别为动车及拖车盘形制动装示意图。

图2-5 动车轮盘制动装置示意图

图2-6 拖车轴盘制动装置示意图

2.1.4 CRH$_1$型动车组防滑装置

1. 防滑系统组成

CRH$_1$型动车组的防滑系统包括再生制动防滑系统及空气制动防滑系统，此两种防滑系统都包括速度传感器、测速装置及车轮防滑保护（WPS）控制模块，且两者都为轴控制。

2. 防滑系统工作原理

所有列车的最大制动力都在一个很小的速度范围内出现，制动力在蠕滑率为2%~3%时达到最大值。车轮防滑保护装置通过解读来自每个车轴的速度信号和制动力，以制动力最大时的轮缘速度为控制防滑的临界速度，进而施加或缓解制动，使得对黏着的利用达到最佳，保持最大的制动力。

再生制动防滑系统通过解读惯性数据来实现每个车轮的防滑作用。

空气制动防滑系统则是通过解读每个制动缸内的压力来实施控制。防滑控制模块记忆第一次出现滑行时制动缸内的空气压力值，并立刻向车辆制动控制单元给出一个低于该值的新的压力值。当车轮重新回到旋转状态时，只要还能进行稳定的制动就继续向BCU发指令，增加制动缸压力；反之亦然。这样，既能保持尽可能大的制动力，又可以达到控制列车滑行的目的。

再生制动防滑保护系统和空气制动防滑保护系统之间的联锁通过列车控制与管理系统实现。当再生制动系统使用率低时就关闭再生制动防滑保护，防滑控制完全由空气制动的防滑系统完成。

📝 任务实施与评价

（1）下发任务单，明确学习任务、主要内容、知识目标、能力目标、素质目标要求；

（2）学生按任务单要求制订学习计划，完成预习任务及相关知识准备；

（3）设置课堂提问环节，检查学生的预习情况，对掌握情况有大致了解；

（4）结合学习引导文内容，教师辅导答疑，学生以个人或学习小组方式进行学习小结及反思；

（5）学生进行学习自我评价及学习小组成员互评，教师及小组长（副组长）进行学习他人评价并检查任务完成情况。

【任务 2】 CRH₂ 型动车组制动系统

📋 任务单

任务名称	CRH₂ 型动车组制动系统
任务描述	针对本部分学习内容，需要学生掌握 CRH₂ 型动车组制动系统的各组成部分，尤其是司机制动控制手柄，以及空气制动系统制动过程两部分内容。
任务分析	对于不同的动车组车型而言，其制动系统既有相似之处，又具有各自的特点。通过对不同车型制动系统的初步介绍，能够激发学生的学习兴趣，使其带着问题进入到学习情境中。
学习任务	【子任务 1】结合 CRH₂ 型动车组的司机制动控制手柄及指令控制电路，分析不同制动状态下的制动指令线的得失电情况。 　　【子任务 2】根据空气制动系统工作原理，说出空气制动系统的组成部分并且画出常用制动及紧急制动部分气路流程。
学习小结	

续表

	项目	A—优	B—良	C—中	D—及格	E—不及格	综合
自我评价	安全纪律（15%）						
	学习态度（15%）						
	专业知识（30%）						
	专业技能（30%）						
	团队合作（10%）						
教师评价	简要评价						
	教师签名						

学习引导文

2.2.1 CRH₂型动车组制动系统概述

CRH$_2$型动车组由青岛四方机车车辆股份有限公司和日本川崎重工合作设计。该车由4M4T共8辆编组组成，共有A、B、C、D四种型号。此外，根据需要也配备了可以使两列动车组重联运行的设备。

1. 制动系统的组成

CRH$_2$型动车组的制动系统共有4个控制单元，1M1T构成一个单元。在单元内再生制动优先，空气制动实行延迟控制，以减少对零部件的磨损；当列车速度较高时实施电制动，低速区电制动不足或发生故障时由空气制动补充。制动方式的转换由微机系统控制完成，M车和T车的空气制动均采用增压缸和液压夹钳装置。

CRH$_2$型动车组制动方式包括常用制动、非常制动、紧急制动、备用制动、耐雪制动及停放制动等。司机制动控制器安装在驾驶室内的司机操控台上，空压机、干燥装置及防滑装置等均布置在车下，见图2-7。

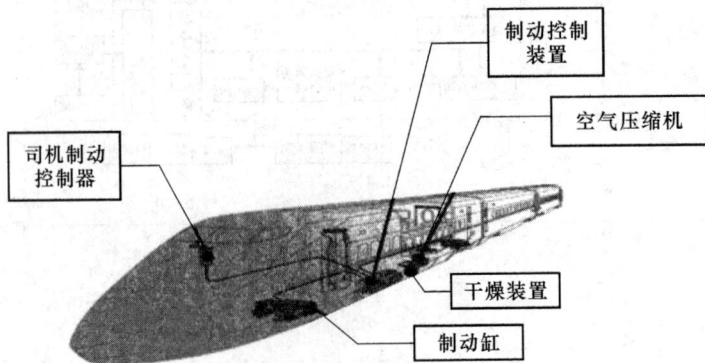

图2-7 CRH$_2$型动车组制动系统布置图

2. 司机室制动设备简介

CRH$_2$ 型动车组的司机制动控制器位于 1、8 号车的司机室操纵控制台，其外形如图 2-8 所示。该制动器采用手柄转动凸轮轴，由凸轮轴上的凸轮盘按预定角度接通或断开电气触点实现控制指令线的得失电。正常情况下，由列车网络传输制动指令；传输故障时，由司机制动控制器内部的辅助制动指令线传输制动指令。司机制动控制器的制动指令控制电路可参看图 2-9。常用制动时，61~67 线、10 线得电；非常制动时，152 线失电，10 线得电；紧急制动时，153 线失电；备用制动时，411、461 线得电。

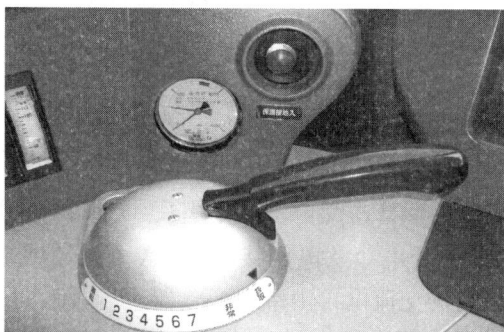

图 2-8　司机制动控制器

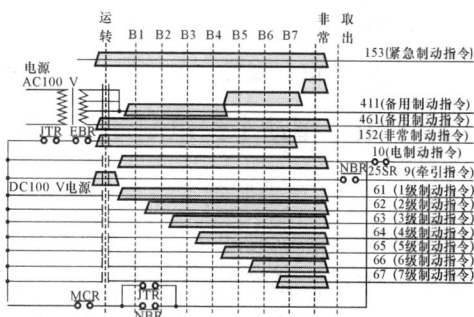

图 2-9　司机制动控制器制动指令控制电路

3. 制动作用的种类

（1）常用制动。

常用制动的制动力分成 7 级控制（对应司机制动控制器 1N~7N 制动位），实用中使用次数较多的为 7N。系统在制动时自动进行延迟充气控制。延迟充气时，M 车上产生的电气再生制动力除满足本车制动力需求外，多余制动力用来代替 T 车的一部分制动力，T 车不足的制动力由其空气制动力补充，从而维持本动拖单元所需要的制动力，并实现和保持规定减速度。另外，常用制动具有空重车载荷适应功能，可按需变化制动力，维持一定的减速度。

（2）非常制动。

非常制动与常用制动控制模式相同，但具有比最大常用制动高 1.5 倍的制动力，司机操作制动手柄时或动车组未能减速到在闭塞区间规定的出口速度时，控制装置接受 ATC 的指令立即发出非常制动指令。

（3）紧急制动。

紧急制动按安全回路失电启动的模式设置，因任何情况导致的安全回路失电都会引起紧急制动。

紧急制动为纯空气制动，其制动力根据列车运行速度进行两级调整。当列车速度在 160 km/h 以上时，减速度约为 0.6 m/s^2；当列车速度在 160 km/h 以下时，减速度约为 0.778 m/s^2。紧急制动不具有空重车调整功能。

（4）备用制动。

备用制动在制动控制装置发生故障，或制动指令线断线，以及救援时使用。司机操作控制台上的控制开关及 Tc 车配电盘辅助制动开关便能发出动作，产生相当于 3、5、7 级常用制动及非常制动的制动力。与常用制动、非常制动不同的是，制动系统发出规定的制动力，与发出辅助制动时动车组的速度无关。

（5）耐雪制动。

耐雪制动是为防止下雪时，雪块混进制动盘和闸片之间而专门设置的。此时活塞推出，闸片轻轻地压住制动盘面，从而消除闸片和制动盘面之间的间隙，防止雪进入。该制动作用是在速度 110 km/h 以下、操作耐雪制动开关或操作制动手柄的条件下产生。制动缸压力（BC 压力）设定在 (60 ± 20) kPa。如欲变更设定值，可操作制动器的开关进行调节。

（6）停放制动。

CRH_2 型动车组无专门的停放制动装置。在坡道上（坡度小于30‰）停放时，通过在最上方3个轮对车轮下放置6个铁鞋达到防止列车溜逸的作用。

2.2.2　CRH_2 型动车组电制动系统

CRH_2 型动车组电制动系统与其他型号的动车组类似，由受电弓、牵引变压器、牵引变流器及三相异步感应式的牵引电动机组成。牵引时，受电弓从电网接入 25 kV 的单相交流电，经牵引变压器降压成 1 500 V 的交流电。降压后的交流电再由牵引变流器进行一系列的处理，变成电压和频率均可控制的三相交流电输送给牵引电机。制动时，牵引电机转变为发电机运行，电能的变换过程与牵引工况正好相反。

CRH_2 型动车组动车的再生制动性能曲线如图 2 – 10 所示。

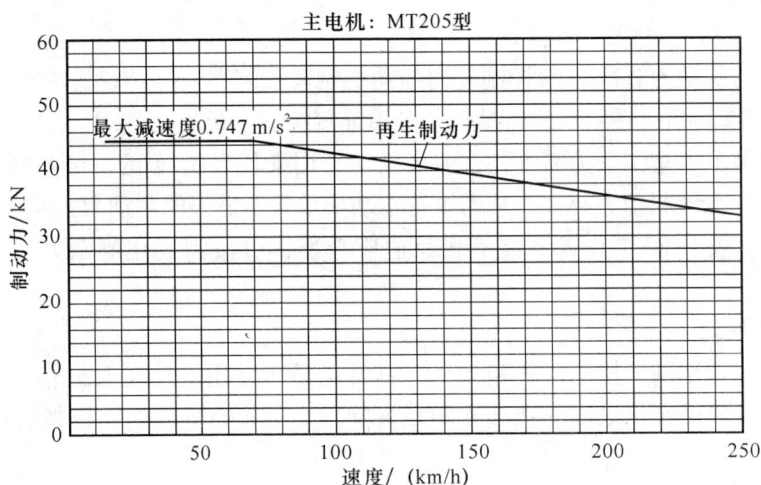

图 2 – 10　CRH_2 型动车组动车再生制动性能曲线

2.2.3　CRH_2 型动车组空气制动系统

CRH_2 型动车组空气制动系统包括制动指令及其传输部分、压缩空气供给系统、空气制动控制部分及基础制动装置，工作原理见图 2 – 11。

压缩空气供给系统由空气压缩机、空气干燥装置、风缸、安全阀及空气管路等组成。CRH_2 型动车组有两套风源系统，分别为主供风系统和辅助供风系统。主供风系统包含 3 台主空气压缩机，分别位于 3、5、7 号车的地板下，此车型的空压机为 MH1114A - TC2000B 型往复式空气压缩机，见图 2-12。主供风系统主要为空气制动系统提供压缩空气，此外还为空气弹簧、风笛及集便器等供风。辅助供风系统也有 3 台空气压缩机，分别位于 2、4、6 号车的地板下，型号为 ACMF2 及 ACMF2A 型空压机，主要为受电弓、真空断路器等提供压缩空气。空气干燥装置为单塔式干燥器，型号为 D20NHA，该型号干燥器采用模块化设计，具有干燥和再生功能，并且两种过程交替进行。

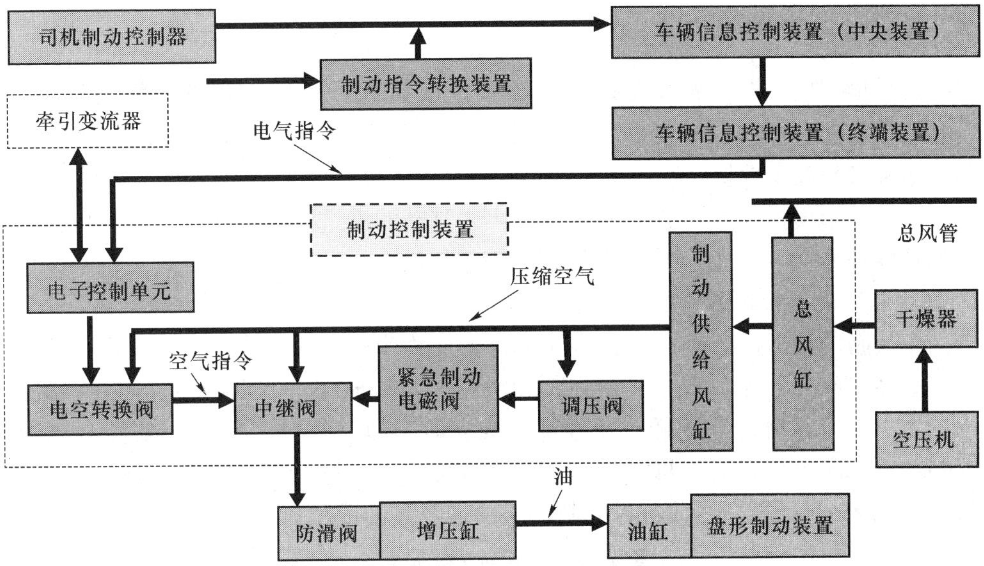

图 2-11　CRH$_2$ 型动车组空气制动系统工作原理

图 2-12　主空气压缩机

空气制动控制部分主要包括电空转换阀、中继阀、B10 型调压阀、B11 型调压阀、增压缸、制动缸等。电空转换阀安装在常用制动的空气通路中，将电信号转变为空气信号，通过改变线圈电流的大小，控制电磁力的大小，使输出的空气压强实现无级调节。中继阀接收来自电空转换阀及 B11 型调压阀的空气信号，将压缩空气传输到增压缸。B10 型调压阀主要用于输出控制风缸的压缩空气，进行踏面清扫等。B11 型调压阀是一种带电磁阀的调压阀，负责向中继阀输入紧急制动用的压缩空气，在电磁阀的控制下能输出两种不同的定压。CRH_2 型动车组采用 $180-42×55$ 型增压缸，用于将压缩空气转变为油压，将制动力进行进一步放大。

CRH_2 型动车组的基础制动装置采用液压夹钳式盘形制动装置，有动车轮盘式、拖车轮盘式和拖车轴盘式三种。动车轮盘外径为 720 mm，拖车轴盘外径为 670 mm，为便于安装互换，要尽量实现部件的通用化。

2.2.4　CRH_2 型动车组防滑系统

CRH_2 型动车组的防滑装置通过安装在牵引电机和各车轴轴端的速度传感器，以每 20 ms 的时间间隔对轮对转速进行检测。如判定列车滑行，则减小制动力进行再黏着控制，防止制动距离过长及车轮擦伤。

再生制动是牵引控制单元 TCU 通过控制再生制动的模式曲线来进行滑行再黏着控制的，而空气制动则是 BCU 通过控制增压缸的压强来进行的。

1. 再生制动的滑行再黏着控制

当列车从制动到惰行，或者从制动到惰行再变为牵引状态后的 1.5 s 之内，若表 2-1 中的任何一种"滑行"条件成立，就判断为滑行，然后压缩电制动的模式曲线，减小再生制动力的大小；当"滑行"的任一条件都不成立时，即"复位"的三个条件全部满足时，则恢复制动力。产生滑行时，每 0.6 s 对车辆的运行状态进行一次计算；恢复到正常状态后，每 2 s 进行一次计算，由此对再生制动的模式曲线进行控制。

表 2-1　电制动滑行检测指标

	滑　行	复　位
低速域（$V < 86.7$ km/h）的速度差检测	$\triangle V \geqslant 13$ km/h	$\triangle V < 13$ km/h
高速域（$V \geqslant 86.7$ km/h）的滑行率检测	$\lambda \geqslant 15\%$	$\lambda < 15\%$
第一轴的减速度	$\beta \geqslant 3.9$ km/(h·s)	$\beta < 3.9$ km/(h·s)

2. 空气制动的滑行再黏着控制

空气制动的滑行再黏着控制是根据表 2-2 的滑行检测指标进行的，滑行再黏着的控制过程如图 2-13 所示。当某一轮对的运动状态符合 A 点所对应的 β 方式或 $\triangle V$ 方式下的条件时，则判断为滑行，防滑阀立即动作，使增压缸 BC 压力按阶梯模式降低，缓解因制动力过大而产生的滑行。然后，当轮对转速降低到满足 B 点条件时，BC 压力停止下降，呈保压状态。此时，列车的速度仍在降低，当符合 C 点条件时，使 BC 压力重新升高，恢复到发生滑行前的状态。

表 2-2　空气制动滑行检测指标

检测方式	A 点	B 点	C 点
β 方式	$\beta > 10$ km/(h·s) 且 $\triangle V > 3$ km/h	$\beta < 2$ km/(h·s)	$\triangle V < 4$ km/h
$\triangle V$ 方式	$\triangle V > 3$ km/h 且 $\beta > 3$ km/(h·s)	—	—

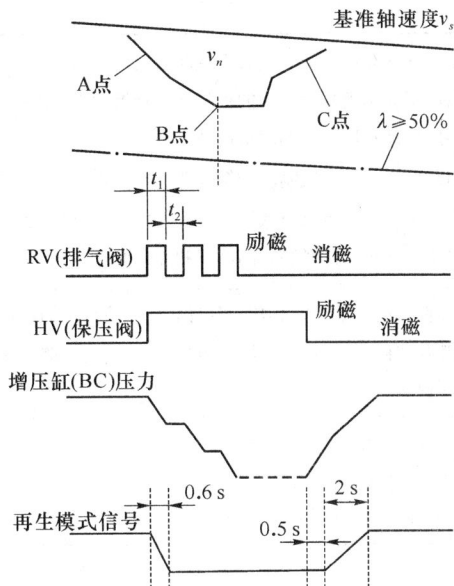

图 2-13 滑行再黏着控制过程

![任务实施与评价标志] **任务实施与评价**

（1）下发任务单，明确学习任务、主要内容、知识目标、能力目标、素质目标要求；

（2）学生按任务单要求制订学习计划，完成预习任务及相关知识准备；

（3）设置课堂提问环节，检查学生的预习情况，对掌握情况有大致了解；

（4）结合学习引导文内容，教师辅导答疑，学生以个人或学习小组方式进行学习小结及反思；

（5）学生进行学习自我评价及学习小组成员互评，教师及小组长（副组长）进行学习他人评价并检查任务完成情况。

【任务3】 CRH$_3$ 型动车组制动系统

![任务单标志] **任务单**

任务名称	CRH$_3$ 型动车组制动系统
任务描述	识别 CRH$_3$ 型动车组制动系统的组成；识别制动作用的种类、系统特点和系统的冗余；熟知电制动系统组成、工作原理和特性；熟知空气制动系统的工作原理；熟知防滑装置工作过程。
任务分析	CRH$_3$ 型动车组主要有再生制动和空气制动两种制动形式。列车制动时，制动控制系统控制车辆的制动装置，将车辆的动能转化为电能和热能，保证车辆的安全。 再生制动将车辆的动能转化为电能后反馈回电网，为其他车辆的运行提供能源，降低车辆运营成本；空气制动利用制动缸产生机械力，通过制动盘与闸片的摩擦，将动能转化为热能释放到大气中，该制动方式存在机械损耗，运营成本相对较高。

学习任务	【子任务1】CRH$_3$型动车组制动系统的组成及系统设计参数。 【子任务2】CRH$_3$型动车组制动作用的种类及各种类的作用。 【子任务3】CRH$_3$型动车组电制动的组成及工作原理。 【子任务4】CRH$_3$型动车组空气制动的组成及工作原理。 【子任务5】CRH$_3$型动车组压缩空气供给系统工作原理及空气干燥装置工作原理。 【子任务6】CRH$_3$型动车组防滑装置的功能和工作原理。
劳动组合	各组长讨论交流，根据任务单掌握CRH$_3$型动车组制动系统的组成、制动作用的种类、电制动和空气制动的工作原理及各部件的作用，布置任务制作空气制动气路示意图教板。各组评判小组成员学习情况，并作出小组评价。
成果展示	（1）CRH$_3$型动车组制动系统的组成图纸； （2）压缩空气制动气路示意图图纸； （3）电制动和空气制动混合施加制动力示意图。
学习小结	

自我评价	项目	A—优	B—良	C—中	D—及格	E—不及格	综合
	安全纪律（15%）						
	学习态度（15%）						
	专业知识（30%）						
	专业技能（30%）						
	团队合作（10%）						

教师评价	简要评价	
	教师签名	

学习引导文

2.3.1 CRH$_3$型动车组制动系统概述

1. 制动系统的组成

CRH$_3$型动车组主要有再生制动和空气制动两种制动形式。列车制动时，制动控制系统控制车辆的制动装置，将车辆的动能转化为电能和热能，保证车辆的安全。

再生制动将车辆的动能转化为电能后反馈回电网，为其他车辆的运行提供能源，降低车辆运营成本；空气制动利用制动缸产生机械力，通过制动盘与闸片的摩擦，将动能转化为热能释放到大气中，该制动方式存在机械损耗，运营成本相对较高。

CRH₃ 型动车组空气制动系统包括直通式电空制动系统、自动式备用空气制动系统、基础制动装置、电子防滑器和压缩空气供给系统等部分，空气制动系统的配置如图 2 - 14 所示。

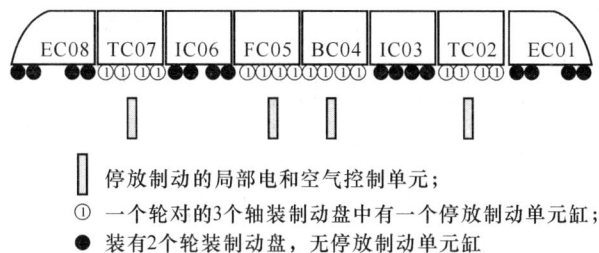

停放制动的局部电和空气控制单元；
① 一个轮对的 3 个轴装制动盘中有一个停放制动单元缸；
● 装有 2 个轮装制动盘，无停放制动单元缸

图 2 - 14 　空气制动系统配置图

CRH₃ 型动车组制动系统的直通式电空制动通过列车网络实现制动信号的传递，由制动控制单元（BCU）实现制动力的管理。微机控制的直通式电空制动是车辆的主要制动模式，在利用机车进行救援或回送时，CRH₃ 型动车组使用备用的自动式空气制动，此种制动模式不依赖于车辆的网络及电气控制，而是通过制动管的压力变化控制车辆制动力的施加与缓解。制动系统的设计遵循"故障导向安全"原则，为此，CRH₃ 型动车组列车设有贯通整列车的硬线安全环路，主要有停放制动监测回路、制动不缓解监测回路、转向架监测回路、旅客紧急制动回路、紧急制动回路等，它们与制动控制系统相连，可完成对车辆关键功能及部件状态的检测，以确保车辆的运行安全。

制动系统能实现的基本制动功能包括紧急制动、常用制动、备用的自动式空气制动和停放制动。这些功能通过与制动控制相关的车载控制设备实现，这些设备主要包括中央控制单元（CCU）、牵引控制单元（TCU）及制动控制单元（BCU）。在司机或车辆自动控制系统发出制动指令后，由制动控制单元（BCU）负责控制整车制动力的电空复合方式及制动力的合理分配。

制动系统的基本设计参数包括车辆重量分布情况、紧急制动距离要求、基础制动的布置情况、运行中的空气阻力及轮轨黏着关系、盘及闸片的热容量情况，具体指标如下。

计算制动系统相关参数时，车辆总重量按照如下计算：空车 460 t，重车 536 t（不包括旋转质量）。

每根动车车轴安装 2 个轮装铸钢制动盘 + 粉末冶金闸片 + 电子防滑器；每根拖车车轴安装 3 个轴装铸钢制动盘 + 粉末冶金闸片 + 电子防滑器。另外，对应动车车轴安装有撒砂装置。

制动盘的散热能力与两个因素有关，一是通风散热能力，二是制动盘的热容量。热容量是系统在某一过程中，温度升高（或降低）1 ℃所吸收（或放出）的热量，热容量的单位是 J/K（焦/开）。如果制动盘温升很快，其物理性能会有很大变化，因此在通风散热能力一定的情况下，尽量保证大的热容量。制动盘的热容量如图 2 - 15 所示。图中各点是不同制动条件下，对应不同制动功率时制动盘的热量值。

2. 制动作用的种类

（1）常用制动。

常用制动时，优先使用无磨耗的电制动，电制动力不足部分由空气制动力补充。

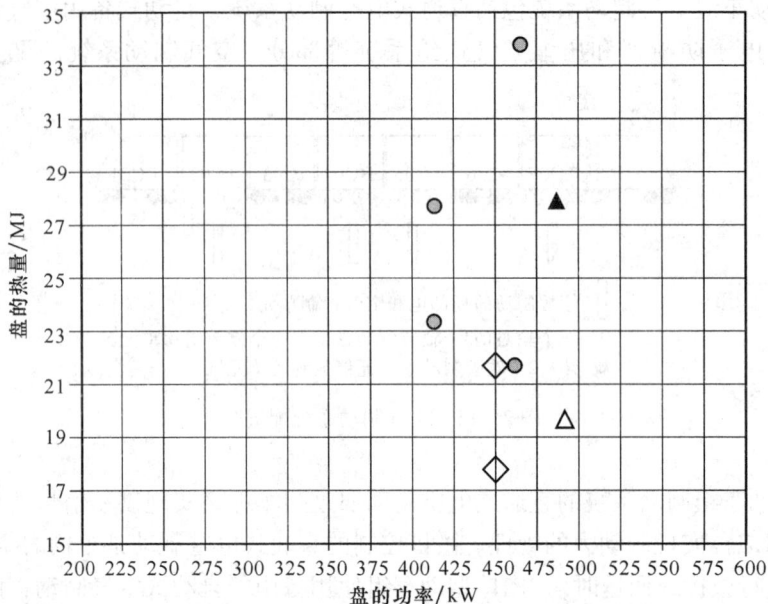

图 2-15 制动盘的热容量

列车正常运行时，司机通过实施常用制动进行车辆调速和到站停车。对于常用制动而言，制动力的设定与司机制动控制器的扳动角度或幅度成比例。

当拉下乘客制动阀时，通过乘客紧急制动环触发最大的常用制动。为避免列车在不适宜逃生的轨道或隧道、桥等位置停车，司机可将司机制动控制器置于"OC"位，取消乘客最大常用制动请求。

主操纵端制动控制单元（BCU）收到司机制动控制器和列车自动防护系统（ATP）不同级别制动请求后，根据空气弹簧压力转化车辆载重信息，在整列车范围内进行再生制动和电空制动的合理分配。列车主制动控制单元和列车管理系统保证了在制动时制动力不会过大，也保证了列车摩擦制动与负载的合理匹配（即空气制动时磨耗最优化和过热时的保护措施）。

每辆车上制动控制单元（BCU）通过 MVB 读取制动设定值，并通过控制模拟转换器来控制每辆车的制动缸压力。每辆车上"制动应用/缓解"状态被记录，并通过数据总线 MVB 和 WTB 反馈给司机。

常用制动设定值的信号通过车辆数据总线（MVB）和列车总线（WTB）传输，如图 2-16 所示。

在最大常用制动的条件下，平均减速度为 $0.8 \sim 1.0 \ m/s^2$。常用制动力小于紧急制动力。

（2）紧急制动。

紧急制动存在两种控制模式：空电复合紧急制动或纯空气紧急制动，由制动控制单元（BCU）根据实际情况来响应。

通过以下任意方法均可以触发紧急制动：

①在司机室按下紧急制动排风阀按钮（即红色蘑菇按钮）；

②将司机制动控制器拉到"紧急制动"（EB 位）位置；

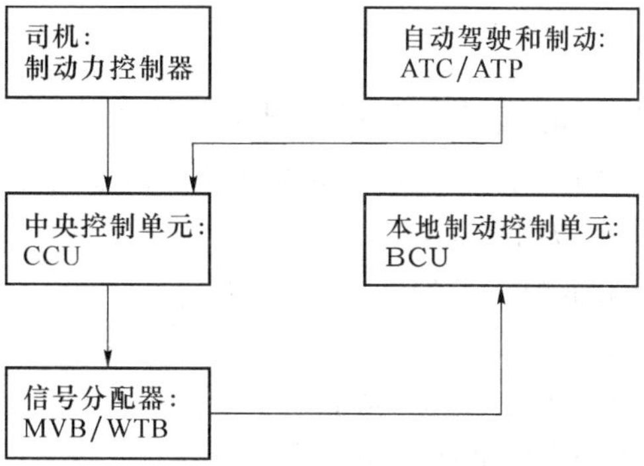

图 2-16　常用制动过程中信号产生、信号分布框图

③列车自动防护系统（ATP）或自动警惕设备（SIFA）触发并优先响应；

④列车运行时（$V > 5$ km/h），发生了停放制动的意外施加，由停放制动监视回路触发；

⑤当转向架的稳定行驶或轴承温度指标超限，且施加最大的常用制动功能失效，由转向架监视回路触发。

当紧急制动触发后，切除牵引力，施加电制动和空气制动。另外，车轮防滑系统也会启动。

紧急制动触发后，同时发生以下冗余动作：

①制动管排风，通过空气分配阀实施备用的空气紧急制动；

②直通式电空制动的紧急制动电磁阀得电，通过"安全回路状态"列车线控制安装在每辆车上的紧急制动电磁阀得电，实施直通电空紧急制动；

③触发最大常用制动，每车 BCU 检测"安全回路状态"列车线，触发直通式电空最大常用制动。

（3）停放制动。

CRH₃ 型动车组停放制动设计能力为可满足动车组空走时在最大坡度为 30‰时的安全可靠停放。

在停放制动单元缸里，制动力由弹簧力施加，无须任何空气压力。缓解停放制动通过施加压缩空气抵消机械弹簧力实现。为了允许停放制动的紧急缓解，在非动力转向架的两侧提供金属绳索。通过每车的紧急缓解装置和空气截断塞门能够切除有故障的停放制动。

在控制停放制动时，由司机按钮产生停放制动信号，并直接转换为停放制动控制线的信号。通过这些停放制动控制线将"停放施加"和"停放缓解"信号分配到整列车上的本地制动控制单元。

（4）备用制动。

备用的自动式空气制动是利用制动管压力变化对车辆制动进行控制，主要用于救援和回送。

CRH₃ 型动车组的备用制动系统为自动式空气制动系统，在电控直通空气制动无法使用时（故障或缓解/回送状态）启用。备用制动系统启用后，可通过控制制动管的空气压力来实现列车的制动和缓解。制动管的空气压力变化可由动车组自身的备用制动控制阀 ZB11-6（C02）或救援/回送机车控制。备用制动启用后，主制动控制手柄的制动控制被切断，电制动也无法使用。

3. 制动系统的特点

CRH$_3$型动车组常用制动和紧急制动采用电制动和空气制动联合作用的模式，在安全制动时仅有空气制动启用。电制动在 80～300 km/h 的速度范围内起作用，主要特点如下：

①轮周处的最大电制动力为 149 kN；

②制动初速度为 300 km/h 时，总的制动距离如下：

纯空气制动时，为 3 670 m；

纯空气制动 +100% 电制动时，为 3 256 m。

③空气制动和牵引阻力产生的减速度如下：

纯空气制动，$V>200$ km/h 时为 0.88 m/s^2，$V\leqslant200$ km/h 时为 1.16 m/s^2；

100% 电制动 + 空气制动，$V>200$ km/h 时为 1.07 m/s^2，$V\leqslant200$ km/h 时为 1.22 m/s^2。

4. 制动系统的冗余

CRH$_3$型动车组制动系统在列车最佳使用性和安全性上具有高度冗余性。一旦列车由于制动故障而停止运行，相应设备会提供列车移动到下一停车点的能力。

2.3.2 CRH$_3$型动车组电制动系统

1. 制动系统组成和工作原理

CRH$_3$型动车组电制动系统（ED 制动）由 EC01/EC08 和 IC03/IC06 车的牵引系统提供，并由列车中央控制系统（CCU）进行连续控制，制动能量将反馈至接触网上。当制动能量不能回收或者仅有部分能量可回收时，则其余制动能量将由限压电阻器消耗掉。

CRH$_3$型动车组每根动轴都具有电制动功能，可实施再生制动。动车组实施电制动时，控制系统将三相异步电动机转换为发电机工作，将列车运行的动能转变为电能反馈回电网。动车车轴使用电制动时，电空制动仅供拖车车轴使用。对于动轴来说，电空制动仅可用于无法使用电制动的速度范围内。如电制动失效，可在有关动车车轴上使用空气制动系统。电制动可单独使用，或与空气制动一起使用。与空气制动一起使用时，将优先使用电制动，这样可以减轻拖车的空气制动负荷，从而减少其机械制动部件磨耗。低速时，该混合制动模式仅由空气制动系统产生停车制动。

2. 制动特性

CRH$_3$型动车组再生制动力与列车速度的关系如图 2-17 所示。

2.3.3 CRH$_3$型动车组空气制动系统

CRH$_3$型动车组的空气制动系统包含 2 套供风设备，每套设备主要包括电动空气压缩机单元 SL22、双塔式空气干燥装置 LTZ015、具有防冻功能的冷凝水收集器、微孔滤油器 OEF1～4 及有关的辅助设备。主供风系统为制动系统及其他用风设备提供清洁、干燥的压缩空气，每套设备的供风量至少为 1 300 L/min。辅助供风系统也包括 2 套设备，每套设备包括辅助压缩机单元和压力值设定为 900 kPa 的安全阀。

供风设备置于车体底架设备舱内，有两根风管连通全列车：一根是列车管，用于空气制动的控制，压力保持在 600 kPa；另一根是总风管，用于给所有连接到空气系统的用风设备

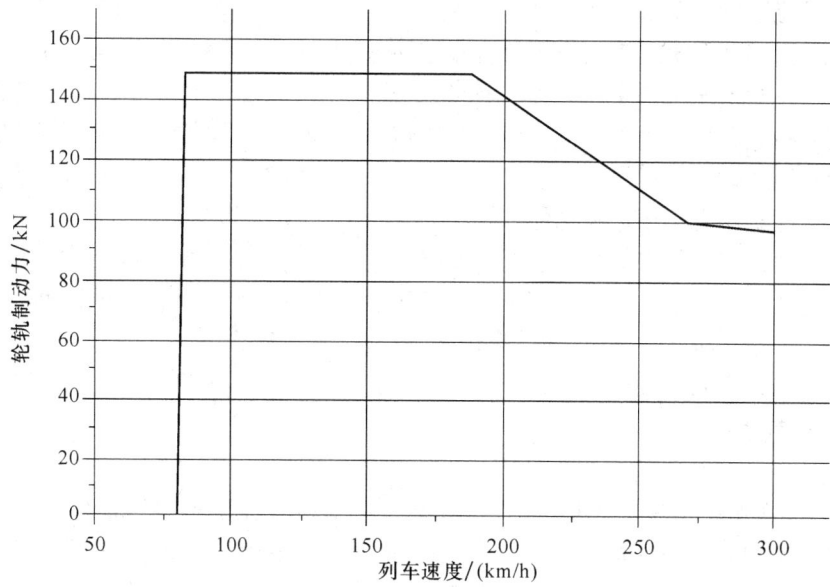

图 2 - 17 再生制动力与列车速度的关系图

用风，压力保持在 800 ~ 1 000 kPa。另外，在受电弓附近有两个辅助空压机，以供总风缸欠压或无风时的升弓。

空压机集成在压缩空气供应单元内，此种集成方式可减少噪声。压缩空气同时存储在每辆车的压力风缸中。压缩空气由总风管供风，最大压力为 1 000 kPa。供风系统的布置如图 2 - 18 所示。

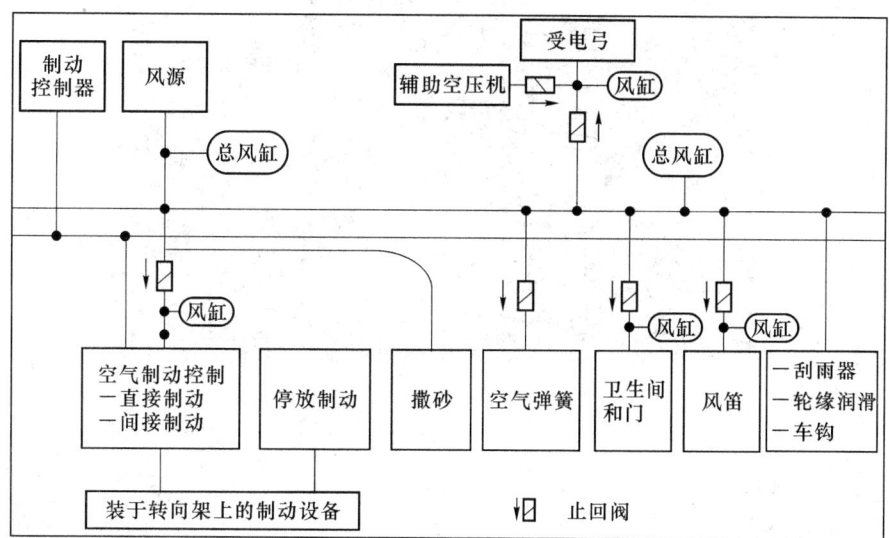

图 2 - 18 供风系统布置图

压缩空气供给系统主要包括空气压缩机单元、干燥器及冷凝水收集器等部件，能为制动系统及其他用风设备提供清洁、干燥的压缩空气，并在动车组 1/2 以下单元的空气压缩机出现故障时，仍能维持动车组正常运行。

供风系统为制动系统、空气弹簧及所有辅助系统提供压缩空气。供风系统包括两个空气压缩机，如果一个压缩机坏了，列车仍能正常运行。列车运行中只有一个空气压缩机工作时，耗风量会超过压缩机的供应量。为了解决这种问题，利用各种储气罐给用风设备供风，可保证制动及用风设备的正常使用。此种情况下，为了保护压缩机，也可间歇地关断个别用风设备，使空压机压力不超过标称值。

主空压机通过车载变流器由接触网设备提供电能。辅助空压机通过独立于接触网的电池进行操作。当通过接触网送电时，两个主空压机各自通过一个辅助转换单元供电。当一个车载转换器或一个空压机在正常情况下失效时，可能限制运行。

在受电弓附近有两个辅助空压机系统，以供总风缸欠压或无风时的升弓。

1. 压缩空气供给系统

（1）主空气压缩机结构及工作原理。

CRH$_3$型动车组采用 SL22 型螺杆式电动空气压缩机单元对总风缸供风。空气压缩机单元通过车载变流器由接触网提供电能，然后再通过两个辅助转换单元分别向两个压缩机供电。驱动电机和压缩机单元分别由三个支撑元件固定到车底架上。

电动空气压缩机单元主要由空气压缩机、电机、电气系统、弹性装配装置、监控和安全装置、空气过滤器和其他部件构成，如图 2 - 19 所示。此外，压缩机也包括过滤、调节及监控油和空气循环系统的部件。压缩机单元是一个独立的模块化装置，通过弹性连接安装到车上。

图 2 - 19　电动空气压缩机单元

（2）空气干燥装置结构及工作原理。

空气干燥装置 LTZ015.2H 用于从螺杆式空气压缩机输出的空气中吸取湿气和大部分的油，主要由以下部分组成：

①两个带有整体式油分离器的干燥塔；

②一个带有再生节流孔和以下控制阀的支架：

干燥塔的两个单向阀；

通向总风缸的中央旁通阀；

用来控制气流的预控制阀；

带有消声器的可排水的整体式双活塞阀。

③电磁阀和控制循环的电路板。

双塔型无加热再生/吸水装置可同时进行干燥和再生，当主气流在一个塔中被干燥时，另一个塔中的干燥剂进行再生。

来自压缩机的潮湿压缩空气进入空气干燥机，在此先析出部分水分，并经油分离器吸收油分。然后，压缩空气通过装有吸附性干燥剂的干燥塔，由干燥剂吸取大部分水分，使干燥机出口排出的主气流相对湿度≤35%。

另一部分经干燥的空气从主气流中引出，经再生节流孔后发生膨胀，并在穿过第二个塔内的饱和干燥剂后释放到大气中。由于已在膨胀过程中被最大限度地干燥，这部分空气会从干燥剂（再生）中吸收其在干燥阶段所吸收的水分。两个干燥塔的"干燥"和"再生"工作状态以一定的周期进行交替。

（3）微孔滤油器。

微孔滤油器 OEF1~4 可大大减少压缩空气中的油分，微孔滤油器位于压缩空气通路上干燥装置的下游，排油由手动控制，其结构与 CRH$_5$ 型动车组上所使用的相同。

（4）安全阀。

安全阀保护压缩空气系统的气动设备不因气压超出许可范围而损坏，从而也避免损坏与气动设备相连的其他设备。如果气压超出了安全工作压力，安全阀将会自动排出足够多的压缩空气，以使工作压力不超过安全压力的 10%。CRH$_3$ 型动车组使用的安全阀为 SV10 型，其结构与 CRH$_5$ 型动车组上所使用的相同。

（5）辅助压缩机单元。

辅助压缩机单元的功能是在总风压力太低时，给受电弓的起升提供压缩空气，以保证动车组接受电网供电。辅助压缩机单元包括辅助压缩机和一个 25 L 的风缸。辅助压缩机和风缸集成安装在一个小模块吊架上，该模块整体吊装在 TC02 车和 TC07 车的底架上，由蓄电池系统为辅助压缩机供电。设置 25 L 的风缸是为了满足升弓所需的压缩空气。

辅助压缩机为单活塞压缩机，气路中有设定压力为 900 kPa 的安全阀；当气路的压力超过设定值时，安全阀将排气，以保护气路部件不受高压的损害。

CRH$_3$ 型动车组的压缩空气供给，能保证在动车组一个空气压缩机单元出现故障时不影响动车组正常运行。当列车只有一个空气压缩机工作时，为防止耗风量超过压缩机供风量情况的出现，设置了各设备的专用风缸，使空气压缩机的压力不低于设定值。

2. 基础制动装置

CRH$_3$ 型动车组的基础制动采用盘形制动装置，动车每个轮对安装两套轮盘式盘形制动装置，拖车每个轮对安装三套轴盘式盘形制动装置。

CRH$_3$ 型动车组的轮制动盘和轴制动盘都为铸钢制造，其结构分别如图 2 - 20（a）和（b）所示。

轮制动盘的直径为 750 mm，每副轮盘（两片）用 12 条螺栓分别连接在车轮辐板的两侧。CRH$_3$ 型动车组的轮制动盘采用模块化设计，重量轻，易于拆装。轴制动盘的直径为 640 mm，制动盘由摩擦环、盘毂和连接装置组成，摩擦环与盘毂之间也是通过 12 条连接螺栓连接。轴盘上具有用于通风的散热筋结构，不仅可在非制动状态节省60%的能量，还可减少制动盘上存在过热点。

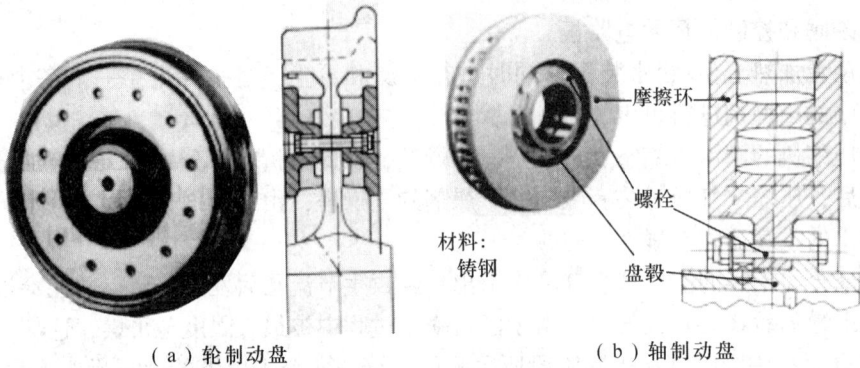

材料：铸钢

摩擦环
螺栓
盘毂

（a）轮制动盘　　　　　　　（b）轴制动盘

图2-20　制动盘的结构

CRH$_3$型动车组的夹钳单元采用模块化结构，如图2-21所示。夹钳单元通过关节轴承与构架相连。所有制动夹钳单元都有内置的自动闸片间隙调整器。16根拖车车轴均有一个夹钳单元带有弹簧驱动的停放制动装置。

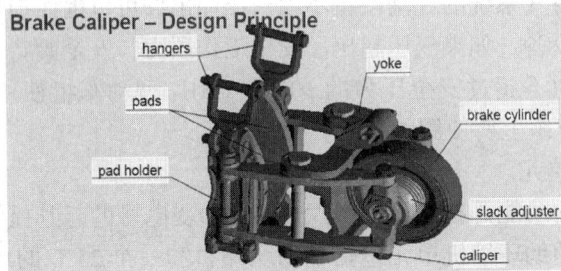

Brake Caliper – Design Principle

hangers
yoke
pads
brake cylinder
pad holder
slack adjuster
caliper

图2-21　夹钳单元模块化结构图

夹钳单元使用的ISOBAR闸片采用烧结粉末冶金材料，如图2-22所示。在制动初速度为350 km/h时也能保证良好的接触状态，以保证均匀承受负载。夹钳单元装有紧固件来防止闸片脱落。

在摩擦副和轮对处于任何磨损状态下，制动夹钳都必须动作灵活，容易使摩擦面贴合。在新的摩擦副中，必须确保制动缸活塞的整个行程。基础制动装置必须符合制动计算的杠杆尺寸。制动缸安装后必须可以转动，以使制动力平均作用到车轮上。

制动缸必须采用浮动式悬挂安装，并用铁路通用的软管连接。制动缸活塞须移动方便。所有制动夹钳单元必须装配自动闸片间隙调整器，用以调整制动闸片和制动盘之间的距离。闸调器须保证足够的调整量，以便不需拆卸其他部件就能替换磨损的闸片。基础制动装置必须保证运行所需的灵活性，并且通过常用工具就可快速、简单地更换部件。

制动力依靠直通作用制动缸或弹簧储能器施加到制动盘上，必须避免空气制动力和弹簧制动力叠加。但是，这种特殊的情况必须在对盘形制动进行计算时考虑到，而且弹簧储能器软管折断的情况也必须在系统设计中加以考虑。

闸片可以磨耗到 5 mm 而不影响功能,闸片的底板必须无扭曲且更换方便。

2.3.4 CRH₃ 型动车组防滑装置

1. 防滑装置结构

列车的每个轮对均设有防滑系统检测,每个轮对的转速由速度传感器进行测量,由制动控制单元(BCU)进行监控。如果发生滑动,各车的制动控制单元(BCU)激活每个轮对的防滑器排风阀以缓解制动。

CRH₃ 型动车组防滑系统的组成如图 2-23 所示,由滑行检测器、速度传感器和防滑电磁阀等部分组成。

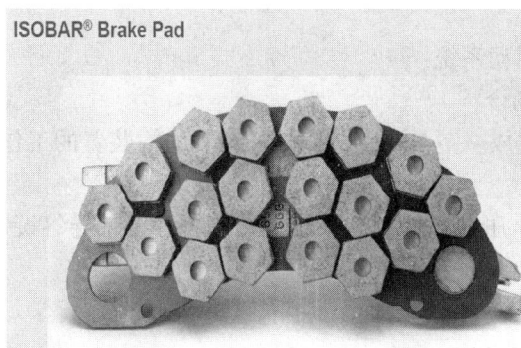

图 2-22 制动闸片

图 2-23 防滑系统的组成框图

2. 防滑装置功能

在动力轴上,空气制动和电制动产生防滑保护时,由于动车相应的牵引控制单元有其自身的防滑保护,所以在下述情况下,防滑器有不同的控制方式。

(1)常用制动时。

牵引控制单元中的防滑调节器调整至低于空气制动的滑动值,从而可减少已有的电制动力,保持轮对较低减速度。在正常情况下,牵引控制单元调节器设置较敏感以控制电制动。如果动力轴仍发生严重的滑动,则空气制动调节器发送一个减小制动力信号给牵引控制单元(TCU),后者将减小电制动力。空气制动的防滑系统将其要求降低电制动力的信号作为总线信号,这个信号的范围为 0~100%。

(2)紧急制动时。

动力轴采用了比常用制动期间略高的滑动值。空气制动防滑系统的参数调整,按照最优利用轮轨黏着系数进行设置。紧急制动时,制动控制单元单独承担制动系统的调整功能并调节电制动力。在此情况下,牵引控制单元(TCU)监视电制动力的调整是否在预先设定的最大值上,如果紧急制动时 TCU 和 BCU 间的 MVB 通信失败,则制动控制单元(BCU)将自动调节制动系统。

3. 防滑控制

列车的防滑性能直接影响车辆的紧急制动距离。防滑性能良好,则车辆可充分利用轮轨间黏着，实现最短的紧急制动距离；否则，滑行会造成车轮的擦伤和紧急制动距离的不可控。防滑在高速动车组上的作用更加突出。

制动控制单元读取速度传感器检测到的车轮转速，通过评估不同轮对的制动减速度情况，按图示曲线判断其减速度是否超出限制值，并依据减速度情况控制制动缸的压力，实现制动力的增大、保持和减小，最终消除车轮的滑行现象。另外，在依据加速度进行控制的同时，也采用速度差控制，通过将不同车轮转速与本车车轮中的最高转速相对比，判断是否有滑行，以控制制动力，消除滑行。

任务实施与评价

（1）下发任务单，明确学习任务、主要内容、知识目标、能力目标、素质目标要求；

（2）学生按任务单要求制订学习计划，完成预习任务及相关知识准备；

（3）普通车辆的刹车认知引入；

（4）学生上网查阅说明 CRH_3 型动车组的制动系统；

（5）对比说明几种制动种类的作用和使用场合；

（6）教师组织抢答识别 CRH_3 型动车组的组成、空气制动的工作原理和防滑装置的工作原理；

（7）学生识别几种常用的制动种类的作用、压缩空气制动系统的原理，教师辅导答疑，学生以个人或学习小组方式进行学习小结及反思；

（8）学生进行学习自我评价及学习小组成员互评，教师及小组长（副组长）进行学习他人评价并检查任务完成情况。

【任务4】 CRH_5 型动车组制动系统

任务单

任务名称	CRH_5 型动车组制动系统
任务描述	识别 CRH_5 型动车组制动系统的组成；识别制动作用的种类、系统特点和系统的冗余；熟知电制动系统组成、工作原理和特性；熟知空气制动系统的工作原理；熟知防滑装置工作过程。
任务分析	CRH_5 型动车组的制动系统由电制动系统、空气制动系统、防滑系统和制动控制装置组成。列车制动时，制动控制系统控制车辆的制动装置，将车辆的动能转化为电能和热能，保证车辆的安全。空气制动利用制动缸产生机械力，通过制动盘与闸片的摩擦，将动能转化为热能释放到大气中，该制动方式存在机械损耗，运营成本相对较高。
学习任务	【子任务1】CRH_5 型动车组制动系统的组成及系统设计参数。 【子任务2】CRH_5 型动车组制动作用的种类。 【子任务3】CRH_5 型动车组电制动的组成及工作原理。 【子任务4】CRH_5 型动车组空气制动的组成及工作原理。 【子任务5】CRH_5 型动车组压缩空气供给系统工作原理及空气干燥装置工作原理。 【子任务6】CRH_5 型动车组防滑装置的功能和工作原理。

劳动组合	各组长讨论交流，根据任务单掌握 CRH₅ 型动车组制动系统的组成、制动作用的种类、电制动和空气制动的工作原理及各部件的作用，布置任务制作空气制动气路示意图教板。各组评判小组成员学习情况，并作出小组评价。					
成果展示	（1）CRH₅ 型动车组制动系统的组成图纸； （2）压缩空气制动气路示意图图纸； （3）电制动和空气制动混合施加制动力示意图。					
学习小结						
自我评价	项目	A—优	B—良	C—中	D—及格	E—不及格	综合
	安全纪律（15%）						
	学习态度（15%）						
	专业知识（30%）						
	专业技能（30%）						
	团队合作（10%）						
教师评价	简要评价						
	教师签名						

学习引导文

2.4.1　CRH₅ 型动车组制动系统概述

1. 制动系统的组成

CRH₅ 型动车组的制动系统由电制动系统、空气制动系统、防滑系统和制动控制装置组成。在 8 辆编组的 CRH₅ 型动车组中，共有 10 根动力轴和 22 根非动力轴。动力轴上有电制动装置与盘形制动装置，每根轴上有 2 个轴制动盘；非动力轴上只有盘形制动装置，每根轴上有 3 个轴制动盘。制动系统的配置如图 2 - 24 所示。

CRH₅ 型动车组制动系统具有与车载列车运行速度控制系统的接口，采用电空联合制动模式，电制动优先。正常情况下，每个司机台上有 2 个手柄对制动系统进行控制。

CRH₅ 型动车组使用的电制动以再生制动为主；当再生制动不能起作用时，可以切换成电制动。电制动系统由受电弓、牵引变压器、牵引变流器、牵引电机及制动电阻等组成。电制动在常用制动和列车定速运行时使用。

CRH₅ 型动车组使用的空气制动系统包括直通式空气制动系统和自动式空气制动系统。

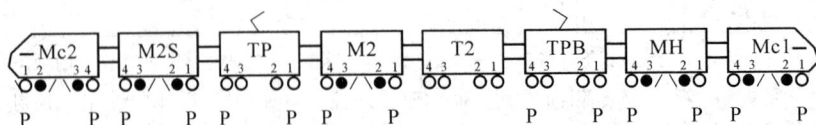

图例：
○ 非动力轴，每轴3个制动盘
● 动力轴，每轴2个制动盘
P 停放制动
\● 带有左侧撒砂装置的动力轴
●/ 带有右侧撒砂装置的动力轴

图 2 – 24　CRH₅ 型动车组制动系统的配置

2. 制动作用的种类

（1）常用制动。

正常情况下制动时，司机室中的牵引/制动控制器向列车总线发送制动指令，该制动指令被各节车的制动控制单元（BCU）读取和编译，并将制动指令发送给牵引单元（TCU）进行电制动，以及电空联合制动的控制。

常用制动模式下，电制动优先，首先在动车的动力轴上施加电制动。如果电制动力不足，再在非动力轴上施加空气制动。当动力轴的电制动不能使用时，用空气制动代替。

当列车运行速度小于一定数值（如 10 km/h）时，由于电制动作用较弱，此时可完全采用纯空气制动。

（2）紧急制动。

紧急制动时，制动指令同时下达给直通空气制动系统和自动空气制动系统。此时，牵引和电制动都被切断，所有车辆施加最大的空气制动力。

（3）备用制动。

如果电子制动控制单元（BCU）发生故障或列车处于救援/回送模式，可启动备用的自动空气制动系统继续运行。列车的制动和缓解由制动管中的空气压强控制，而制动管压强则由司机室中的备用制动控制阀或救援/回送机车控制。备用制动控制阀由手动开关激活。

备用制动系统具有常用制动和紧急制动功能（都为空气制动），其紧急制动可通过操纵备用制动控制阀或紧急按钮实施。

（4）停放制动。

CRH₅ 型动车组配备弹簧作用的停放制动装置，该装置可满足列车在 30‰的坡道上安全停放的要求。

（5）停车制动。

停车制动为常用制动的辅助功能。由于电制动在低速时作用会减弱直至为零，为此可在动车转向架上以空气制动进行补足，从而使列车总的制动力保持不变，使列车实现均衡的减速制动效果。

CRH₅ 型动车组在 $V \leqslant 5$ km/h 时，会在动车转向架上施加空气制动，从而保证整个列车均衡减速制动。

3. 制动系统的性能

CRH₅ 型动车组的常用制动采用电制动和空气制动的联合制动模式，紧急制动则仅为空气制动。电制动可在 10～200 km/h 的速度范围内工作。CRH$_5$ 型动车组制动系统的性能如下。

①轮周处的最大制动力为 205 kN（最大电制动力下）。

②轮周处的最大制动功率为 5 785 kW（最大电制动力下）。

③最大常用制动和紧急制动性能相同，指标如下：

初速度为 200 km/h 时，平均减速度为 0.79 m/s^2，制动距离≤2 000 m；

初速度为 160 km/h 时，平均减速度为 0.79 m/s^2，制动距离≤1 400 m。

④空气制动时轮轨间的最大黏着系数为 0.085。

⑤弹簧驱动的停放制动装置能够使正常负载的列车停在 30‰ 的坡度上不发生溜逸。

2.4.2　CRH$_5$ 型动车组电制动系统

1. 系统组成和工作原理

CRH$_5$ 型动车组的每根动轴都具有电制动作用。电制动系统由受电弓、牵引变压器、牵引变流器、牵引电机及电阻制动的制动用电阻等组成。

再生制动时，控制系统将三相异步电动机转换为发电机工作，将列车运动的动能转变为电能，反馈回电网；当再生制动不能起作用时（如网压偏高或过分相区），可切换成电阻制动，将电能转化成热能消耗掉。使用电制动时，电空制动仅供拖车车轴使用；而对于动轴来说，空气制动仅在无法使用电制动的速度范围内以及电制动失效时使用。

电制动可单独使用或与空气制动一起使用。与空气制动一起使用时，将优先运用电制动，以减轻拖车的空气制动负荷，从而减少其机械制动部件的磨耗。

2. 制动特性

CRH$_5$ 型动车组的再生制动在 29 kV 网压以下使用，并可在 $V > 10$ km/h 的速度范围工作；在电分相区段时进行电阻制动，可实现与再生制动相同的性能。

常用制动时，CRH$_5$ 型动车组全列车的再生制动力与列车速度的关系如图 2-25 所示。从图中可见，在列车速度 V 在 15～100 km/h 之间时，列车具有最大的再生制动力；当列车速度 $V > 100$ km/h 时，随着速度的提高，再生制动力越来越小。

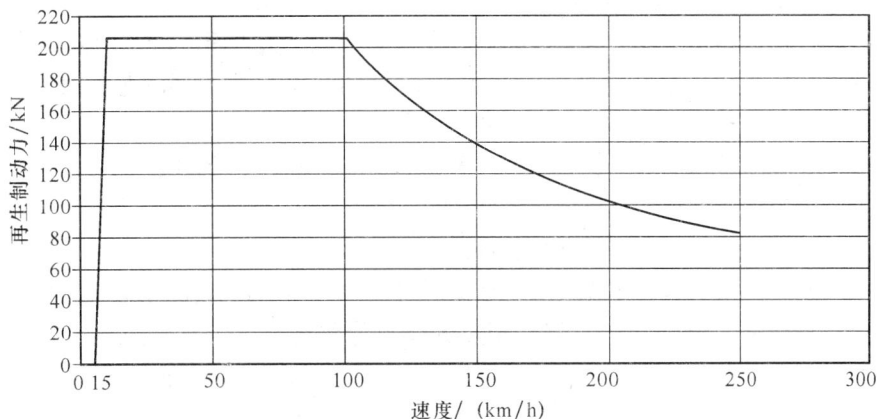

图 2-25　CRH$_5$ 型动车组再生制动力与列车速度的关系

2.4.3 CRH$_5$ 型动车组空气制动系统

CRH$_5$ 型动车组空气制动系统的相关部分包括压缩空气供给系统、直通式空气制动系统、备用自动空气制动系统和基础制动装置四大部分。以下主要介绍压缩空气供给系统和基础制动装置两部分。

1. 压缩空气供给系统

CRH$_5$ 型动车组的主压缩空气供给系统配备 2 套压缩空气供给装置，分别装在 Tp 和 Tpb 车上，每套压缩空气供给装置主要包括以下部分：电动空气压缩机单元 SL22、空气干燥装置 LTZ015 及微孔滤油器 OEF1 ~ 4。同时，还配备 2 台辅助空气压缩机，为受电弓的升弓供风；辅助空气压缩机也装在 Tp 和 Tpb 车上。

全列有两根风管连通全车。一根是制动风管，用于空气制动控制，压强保持在 600 kPa；另一根是总风管，用于向所有连接到空气系统的设备供气，压强保持在 800 ~ 1 000 kPa。

（1）主空气压缩机结构及工作原理。

主空气压缩机结构及工作原理与 CRH$_3$ 型动车组相同。

需要压缩的空气经过滤器后输送到压缩机，当空气过滤器需要处理时，真空显示器会有显示。压缩机箱体内部的油被抽出后，压缩机内的压缩空气通过空气冷却器进入空气管路。用于密封、润滑和分散压缩而升温的油通过一个油控制装置返回压缩机，随着温度和油控制装置内恒温器设置的不同，通过油冷却器的热油的油量有所不同。集成的油气冷却器可从离心风机获得冷却空气。电空压缩机组每次关闭时，压缩机内的压强通过卸压阀降低。

该电动压缩机组为非连续性工作，由车载压强控制器控制 850 kPa 启动，1 000 kPa 关闭。

（2）空气干燥装置结构及工作原理。

空气干燥装置结构及工作原理与 CRH$_3$ 型动车组相同。

（3）微孔滤油器。

微孔滤油器 OEF1 ~ 4 如图 2-26 所示，可大大减少压缩空气中的油分。微孔滤油器位于压缩空气通路上干燥装置的下游，排油由手动控制。

微孔滤油器由机体和过滤器滤芯组成，其结构及工作原理如下。

铝制机体可长期用于 1 600 kPa 的最大工作压强之下，其表面的合成树脂涂料可提供足够的防腐蚀保护。滤油器上下两部分由梯形螺纹连接在一起，过滤器滤芯用螺纹固定在机体中央的螺杆上，并用端盖密封。

过滤器滤芯如图 2-27 所示，包含一个很深的玻璃纤维层，此外还有很大的空腔，以实现较高的吞吐量和较低的压差。

滤油器可以清除 1 μm 以上的悬浮油颗粒和固体杂质，残油含量不高于 0.1 mg/m^3 （20 ℃、700 kPa）。固体颗粒会被阻滞在玻璃纤维层中，而非常细微的液滴会在此形成较大的液滴，而被强制进入外部的 PVC 泡沫层，并在重力作用下成为黏性液体薄膜，流入过滤器下部的碗形容器中。

钢制外护套位于玻璃纤维材料的外部，为过滤介质提供必要的支撑，使玻璃纤维即使在气压波动很大的情况下也不会从夹层结构中漏出；PVC 泡沫层可以阻滞矿物油、合成油和使用过久的油。

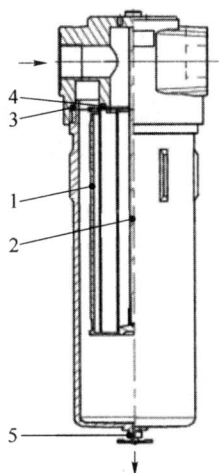

图 2-26 微孔滤油器
1—滤芯；2—螺杆；3—O 形圈；4—O 形圈；
5—手动排油口

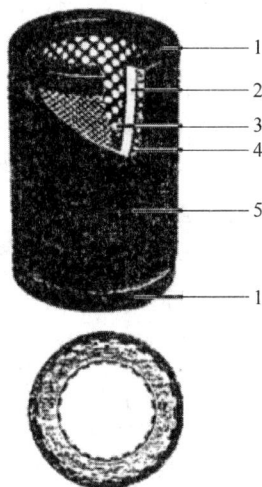

图 2-27 滤芯
1—塑料/铝制端盖；2—硼硅酸盐玻璃纤维层；
3—钢制内护套；4—钢制外护套；5—PVC 泡沫层

（4）安全阀。

安全阀保护压缩空气系统的气动设备不受超出范围的高压带来的损坏，从而也消除对与其连接的装置的损坏；如气压超出了安全工作压强，安全阀就会自动排出足够多的空气，以使工作压力保持在安全水平的 10% 以内。CRH$_5$ 型动车组使用的安全阀为 SV10 型，如图 2-28 所示。

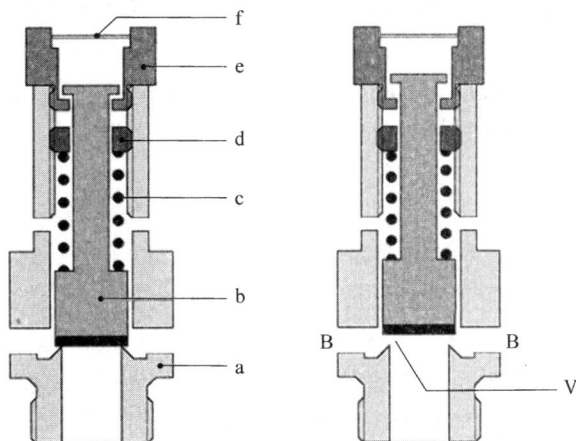

图 2-28 安全阀
a—阀体；b—阀杆；c—压缩弹簧；d—调节螺母；e—排气螺母；f—铅封；B—排气口；V—阀座

压紧弹簧压住阀杆，关闭阀体的阀座。压紧弹簧的压强在调节螺母处设定为出厂值。铅封用来阻止打开阀体。

当工作压强处于正常水平时，阀座关闭。当超出安全压强时（安全阀设定值），阀杆顶起压紧弹簧，额外的压强通过打开的排放口释放。当压强降低到合适的值，阀座再次关闭。

旋转调节螺母设定安全阀的开放压强。铅封可对阀起保护作用，在未经授权的情况下不能改变设定值。若铅封被取下，阀的维修保证将作废。

安全阀中的封口螺母打开时可用来检查零件的工作状态，并排出留存在阀体内的灰尘等。拧出封口螺母，压紧弹簧就会抬起阀杆，打开阀座，从而将灰尘等从阀体中排出。

2. 基础制动装置

CRH$_5$型动车组基础制动装置在转向架上的安装情况如图 2 – 29 所示。动车组的基础制动装置采用夹钳式盘形制动装置，夹钳内设置闸片间隙调制器。

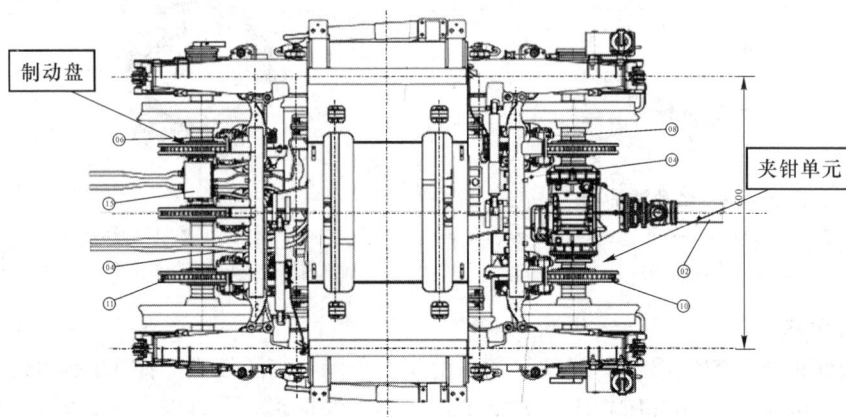

图 2 – 29　基础制动装置安装图（动车）

所有车轴均配备有直径为 640 mm、厚度为 80 mm 的钢制制动盘，制动盘上具有用于通风的散热筋结构。每个非动力轴装有 3 个轴制动盘，每个动轴装有 2 个轴制动盘。闸片为烧结粉末冶金材料，最大允许温度为 600 ℃，最大磨耗量为 30 mm。制动夹钳通过关节轴承安装在构架的制动梁上。有的夹钳还带有集成的弹簧停放制动装置，该装置安装在连杆系统的支架上。

为了保证夹钳单元的制动力，需要进行相应的安装和线路运行试验。可按 IEC 61133 – 5.5 标准进行静态传动效率、停放制动和保持制动试验，以确定制动系统的操作和实施在闸片上的作用力。动车组分别置于整备重量和最大额定载荷条件下，试验时采用测力闸片，换下原有的制动闸片。按 IEC 61133 – 6.5 标准进行线路制动性能试验，以通过不同制动系统的线路试验，检测动车组制动系统的动态性能。以新闸片做型式试验，在试验前确定闸片良好地贴靠在制动盘上，并经适当磨合。每次试验前，制动闸片和制动盘表面温度应不大于 100 ℃。

2.4.4　CRH$_5$型动车组防滑装置

1. CRH$_5$型动车组防滑装置结构

CRH$_5$型动车组使用基于微处理器的防滑和防空转系统 MGS。防滑系统由一个电控装置、齿盘式速度传感器及防滑阀组成。电控装置安装在电气柜中，速度传感器安装在轴箱中，防滑阀安装在车下。每根轴上采用冗余配置的两个速度传感器和两个防滑阀，电子控制装置的微处理器也采用冗余配置。

冗余装置包括两个可互相通信的电气装置，其中一个包含在制动控制装置（BCU）中。正常运行时，一个是主装置，执行防滑保护 WSP 功能，另外一个执行抱死检测 DNRA 功能。主装置出现故障时，另外一个就同时具有 WSP 和 DNRA 功能。

2. CRH$_5$ 型动车组防滑装置工作原理

为避免车轮抱死，防滑系统实时检测每根车轴的运动情况，并对制动缸压强进行控制，以使轮轨之间的作用力达到最佳效果。每个轮对防滑装置的滑行判断标准包括轮周和列车之间的速度差、轮轴的减速度和轮轴速度的历史记录等，以获得全面的防滑控制。根据速度传感器测得的轮轴速度，微处理器对轮对的防滑再黏着进行控制，向防滑阀发出"降压""保压""增压"等控制命令，可靠地防止车轮抱死，使车轮保持最佳的运动状态。

3. CRH$_5$ 型动车组防滑装置特点

（1）具有综合自检测功能。

CRH$_5$ 型动车组的防滑装置可识别和存储永久性和暂时性故障，并由故障检测装置提供数字显示。

（2）可与中央诊断计算机通信。

防滑装置通过集成的串联接口（IBIS 和 20 mA）连接到中央诊断计算机，向其提供车辆的运行状态及防滑系统的状态。

（3）提供防空转功能。

通过附加电路板和软件，可在防滑系统中增加防空转功能；在防滑装置普通的诊断分析系统中，能进行特殊的防空转功能监控和显示。

⬛ 任务实施与评价

（1）下发任务单，明确学习任务、主要内容、知识目标、能力目标、素质目标要求；

（2）学生按任务单要求制订学习计划，完成预习任务及相关知识准备；

（3）CRH$_1$、CRH$_2$ 和 CRH$_3$ 型动车组的制动认知引入；

（4）学生上网查阅说明 CRH$_5$ 型动车组的制动系统；

（5）对比说明几种制动种类的作用和使用场合；

（6）教师组织抢答识别 CRH$_5$ 型动车组的组成、空气制动的工作原理和防滑装置的工作原理；

（7）学生识别几种常用的制动种类的作用、压缩空气制动系统的原理，教师辅导答疑，学生以个人或学习小组方式进行学习小结及反思；

（8）学生进行学习自我评价及学习小组成员互评，教师及小组长（副组长）进行学习他人评价并检查任务完成情况。

项目3 动车组制动压缩空气系统

项目描述

动车组制动系统由电制动和空气制动两种方式复合而成，采用电气指令微机控制的空电复合制动，即空气制动与电气制动复合形成列车的制动力。电气制动在其他项目中已有所叙述，本项目详细分析动车组制动系统中的空气制动部分。动车组制动压缩空气系统主要包括压缩空气供给装置、压缩空气净化装置、压缩空气控制装置和基础制动装置。空气制动方式一直以来是铁道机车车辆、动车组和城轨车辆最根本的制动方式。该系统由压缩空气供给装置产生压缩空气，通过净化装置净化压缩空气，压缩空气再通过各个控制阀、制动控制单元和管路到达基础制动装置的制动缸。基础制动装置通过机械机构将制动力进行放大并控制闸片工作，从而实现制动和缓解。对于现在的高速动车组来说，制动的重要性不仅仅是安全问题，而是已经限制了列车速度的进一步提高。在提高牵引功率的同时，必须要保证有足够的制动能力。

本项目依据动车组通用的制动压缩空气系统进行讲解，包括系统组成、各个控制阀的工作原理和作用，以及整个制动系统的工作过程。

本项目任务：

任务1 压缩空气供给系统

任务2 压缩空气控制装置

任务3 基础制动装置

教学目标

1．知识目标

（1）了解动车组制动压缩空气系统；

（2）熟悉动车组制动压缩空气系各大部件的组成；

（3）掌握动车组制动压缩空气系各个设备的工作原理及作用。

2．能力目标

就动车组制动压缩空气系统，完成以下任务：

（1）说出动车组制动压缩空气系统的组成；

（2）根据实际动车组能确定制动系统各个控制阀的位置；

（3）通过分析，能确定整个制动压缩空气系统工作过程。

3．素质目标

（1）培养学生平时注意自学能力的提高；

（2）在项目完成过程中培养学生严谨认真的态度、企业经济效率意识，以及创新和挑战意识；

（3）在项目完成过程中培养学生严谨认真的态度；

（4）能客观、公正地进行学习自我评价及对小组成员的评价。

【任务1】　压缩空气供给系统

📋 任务单

任务名称	压缩空气供给系统
任务描述	针对本部分学习内容，需要学生掌握包括空气压缩机、干燥装置、安全阀等压缩空气供给系统的组成及简要工作原理，为今后动车组制动系统的检修奠定基础。
任务分析	尽管电制动有很多无可比拟的优势，但是空气制动对动车组而言仍是不可缺少的、最基本的制动方式。若要实施空气制动，首先就需要具有制动压缩空气供给系统，因此掌握压缩空气供给系统的组成很有必要。该系统主要包括空气压缩机、干燥装置、风缸及安全阀等。通过对该系统各部件的学习，能够更好地了解空气制动的工作过程。
学习任务	【子任务1】空气压缩机的具体分类，简要说明往复式和旋转式两种空气压缩机的工作过程。

【子任务2】动车组干燥装置的具体类型，简述双塔式干燥器的干燥与再生过程。

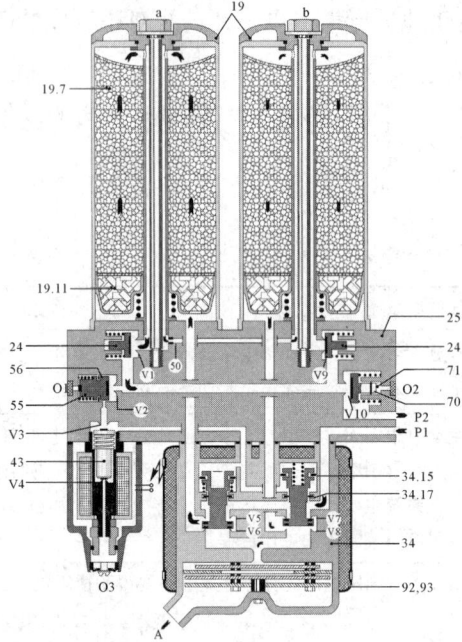

【子任务3】简述安全阀的作用、安装位置及工作过程。

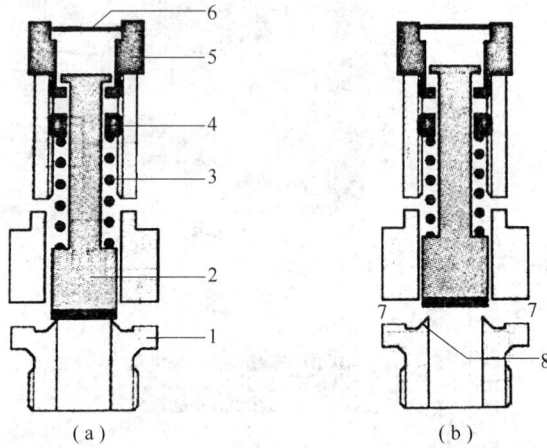

（a）　　　　　　　　　　　（b）

劳动组合	各组组内成员评判其他成员的学习情况，并作出小组评价。
成果展示	每组选出完成任务单最好的作品，分别进行组间评比，并对表现较好的同学予以奖励。
学习小结	

	项目	A—优	B—良	C—中	D—及格	E—不及格	综合
自我评价	安全纪律（15%）						
	学习态度（15%）						
	专业知识（30%）						
	专业技能（30%）						
	团队合作（10%）						
教师评价	简要评价						
	教师签名						

学习引导文

压缩空气供给系统用于产生并储存用气设备所需的压缩空气，该系统一般包括空气压缩机、干燥装置、风缸、管路、塞门和安全阀等部分。当然，除制动系统外，动车组还有一些装置需供风系统提供压缩空气，如控制主电源开关的空压气缸、受电弓、二系悬挂中的橡胶气囊、自动车钩、风笛、门及厕所集便器等。

3.1.1　空气压缩机

空气压缩机按其压缩方法主要分为往复式和旋转式两种。

1. 往复式空气压缩机

往复式空气压缩机由电动机通过联轴装置直接驱动，电动机轴直接带动曲轴使活塞动作，反复交替进行吸气行程和压缩行程。在吸气行程中，吸气阀打开，吸入空气；在压缩行程中，压缩空气克服排气阀弹簧的反力后排出。一般经二级压缩即可得到所需压强的压缩空气。

本部分以 CRH$_1$ 型车所采用的 Knorr – Bremse VV120 型号的主空气压缩机为例，见图 3 – 1，介绍往复式空压机的工作原理。

工作过程：压缩机分为低压和高压两个阶段。在低压阶段采用两个气缸，高压阶段采用一个气缸。被吸入低压气缸的空气先由一个干式空气滤清器进行过滤，当空气被预压缩之后，再通过一个冷热气自动调节机进行冷却，冷却后的空气被送至高压气缸进一步压缩到最终水平，高压阶段的压缩空气再次进入冷却器进行冷却，通过软管到达空气干燥器。

电动压缩机的启停模式：当压力低于 850 kPa 时，压缩机开始工作；当压力高于 1 000 kPa时，压缩机停止工作。列车刚起动时，所有的压缩机同时运行以达到在尽可能短的时间内满足车辆对压缩空气的需求。在正常运行中，只有一个压缩机处于工作状态；如果压力低于 800 kPa 的话，第二压缩机即开始工作；若压力进一步降到 700 kPa，第三压缩机也将启动。通过此方法，保证压缩机处于最佳工作状态。如果压力降低到 700 kPa 以下，就会发送给司机一个低压警告信号。压力在 600 kPa 时，由于系统压力过低，将实施紧急制动。

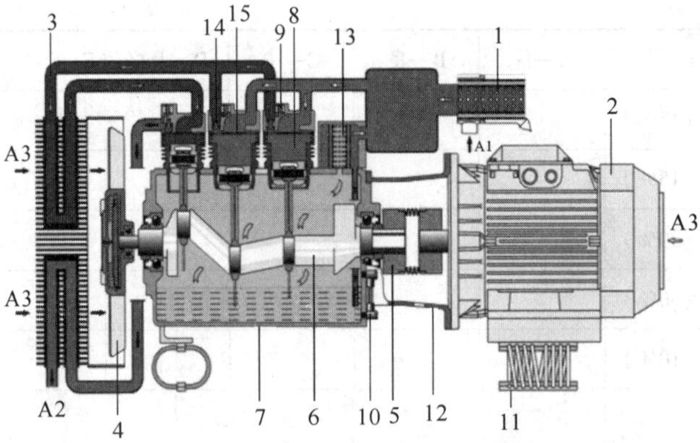

图 3 - 1　VV120 型压缩机示意图

1—空气过滤器；2—电机；3—冷却器；4—风扇轮＋黏液耦合；5—真空管接头；6—曲柄；
7—曲轴箱；8—气缸；9—安全阀；10—油标尺管；11—弹簧件；12—中轮圆；13—集油器；
14—输出阀；15—吸入阀；A1—进气；A2—出气；A3—冷却气

VV120 型压缩机的特点：

①为 2 级压缩 W 型 3 缸装置，采用轴向尺寸极短的设计，适用于全部缸的最佳冷却。

②为自承重、法兰安装的电机压缩机机组，不需要附加框架；压缩机和电机组装时不用排成一线，重量低，安装空间小。

③噪声水平低，仅为 64 dB（A）／4.6 m（76 dB（A）／1.0 m）。

④润滑类型为闭路飞溅，不需要油泵、油过滤器或油分离器；不需要油管道；无曲轴箱通风（闭路）；无油溢到大气层；无油污染；润滑油消耗极低；两次换油之间不需重加油（每年仅一次）。

⑤冷却器风扇的速度采用温控，对各种运行条件适应性强，结冰或卡住都不会损坏风扇。

⑥电机和压缩机通过扭转刚性气囊相连，无旋转、振动，不需维护。

⑦压缩机安装时使用弹簧环隔离体，不需维护，在整个压缩机速度范围内无谐振。

⑧压缩机传动装置特殊耗电量很低，断开扭矩低，即启动电流低，甚至在低温下也能正常启动。

2. 旋转式空气压缩机

旋转式空气压缩机也采用电动机和压缩机直连的方式。旋转式空压机又包括涡旋式和螺杆式两种，CRH$_3$ 与 CRH$_5$ 型车均采用螺杆式空气压缩机。本部分即着重介绍一下两种车型选用的 SL22 型螺杆式电动空气压缩机的结构与工作过程。

1）SL22 型空压机结构

与 VV120 型空压机相比，该型号空压机结构相对复杂一些，见图 3 - 2。空气压缩机单元主要由空气压缩机、驱动电机（三相交流、直流或液压）、电气系统、弹性装配结构、空气过滤器等部件构成。压缩机单元作为一个独立的模块化装置，通过弹性连接安装到车上。

压缩机的轴箱体和蜗壳连在一起，构成一个能够支撑机组自身的结构。蜗壳内有一个安装在电动机和压缩机转动体之间联轴节上的离心风机，转动体上带有相互配合的螺旋槽，它在含有油分离系统的压缩机箱体中运动。冷却器对空气和油进行冷却。

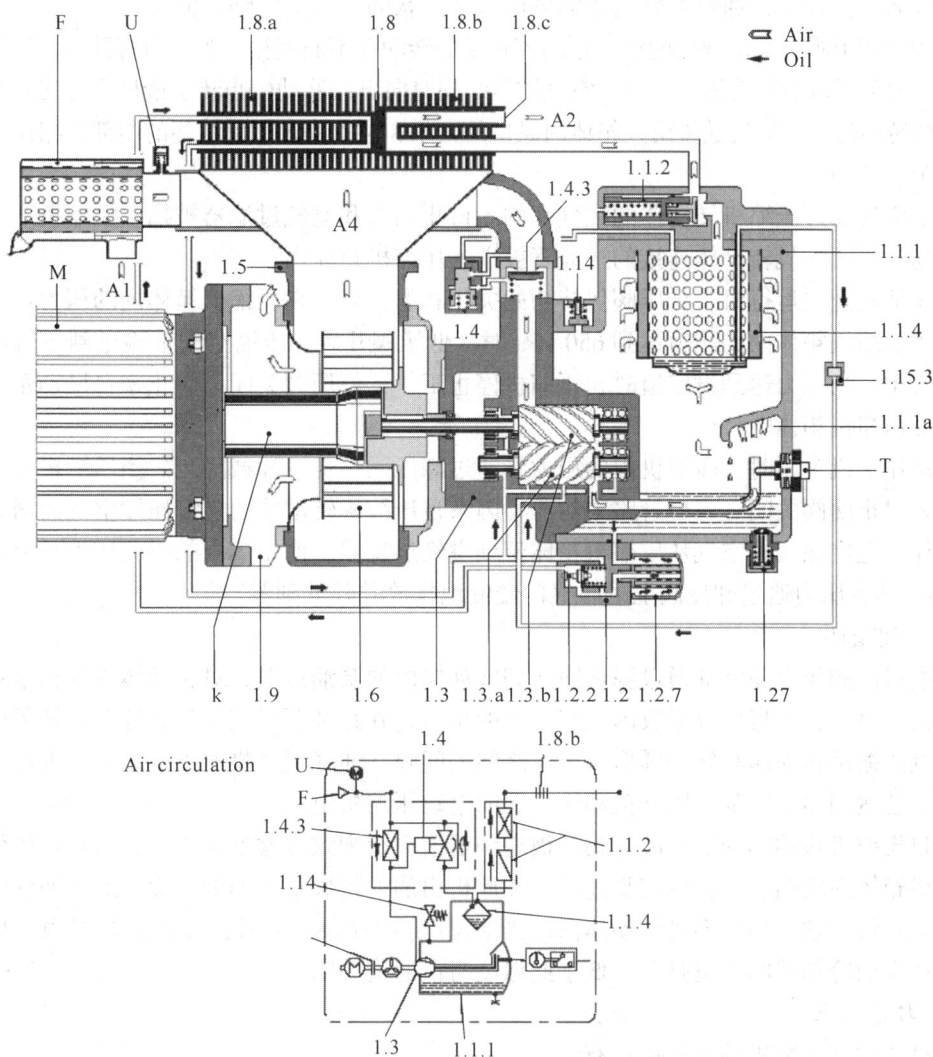

图 3-2 SL22 型空压机内部结构图

1.1.1—压缩机箱体；1.1.1a—挡板；1.1.2—低压阀；1.1.4—油槽；1.2—油控制装置；
1.2.2—恒温器；1.2.7—滤油筒；1.3—压缩机转动体；1.3.a—凸槽转子；1.3.b—凹槽转子；
1.4—卸压阀；1.4.3—入口止回阀；1.5—蜗壳；1.6—离心风机；1.8—冷却器；1.8.a—油冷却器；
1.8.b—空气冷却器；1.8.c—供风管；1.9—输出连接轴箱体；1.14—安全阀；1.15.3—回油管过滤器；
1.27—排油阀；k—联轴节；F—空气过滤器；M—三相电机；T—温度开关；U—真空显示器；
A1—空气进口；A2—压缩空气出口；A4—冷却空气

2）SL22 型空压机工作过程

该电动压缩机组应用于非连续性工作。由车载压力控制器确定的开启极限为正常
850 kPa 启动，1 000 kPa 关闭。

（1）转动体。

螺杆式压缩机是根据强迫送风原理工作的双轴转动排量式设备。压缩机转动体由两个相
互配合带有螺旋槽的转子组成，转子上有不对称啮合外形，转子在一个灰口铸铁箱体内转

动。空气入口为径向，通过在转动体箱体内特殊形状的开口空气轴向输出。

在两个转子圆形突出部位的空气量随着转子的转动在不断变化。当入口打开时，空气被吸进来；当两个开口被转动体盖住时，空气被压缩同时向出口移动；当转子最后到达出口时，在转子继续转动时压缩空气被排出。箱体内风口的大小和位置决定了此结构的内部压缩比。

（2）气循环。

外部空气通过压缩机转动体的吸气端的入口止回阀和空气过滤器被抽入压缩机。空气被压缩后通过与压缩机转动体连接的送风管被送入压缩机箱体内。

当压缩机开始运行时，低压阀保持初始关闭状态，以便在压缩机箱体内的压力可以迅速增加。当压缩机箱体内的压力达到 650 kPa 时，低压阀开启，压缩空气被输送到下行的车载风动系统中。当压力达到设定值时，压缩机停止工作，低压阀关闭，防止来自风动系统的空气逆流回压缩机箱体中。

每次压缩机关闭时，压缩机内的压力将通过卸压元件自动卸载降压。当压缩机关闭时低压阀和入口止回阀关闭。入口管路中的压力因来自压缩机转动体的逆流压缩空气而增大。卸压阀动作，允许该压缩空气从压缩机箱体流到空气过滤器，使箱体内的空气压力马上降到约 180 kPa，然后压力通过卸压阀上的阻气门慢慢地排放并降低到零。

（3）油循环。

压缩机内的压力差将油通过滤油筒送到转动体内的泵油点上，对转动体内的轴承和转子进行润滑。另外，油将可以吸收因压缩产生的热量，并弥补两个相互啮合螺旋槽转子两端间隙，以及压缩机转动体和转子圆形突出齿之间的间隙。油气混合物温度可以通过温度开关进行监控，若达到温度极限，则开关动作，关闭电动压缩机组。

来自压缩机转动体的油气混合物在被送到油槽进行细致过滤处理前，将通过送风管喷射到压缩机箱体内的挡板上进行初步过滤。在此析出的油将聚集在油槽下面，通过回油管过滤器及节流孔将油送回到压缩机转动体内。当油温度达到约 83 ℃ 时，油控制装置内的恒温器动作，通向油冷却器的通道打开，低于此温度时该通道关闭。

3）技术特点

螺杆式空气压缩机的主要优点有：

①联轴节和轴承承受了较低的动态负载，磨损低；

②设计简单；

③以紧凑的结构实现高性能；

④最大限度地减少了振动和气流的脉动，噪声低。

3.1.2　干燥装置

干燥装置是为了防止管路、风缸及用气设备等的腐蚀及冬季排水阀因冻结而发生设备故障，而设置在空气压缩机输出管路上的装置。有的干燥装置在吸收压缩空气中水分的同时，还可以吸附灰尘和油等，因而无须再专门设置滤油装置。

干燥装置一般包括单塔型与双塔型干燥器。单塔型干燥器只有一个干燥塔，故再生与干燥过程不能同时进行，如 CRH$_2$ 型车即采用此种形式；双塔型干燥器有两个干燥塔，其中一个塔在进行干燥时，另一个塔进行再生过程，如 CRH$_1$、CRH$_3$、CRH$_5$ 型车即采用此种干燥方式。

1. 单塔型干燥器

（1）干燥过程。

干燥过程作用原理如图 3-3 所示。当总风缸空气压强低于调压值的下限时，调压器立即动作，使空气压缩机开始运转。同时，电磁阀励磁，其上方的排气口关闭，再生风缸和除湿滤芯下面的排气阀活塞之间的气路沟通。此时，从空气压缩机排出的压缩空气经二次冷却器冷却后送到除湿滤芯，其中的水分、灰尘和油等被吸附剂分离掉。压缩空气被干燥后，一部分经再生风缸上的止回阀进入再生风缸，再经电磁阀进入排气阀活塞的左侧，克服弹簧弹力将活塞关闭，以免压缩空气从排气阀漏出；另一部分则经压缩空气输出口前的止回阀输送到总风缸。

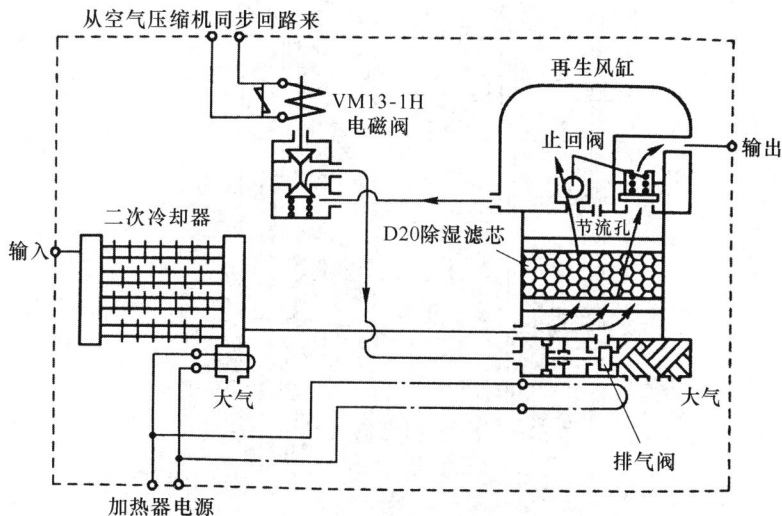

图 3-3　干燥过程作用原理

（2）再生过程。

再生过程作用原理如图 3-4 所示。当总风缸空气压强高于调压值的上限时，调压器立

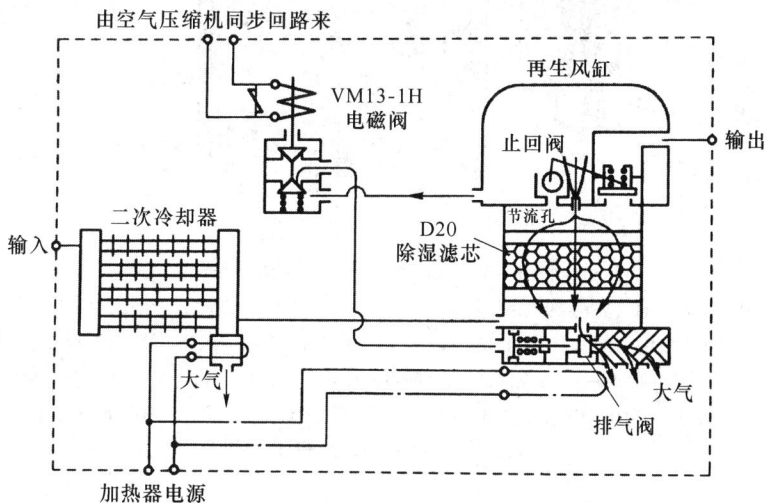

图 3-4　再生过程作用原理

59

即动作使空压机停止供气。同时，电磁阀消磁，切断再生风缸通入到除湿滤芯下的排气阀活塞气路，电磁阀上的排气口打开，排气阀活塞左侧的压缩空气经电磁阀排向大气，排气阀在弹簧弹力的作用下打开。然后，再生风缸里的压缩空气经节流孔流出并发生膨胀，在流经吸附剂时吸收干燥过程中分离出来的水分、灰尘和油等，最后从排气阀排向大气。

2. 双塔型干燥器

双塔型干燥装置可同时进行干燥和再生，当主气流在一个塔中被干燥时，另一个塔中的干燥剂同时进行再生，两个干燥塔按照特定的工作循环进行交替，如图3-5所示。

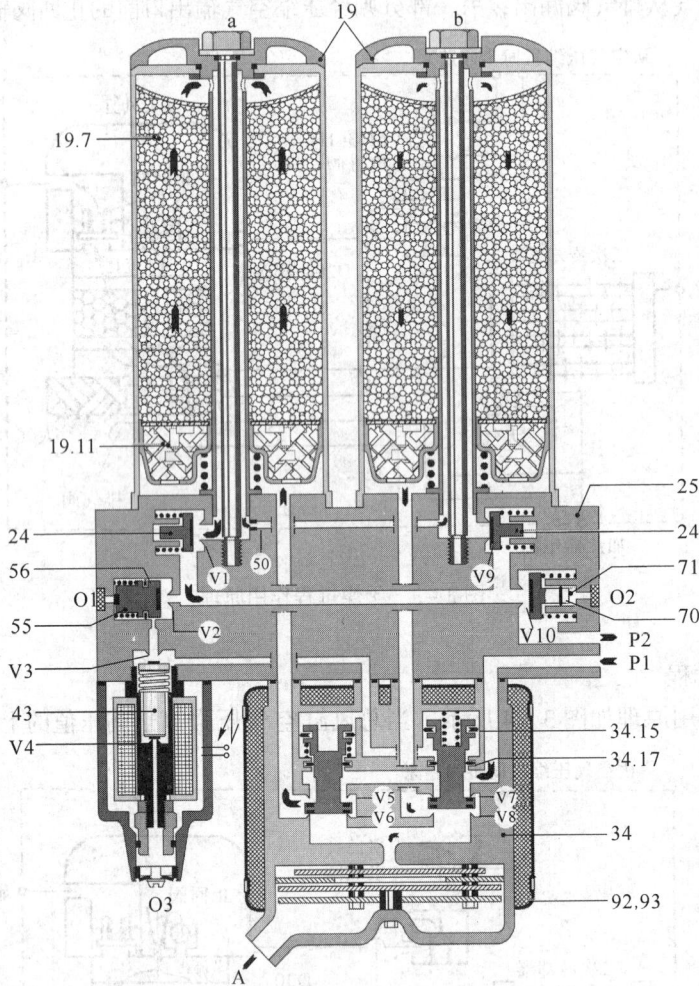

图3-5 双塔型空气干燥器原理图

19—风缸（储气缸）；19.7—干燥剂；19.11—油分离器（带拉西格环）；24—单向阀；
25—挂座；34—双活塞阀；34.15—Knorr K形环；34.17—Knorr K形环；43—阀门磁铁；
50—再生节门气；55—预控制阀活塞；56—Knorr K形环；70—Knorr K形环；71—旁路阀；
A—排水口；O1～O3—排气口；P1—压缩机的空气入口；P2—主风缸的空气出口；
V1～V10—阀座；92、93—绝缘子

此时，图中塔19a处于干燥阶段，塔19b处于再生阶段，其两种状态的交替进行受电磁阀控制。阀门磁铁43收到来自循环定时器的电气输入信号励磁，打开阀座V3。此时压缩空气被从通气管分出一支到空气出口 P2，另一路从打开的阀座 V2 和 V3 流至双活塞阀 34。压缩空气提供的往复压力会克服起作用的弹簧弹力推动活塞到达顶部和底部位置，以此打开阀座 V5，关闭阀座 V7，使来自压缩机、经过冷却和预泄流的空气流经入口 P1 进入塔 19a。压缩空气从塔的底部流到顶部，在空气进入干燥剂 19.7 之前，它首先被通入油分离器 19.11 中拉西格环填充物。在经过多次偏转、涡旋和回弹效应后，仍悬浮在压缩空气中的油和水的微小颗粒即沉积到拉西格环相对较大的表面上。它们汇聚在一起形成较大的液滴，然后在重力作用下落入收集室中。当压缩空气经过干燥剂时，它所含的大部分水分会被吸收，其离开干燥塔 19a 时的相对湿度低于 35%，然后被重新引回下方的中央管道，经过单向阀 24 和旁路阀 71 到达空气出口 P2。另外，此干燥空气中的一部分从支路引出，经过再生节气门 50，以相反方向通过塔 19b 中的干燥剂。这路膨胀后的空气也称再生空气，它会从需要再生的干燥剂中吸取水分，再通过处于打开状态的阀座 V8 和消声器释放到大气中。

接下来本单元由电子循环定时器切换至 $T/2$，即阀门磁铁 43 失电。阀座 V3 关闭，阀座 V4 打开，通向双活塞阀 34 的控制管开口泄流，干燥塔和再生塔互换，进而实现干燥与再生循环交替的功能。

3.1.3　风缸及安全装置

为存储压缩空气，动车组上设置了不同用途的风缸。由空气压缩机输出的压缩空气储存在该车的总风缸中，然后经管路送到本车的制动风缸、控制风缸，以及动车组其他车的总风缸。制动风缸是存储制动专用压缩空气的风缸，控制风缸是为空气弹簧、踏面清扫装置等制动系统以外的用气装置供应压缩空气的风缸。

在动车组中，有时将一个圆柱形风缸分割成若干个室，如总风缸和制动风缸等，见图 3-6。与单独分别设置这些风缸相比，可明显减小质量和空间的占用。

安全阀装在有空气压缩机的车辆总风缸上，用于在总风缸空气压强超过规定值时排出多余的压缩空气，保护气动设备不受超出范围的高压带来的损害。

图 3-7 为安全阀结构示意图，安全阀结构并不复杂。当在正常状态下时，压紧弹簧压住阀杆，关闭阀体的阀座。其中压紧弹簧的压力在调节螺母处设定为出厂值，未经授权不能改变其设定值，还采用铅封阻止阀体被打开。当压力超过安全设定值时，阀杆在力的作用下顶起压紧弹簧，使阀座打开，排出多余的空气。待内部压力下降到合适的值时，阀座将再次关闭。

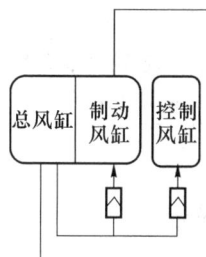

图 3-6　风缸简图

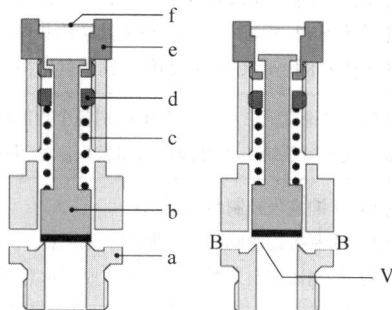

图 3-7　安全阀结构示意图

a—阀体；b—阀杆；c—压紧弹簧；d—调节螺母；e—排气螺母；
f—铅封；B—排气口；V—阀座

任务实施与评价

（1）下发任务单，明确学习任务、主要内容、知识目标、能力目标、素质目标要求；

（2）学生按任务单要求制订学习计划，完成预习任务及相关知识准备；

（3）设置课堂提问环节，检查学生的预习情况，对掌握情况有大致了解；

（4）展示教学模型，结合模型讲授各设备的工作原理；

（5）结合学习引导文内容，教师辅导答疑，学生以个人或学习小组方式进行学习小结及反思；

（6）学生进行学习自我评价及学习小组成员互评，教师及小组长（副组长）进行学习他人评价并检查任务完成情况。

【任务2】 压缩空气控制装置

任务单

任务名称	压缩空气控制装置
任务描述	识别压缩空气控制装置组成；识别常用压缩空气控制装置各个部件在整个制动系统中的地位、结构组成、作用；掌握各部件之间的关系。
任务分析	动车组制动压缩空气系统是高速动车组的重要部分，也是高速动车组能够正常运营的重要组成。动车组制动压缩空气系统不仅要具备高效率和高安全性，为列车能够正常运行提供调速和停车的保障，并且要保证在紧急情况下有尽可能短的制动距离，还要具备更高的运行可靠性和乘客的舒适度。因此必须很好地掌握动车组制动压缩空气控制装置。
学习任务	【子任务1】识别压缩空气控制装置构成及作用。 【子任务2】识别制动控制器的功能和作用。 【子任务3】辨识电空转换阀，简述其作用，识别电空转换阀工作原理。 【子任务4】辨识中继阀，简述其作用，识别中继阀工作原理。 【子任务5】辨识B11调压阀，简述其结构和作用，识别其工作原理。 【子任务6】辨识B10调压阀，简述其结构和作用，识别其工作原理。 【子任务7】辨识电磁阀，简述其结构和作用，识别其工作原理。 【子任务8】辨识防滑控制器，简述其结构和作用，识别其工作原理。
劳动组合	各组长讨论交流，根据任务单识别各个控制阀，并画出各控制阀的工作原理示意图，布置任务制作压缩空气控制系统工作流程示意图教板。各组评判小组成员学习情况，并作出小组评价。
成果展示	（1）压缩空气控制装置图示； （2）绘制各控制阀的工作原理示意图； （3）绘制压缩空气控制系统工作原理示意图，并标识各个控制阀的作用。
学习小结	

	项目	A—优	B—良	C—中	D—及格	E—不及格	综合
自我评价	安全纪律（15%）						
	学习态度（15%）						
	专业知识（30%）						
	专业技能（30%）						
	团队合作（10%）						
教师评价	简要评价						
	教师签名						

学习引导文

3.2.1　压缩空气控制装置认知

1. 制动压缩空气控制装置构成

制动控制装置是由制动控制器、空气制动所需的各种阀门及风缸组成，其作为整体组件吊装在车辆地板下面。各部件名称及在编组内的分布数量见表 3 – 1。

表 3 – 1　制动控制装置构成简表

名　　称	配置数量							
	T1c	M2	M1	T2	T1k	M2	M1s	T2c
制动控制器（M 车）	—	1	1	—	—	1	1	—
制动控制器（T 车）	1	—	—	1	1	—	—	1
EP 阀（EPLA 电空转换阀）	1	1	1	1	1	1	1	1
调压阀（B11）	1	1	1	1	1	1	1	1
紧急电磁阀（VM14 – ZH）	1	1	1	1	1	1	1	1
中继阀（FD – 1）	1	1	1	1	1	1	1	1
调压阀（B10）	1	1	1	1	1	1	1	1
总风缸（150 L）	1	1	1	1	1	1	1	1
制动风缸（100 L）	1	1	1	1	1	1	1	1
控制风缸（20 L）	1	1	1	1	1	1	1	1
压力开关（SPS – 8WP – SD）	2	2	2	2	2	2	2	2
安全阀（E1L）	—	—	1	—	1	—	1	—
其他（止回阀）								

2. 制动压缩空气控制装置的作用

（1）制动的类别。

制动控制装置进行下述制动的控制：

常用制动、快速制动、紧急制动、耐雪制动。

（2）常用、快速制动控制。

制动控制装置内置制动控制器，接受光纤传输及指令线所发来的常用制动或快速制动指令，根据运行速度、空气弹簧压力、再生制动力等各项因素，算出必要的空气制动力，之后以电流控制方法来输出必要的空气制动力。

从制动控制器上的电流输出到 EPLA 电空转换阀（以下简称 EP 阀）后，被转换成空气压力，然后送到 FD – 1 中继阀的上膜板下腔，在中继阀放大后，将压力空气输出到增压气缸。

（3）紧急制动控制。

处于常带电状态的紧急制动指令线失电时，紧急电磁阀 VM14 – ZH 立即发出动作把调压阀 B11 的压力送到 FD – 1 中继阀下膜板上腔，在中继阀 FD – 1 放大后，将压力空气送到增压气缸。

B11 调压阀有两挡控制，把列车运行速度分成 160 km/h 以上的高速区域和 160 km/h 以下的低速区域。在高速区域，压力转换指令线得电，装在 B11 调压阀的 VM32 电磁阀动作而输出低压。在低速区域，指令线无电，故 B11 调压阀输出高压。

（4）耐雪制动控制。

制动控制器接受耐雪制动信号后，自动判断制动条件和速度条件，然后根据消除闸片和制动盘面之间的空隙所需的空气压力，转换成控制电流输出，经过与常用、快速制动相同的空气压力控制，使压力空气供给到增压气缸。

3.2.2　制动控制器

1. 制动控制器概要

CRH$_2$ 型动车组制动控制器也叫制动控制单元（brake contrlo unit，BCU），在 200 km/h EMU 动车组上有三种类型（CBCD100、101、102）的制动控制器（简称 CBCD），是在制动控制中担负着中枢作用的重要部件。

（1）制动控制器功能。

本装置安装在各节车辆地板下悬挂的制动控制装置内，以 1M – 1T（c）为单元的方式在车辆制动时控制制动力，采用微处理器进行数据演算处理方式。

另外，制动控制器与信息传送终端之间也进行信息传送，并把各种控制数据实时地输出。

制动控制器由 32 位单片微处理器采用数字运算处理方式，将驾驶室所发来的制动指令经过中央处理装置和传输终端通过光纤接受后，根据各车辆的载荷信号和速度信息运算出所要的制动力，从而对电气制动及空气制动进行控制。另外，采用部分担负 T 车制动力的延迟充气控制方式，与再生制动协调控制。

此外，制动控制器还具有滑行控制功能。对于空气制动的滑行，使用滑行控制阀来控制各轴的动作。对电气制动的滑行，采用减小电气制动制动力模式而进行滑行轴的再黏着控制（再生制动模式采用每个牵引变流器 CI 单独控制方式不会涉及其他各轴）。制动控制器还与传输终端之间互相进行信息的传输，并实时输出各种控制数据。

（2）制动控制器结构。

制动控制器置于制动控制装置内，直接安装在气路模块底板上。根据气路底板上的压力模块引入各种空气压力，再由压力传感器进行空电变换。

制动控制器内部印刷电路板根据不同的机能共有六块。这些印刷电路板经由制动控制器前面的连接器（CN1、CN2、CN3）与安装侧连接起来。

另外，在制动控制器前面配有各种开关类的元件及 LED 显示器。根据这些开关的切换，来进行设定控制内容，并在 LED 显示器上显示出控制信息，可以进行动作状况的确认等。

2. 制动控制器工作原理

从司机室控制台通过列车信息控制系统的中央装置、终端装置，经由光纤传送并接受制动指令，以 M－T 单元制动力控制模式，再加上空重车载荷调整信号的电空制动控制，用 32 位微处理器数字运算方式进行制动力控制。

（1）制动指令输入。

常用制动指令是经光纤传送来的。此外，ATC 制动指令及紧急制动指令是经由车辆的穿引硬线按数字信号传送的。

（2）空重车调整计算。

空气簧（AS）压力经过半导体式压力传感器进行空电变换得到空重车载荷信号。制动力控制所采用的空重车载荷信号是把每车空气簧压力按前后两点进行比较，再进行空车信号的预设保证和重车信号的限幅器处理后使用的。

空车保证：AS 压力为空车压力的 70% 以下时，控制用空重车载荷信号以相当于空车的 70% 的压力作为 AS 压力，限制空气簧或压力传感器故障情况下制动力的过分降低。

重车限幅：AS 压力在计划定员压力的 120% 以上时，控制用空重车载荷信号以相当于计划的定员的 120% 的压力作为 AS 压力，限制空气簧或压力传感器故障情况下制动力的过分增大。

（3）制动力运算。

根据制动指令，实施加上了的载荷信号所发生的制动力，得到了与荷载无关的固定的减速度。另外，制动指令信号在上升、下降时，会导致动车组急剧变化的减速度，引起列车的冲击，为了降低冲击率（减速度的变化率），提高乘车舒适度，在制动力计算上采用了降低制动冲击的功能，即把制动指令信号处理后再输出。

（4）电空制动配合控制的计算。

优先使用黏着特性好的再生制动，根据制动指令，对制动力不足的部分用空气制动力来补充，电空制动力的计算控制以一个 M－T 单元为单位进行，如图 3－8 所示。

（5）补足制动力计算。

在从主变流器接收到再生信号时，用 T 车优先滞后控制方式，进行再生制动和空气制动的电空协调。

另外，M 车的制动控制器相对于 M 车本身，优先对 T 车的载荷进行估算，并发出 T 车的制动模式。再把大于本车所必需的制动力的再生制动力部分作为减算指令送到 T 车的制动控制器，使 T 车的制动控制器算出 T 车应产生的制动力。

（6）空气制动控制。

控制向电空转换阀（EP 阀）输出的电流，控制电空制动力运算后的补足空气制动力。

用电气式的补偿控制，提高补足空气制动系统的控制精度和响应特性，在确保圆滑过渡、平稳衔接的协调性能基础上，进行下一级的控制。

①滞后补偿。

用输出电流值补偿方法，消除电空转换阀和中继阀的自身带来的滞后。

空气制动的控制如图 3-9 所示。

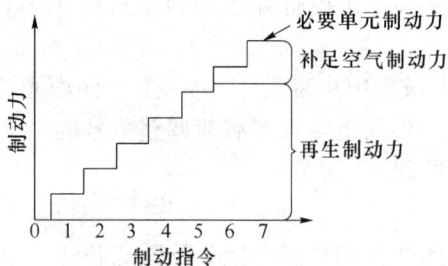

图 3-8　制动力不足时再生制动力和空气制动力的关系

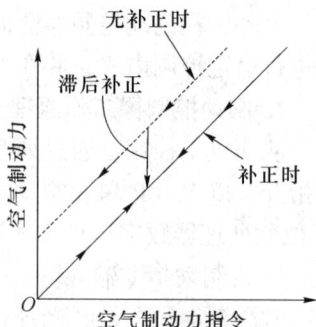

图 3-9　空气制动的控制

电空协调制动的控制如图 3-10 所示。

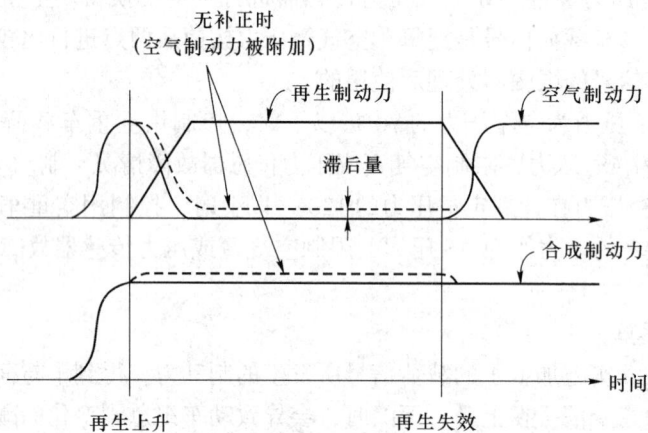

图 3-10　电空协调制动的控制

②缓解保证控制。

制动缓解时，为了使电空转换阀准确地处于缓解位，系统对电空转换阀电磁阀励磁电流进行电流偏差控制。

（7）耐雪制动控制。

下雪时为了防止由于闸片和制动盘面之间的积雪而引起制动力降低，耐雪制动指令发出且动车组速度为 110 km/h 以下时，保证制动中 BC 压力不能低于预订量。耐雪制动时制动缸压力可以用制动控制器面板上的旋转开关进行设定。

（8）滑行控制功能。

来自各轴的速度信号，对其取样求出动车组基本速度，实时进行各轴之间的相对比较，以轴为单位进行黏着恢复（再黏着）控制。

此外，在速度 5 km/h 以下或牵引工况时停止滑行控制。

（9）调压器的控制。

装有空气压缩机的中间车制动控制器有 MR 压力接入口，以检测压力并进行调压器控制。调压器的接通压力和切断压力可以用数字开关进行设定。调压器的控制见图 3-11。

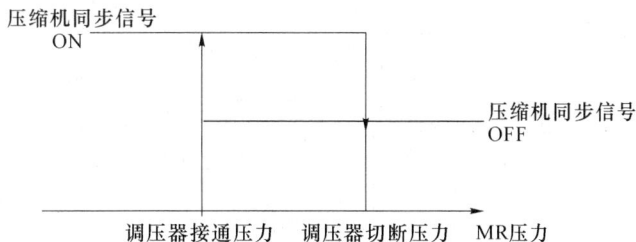

图 3 – 11　调压器的控制

（10）速度信号输出。

速度信号输出主要包括保安装置、关门、踏面清扫控制用信号、5 km/h、30 km/h、70 km/h、160 km/h 信号输出。

（11）与传送端末装置的通信机能。

制动控制器与信息传送终端装置之间采用光纤进行双向通信，具有以下功能：

①从终端装置接受常用制动等指令信号，以及应答制动控制等信息（状态数据）。

②从终端装置接受空挡指令及车上检查模式用的模拟速度信号，以使用在控制模拟速度及各速度范围的制动特性。

③把制动控制器内部的时钟与终端装置送来的日、时信息进行核对。

（12）监视机能。

制动控制器在检测故障时，对故障检测时间点对应的 – 5.0 ~ + 2.0 s（取样周期100 ms）时间段的内部控制状态进行储存。可以储存的最大故障件数为 5 件，从最初的第 1 件故障到第 5 件故障的显示数据在清除操作之前会一直保存。

3.2.3　EPLA 电空转换阀

1. EP 电空转换阀概述

（1）EP 电空转换阀概述。

EP 电空转换阀属于控制阀的一种，其作用是把制动控制器 BCU 所发来的对应制动力的电流指令变换为空气压力，由于受电磁部的控制，其空气压力能连续且无级地变化。此压力作为控制信号控制中继阀的供风、排气的工作空气压力（此压力对应制动缸空气压力）。

（2）EP 电空转换阀结构。

EP 电空转换阀由电磁铁部、供气部和排气部构成。电流通过电磁铁线圈时产生吸引力打开供气阀供给压力空气。同时，压力空气返回到电空转换阀的膜板室，当达到与电磁阀的吸引力平衡状态时会关闭供气阀。为此，只要改变流通到电磁铁线圈的电流大小，就能控制电磁阀吸引力的大小，即可以任意设定空气压力。

EP 电空转换阀原理见图 3 – 12。为防止在缓解时 b 口压强随电空转换阀温度的变化而变化，需要加偏流进行缓解补偿。另外，为补偿 b 口压强上升和下降时所产生的压强差，即使是对于相同的制动级别，也要供给不同的电空转换阀电流以保证输出正确的 b 口压强。

EP 阀相当于一种专用电磁阀，其输入量（线圈电流）和输出量（空气压强）的数值都是连续变化的，属于模拟型控制部件。

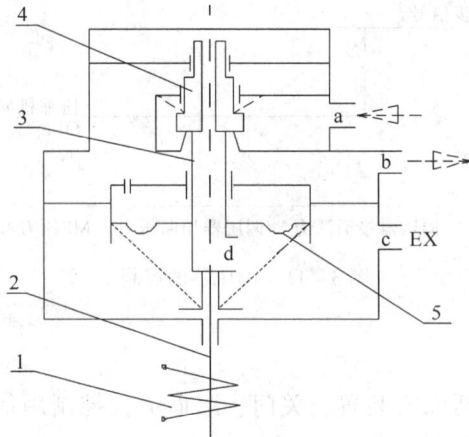

图 3 – 12　EP 电空转换阀原理图

1—电磁阀；2—柱塞；3—排气活塞；4—供排气阀；5—膜板

该阀主要性能参数如下：

①最高使用压力：880 kPa（9 kgf/cm²）。

②最高输出侧压力：685 kPa（7 kgf/cm²）。

③输入电流：0~650 mA。

④线圈电阻：26.6 Ω ±4%（20 ℃）。

2. EP 电空转换阀工作原理

（1）制动位。

如图 3 – 12、3 – 13 所示，当接收到电气指令时，电磁阀 1 被励磁，柱塞 2 动作使排气活塞 3 上升。排气活塞 3 在上升过程中，使供排气阀 4 接触排气阀座而关闭排气孔后，以压力顶上供排气阀 4。为此供排气阀从供气阀脱离，从供气管路 a 输送来的空气流到中继阀管路 b，称为中继阀的预控压力。同时，压力空气流入到膜板 5 上面腔室，将达到电气指令所需要的压力。膜板 5 及排气活塞 3 被下压，供排气阀 4 也同时下降，接触到排气阀座而关闭排气孔，进而关闭供气通路，使其达到平衡位置。

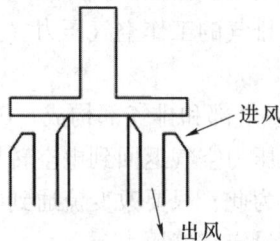

图 3 – 13　EP 电空转换阀充气制动位

达到平衡状态后，若增加指令电流，随其增加电磁阀 1 的输出力，柱塞 2 阻抗膜板承受的压力升高，顶上排气活塞，供给的空气流到 b 口通向中继阀。当中继阀管的压力达到指令电流对应的压力，则关闭供气管路，再回到平衡位置，形成阶段制动。

（2）保压位。

在平衡状态，输出侧平衡腔有与输出相同的空气压力。因此，电磁阀 1 上向上的压力大于膜板 5 上方的空气压力，故供排气阀 4 经过排气活塞 3 被柱塞 2 顶上去，同时自动开始供气，直到平衡腔的压力到达规定值为止，形成保压位。在该位，若有泄漏，能够自动补风。如图 3 – 12、3 – 14 所示。

（3）缓解位。

另外，达到平衡状态后，若指令电流下降，电磁阀 1 的输出力小于膜板 5 承受的压力，将下压排气活塞 3，使其与供排气阀 4 脱离。中继阀管路的空气经过排气活塞内的通路 d 及 c，经过排气管路排到大气，形成阶段缓解。

中继阀管的压力，即平衡腔的压力降低到等于指令电流的压力时，排气活塞就开始上升，排气阀座落到供排气阀 4，使排气管路关闭，重新成为平衡状态，回到平衡位置。若指令电流归零，电磁阀的输出也为零，排气活塞 3 受到膜板 5 上方压力，下移使排气阀座脱离供排气阀，中继阀管路的压力空气通过 d、c 通路排入大气，通到连接的排气管路就变为大气压，形成一次（彻底）缓解。如图 3 – 12、3 – 15 所示。

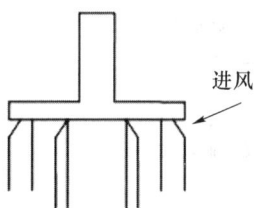

图 3 – 14　EP 电空转换阀保压位　　　　图 3 – 15　EP 电空转换阀排气缓解位

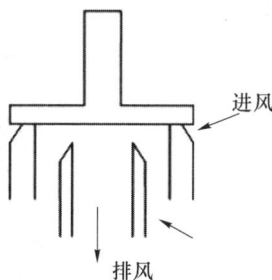

3. EP 电空转换阀控制和特性分析

由上述可知，控制 EP 阀的驱动电流，就能够控制电空制动力。EP 阀的特点是必须有驱动电流控制装置，在制动控制单元，这由微机进行精确的电流控制。

EP 阀的优点是，只要提供驱动电流，就能够产生与电流大小成比例的空气压力。这样，很容易形成不通过微机就能够实现的备用制动。

（1）EP 阀特性。

EP 阀的特点是：EP 阀的响应、控制精度与 EP 阀的结构及性能关系很大，必须完善控制方法才能得到较好的控制精度和响应特性。

由于 EP 阀的结构中存在多方面的非线性因素，如移动间隙、干摩擦、膜板和弹簧弹性的非线性、电磁铁励磁电流与电磁力的非线性等，引起控制电流增大行程和减小返回行程，同样电流对应的输出空气压力不等的现象，类似一种回差。如图 3 – 16 所示。

滞后特性会引起制动力与制动指令不一致，因此必须予以消除。可以用输出电流值补偿方法，消除电空转换阀自身带来的滞后。通过这种补偿控制，同时也能消除后续空气压力控制阀尤其是中继阀结构特性的滞后。

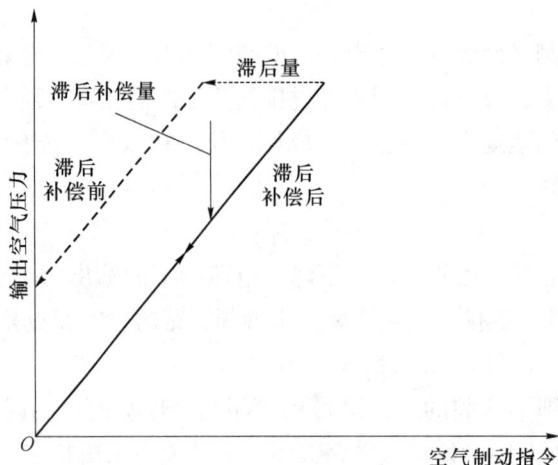

图 3 – 16 EP 阀的滞后及其补偿控制

对滞后特性没有经过补偿控制的 EP 阀，在电制动与空气制动协调时，制动控制效果如图 3 – 17 所示。

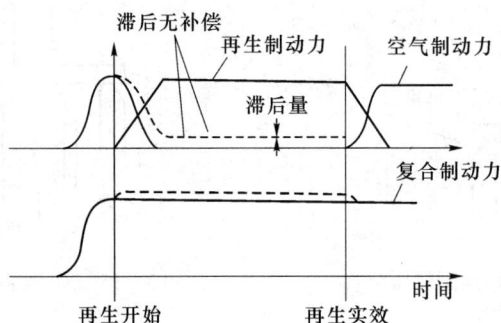

图 3 – 17 电空协调制动的控制

制动缓解时，为了使电空转换阀准确地处于缓解位，系统对电空转换阀电磁阀励磁电流进行电流偏差控制。

（2）EP 阀滞后特性分析。

①滞后特性。

EP 阀的结构中存在多方面的非线性因素，引起同样电流对应的输出空气压力不等，通过上述分析可知：

（a）EP 阀的响应、控制精度与 EP 阀的结构及其性能关系很大，必须完善控制方法才能得到较好的控制精度和相应特性。

（b）存在滞后特性。某 EP 阀的滞后特性如图 3 – 18 所示。

②引起滞后的因素。

（a）电磁铁励磁电流与电磁力非线性引起滞后的分析。

在 EP 阀中对性能影响最大的电 – 机械转换元件，也是要重点分析的元件。在比例电

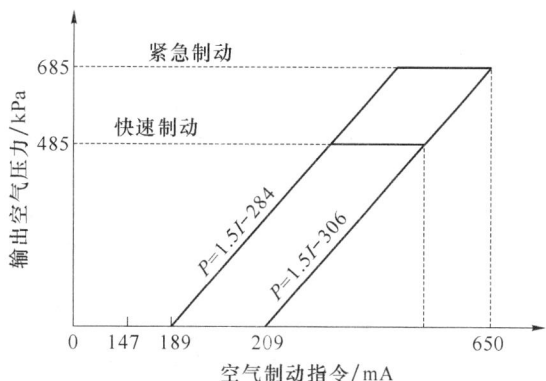

图 3 - 18 EP 阀滞后特性曲线

空阀的设计中，需要有一个能把电气信号转为机械信号（位移、力或力矩）的转换装置，这个装置通常简称为电 - 机械转换元件，它的作用是把输入信号电流成比例地转换成机械量。

（b）干摩擦的影响。

活塞运动时，阀的内部如柱塞与密封件、膜板内部等都存在摩擦，在刚加载电流时，电磁力与弹簧合力没有增大到足够克服最大静摩擦力之前，活塞并不产生运动；当电流增大到一定数值时，才能克服较大的静摩擦力，当机构运动后，变成滑动摩擦力，比静摩擦力小，因此也会造成供排气阀运动的滞后。

（c）预紧力的影响。

预紧力是复位弹簧所有的，它的目的是让列车在正常运动时，不发生非正常的制动。

3.2.4 中继阀

在制动控制单元内，计算机完成了电气控制量到空气控制量的转换后，即 EP 电空转换阀所完成的工作后，需要一个空气通路断面较大，能够通过较大风量的输出组件。这个功能通常由一个专用的空气压力控制阀——中继阀来完成。中继阀设在制动控制装置内，将 EP 阀送来的压力 AC1 和经紧急电磁阀送来的紧急制动压力 AC2 作为控制压力，进而控制中继阀，然后中继阀向增压缸提供与此控制压力相应的增压缸空气压力。

1. 中继阀概述

（1）中继阀控制方式。

根据自动控制方式的不同，中继阀有多种形式。常用的一种是与 EP 阀配合的、具有1:1变换关系的比例阀，只完成流量比例放大，不具备压力放大功能。

（2）中继阀结构。

如图 3 - 19、3 - 20 所示，阀体（129）的上盖部（119）上装备有供气阀部，该部由供气阀（110）和供气阀弹簧（107）构成。供气阀（110）由供气阀弹簧（107）压在阀体（129）的供气阀座（130）上，并且接触阀体（129）底部盖（117）及活塞（122）的 3 个 O 形环（105），支承供排气阀杆（121）。

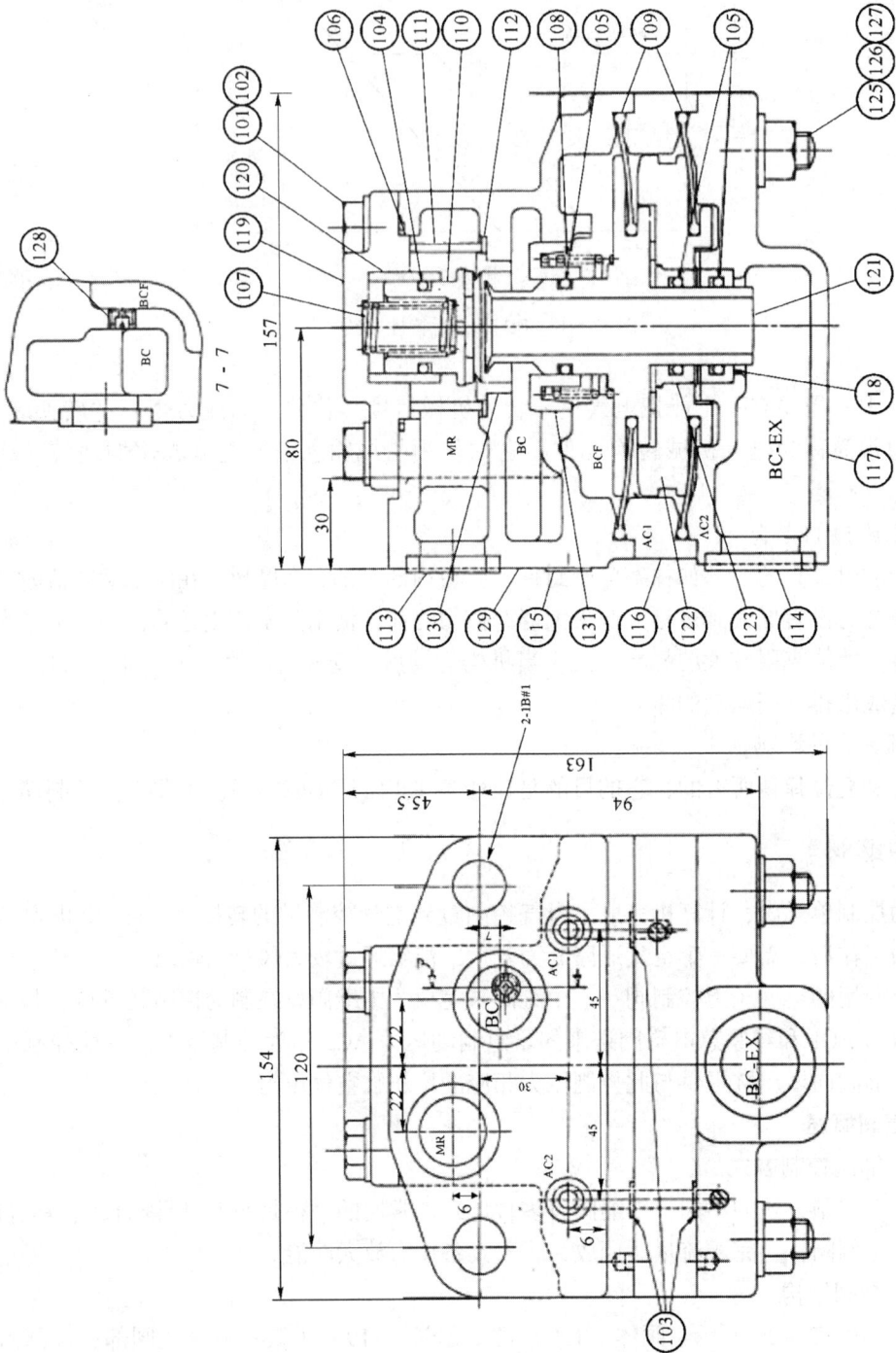

图 3 - 19 中继阀结构

图 3 - 20　中继阀原理图

在上膜板的上面作用有制动缸管来的工作压力和从供气阀（经节流口）来的二次压力，上膜板的下面和下膜板的上面（即 BCF 室）作用有来自电空转换阀（EP 阀）的控制信号压力 AC1，下膜板的下面作用有来自调压阀（B11）及紧急制动电磁阀（VM12 - 2H）控制信号压力（AC2）。

两张扁平膜板的有效面积相同，具有高位优先功能。由于这样两种压力（工作压力，即高位优先压力和二次压力）的相差，供排气阀杆（121）发出滑动动作，从而进行供气阀（110）的开闭，以及二次压力的供给或排气。

2. 中继阀工作原理

（1）制动位。

控制信号压力（AC1、AC2）通到下膜板的上下腔，供排气阀杆上移打开供气阀。来自制动风缸的压力空气（MR）（也称为一次压力），经供气阀和供气阀座开口部变为二次压力空气（BC）流出送往制动缸管，制动缸压力上升，供排气阀为供气位。此时制动缸压力上升，中继阀处于制动位，这种状态也叫作"供给位置"，如图 3 - 21 所示。

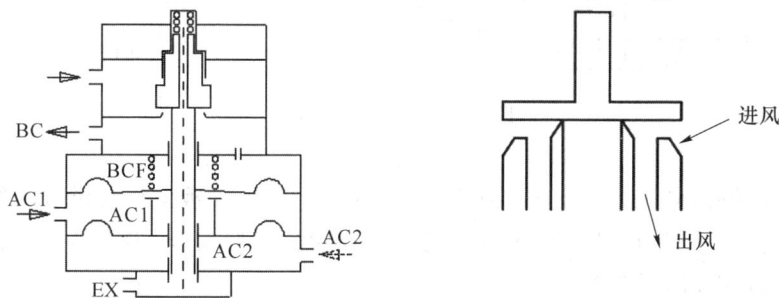

图 3 - 21　中继阀制动位

（2）保压位。

制动缸压力上升时，BCF 室的压力随之上升，当下膜板的上下腔的压力 AC1 及 AC2 的压力之和等于 BCF 室的压力时，供排气阀杆在弹簧力作用下向下移，供气阀被压到供气阀座，而停止一次压力空气的流出，即停止向制动缸管充气；同时，供排气阀杆与供气阀底面接触，封闭二次压力空气，不会排出，供排气阀处于供、排气同时封闭的重叠状态，为平衡位，制动缸压力维持不变，中继阀处于保压位，这种状态也叫作"重叠位置"，如图 3 - 22 所示。

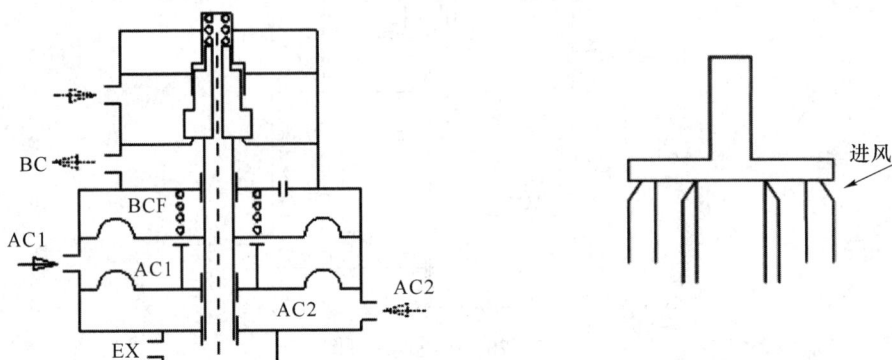

图 3 - 22 中继阀保压位

（3）缓解位。

当控制信号压力（AC1、AC2）降低，供排气阀杆由于 BCF 室的压力而向下移动，二次压力空气经过供排气阀杆内的通路排出到大气中，供排气阀为排气位，此时制动缸压力下降，处于缓解过程，中继阀处于缓解位，如图 3 - 23 所示。

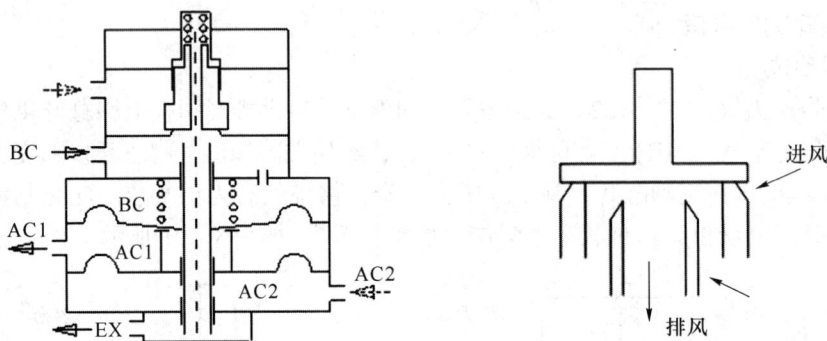

图 3 - 23 中继阀缓解位

如果此时控制信号压力（AC1、AC2）停止下降，上下膜板上移与供气阀底面接触，供排气阀又处于供、排气同时封闭的重叠状态（平衡位），制动缸压力维持不变，中继阀又处于保压位，实现制动阶段缓解。

（4）紧急制动位。

紧急制动位下各阀门动作及开闭状态如图 3 - 24 所示。

3. 中继阀控制和特性分析

中继阀的工作原理类似 EP 阀的工作原理，都是根据力的平衡来达到调控压力的。对于 EP 阀来说，电磁力 = 所需空气压力 + 弹簧复位力；对于中继阀来说，EP 阀送来的空气压力 = 所需空气压力 + 弹簧复位力，所以它和 EP 阀面临的问题相同，都具有滞后特性。

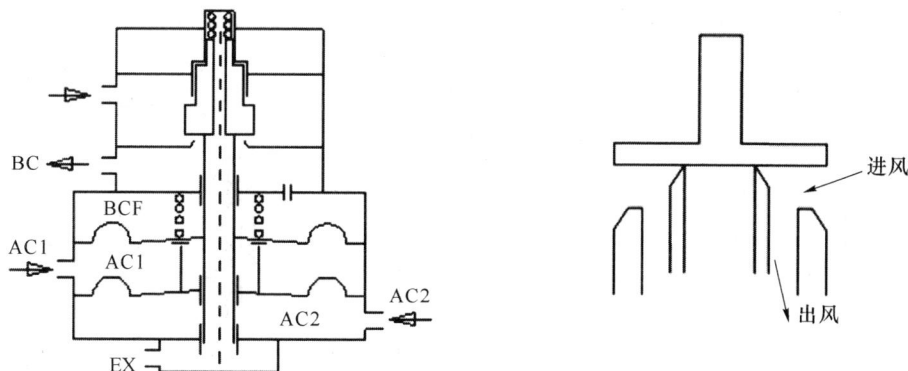

图 3 - 24　中继阀紧急制动位

高位优先是指在常用制动和紧急制动同时作用时，AC1 和 AC2 同时进风，哪一个的压力高就实施什么制动（如紧急制动 AC2 的压力高，AC2 内就推动 AC1 的膜板上移，推开进气阀）。因此，可以说 AC1 和 AC2 是并联的。

（1）中继阀控制的滞后特性。

列车从司机发出制动指令到列车实施制动，这之间有一个时间的滞后，造成这一滞后特性的原因是多方面的，列车控制网络的延迟是一种，两车之间的延迟最长有 50 ms（指令的编码译码，指令由电子指令转换为气压指令（EP 阀），气压指令的传输（在 EP 阀内、中继阀内和空气管路内）都要造成一定的时间上滞后）。下边对气压指令在阀和空气管路中的滞后做简单的分析。

从总风管到制动风缸要经过很多空气管路、节流阀和制动控制阀等。所以从制动管放风到制动缸空气压力的上升需要一定时间。对空气管路和风缸容积做一定的简化和假设，因为充气时间很短，在充气过程中忽略气缸与外部环境的热交换，则充气过程可以简化为绝热定容充气模型。

（2）中继阀滞后特性分析。

EP 阀和中继阀的腔体都有一定的容积，来自风源的风要先充满空腔，还有中继阀到增压缸的管路，管路中的压力达到所需压力需要消耗时间；在空 - 油转换装置中气缸内的体积充满压力也需要时间，这都是造成基础制动装置动作滞后于指令的原因。

3.2.5　调压阀

压力调整阀简称为调压阀，输入来自风源的压缩空气，输出用于用气设备的压缩空气。例如：在 CRH$_2$ 型动车组中，B11 型调压阀输入制动风缸的压缩空气，输出紧急制动用的压缩空气；B10 型调压阀输入控制风缸的压缩空气，输出踏面清扫装置用的压缩空气。

与 EP 阀利用电磁力和空气压力的差使橡胶膜板动作类似，压力调整阀是利用弹簧力和空气压力的差使橡胶膜板动作，进行空气压强的调整。弹簧力的大小可通过安装在调压阀下部的调节螺钉调节，从而实现输出不同的空气压强。

1. B11 调压阀

（1）B11 调压阀概述。

B11 调压阀是一种附带电磁阀的调压阀，它根据电气指令可按需转换不同的两种定压输出。它使用扁平膜板，以助于维修保养的便捷化，且阀体、弹簧箱均采用铝制，达到阀体的轻量化。

（2）B11 调压阀结构。

如图 3 - 25 所示，在阀体上压住阀箱弹簧插进阀箱，在上盖上拧进低压调节螺丝作为停止销。阀箱内部组装有供气阀和供气阀弹簧，并压到供气阀座上。

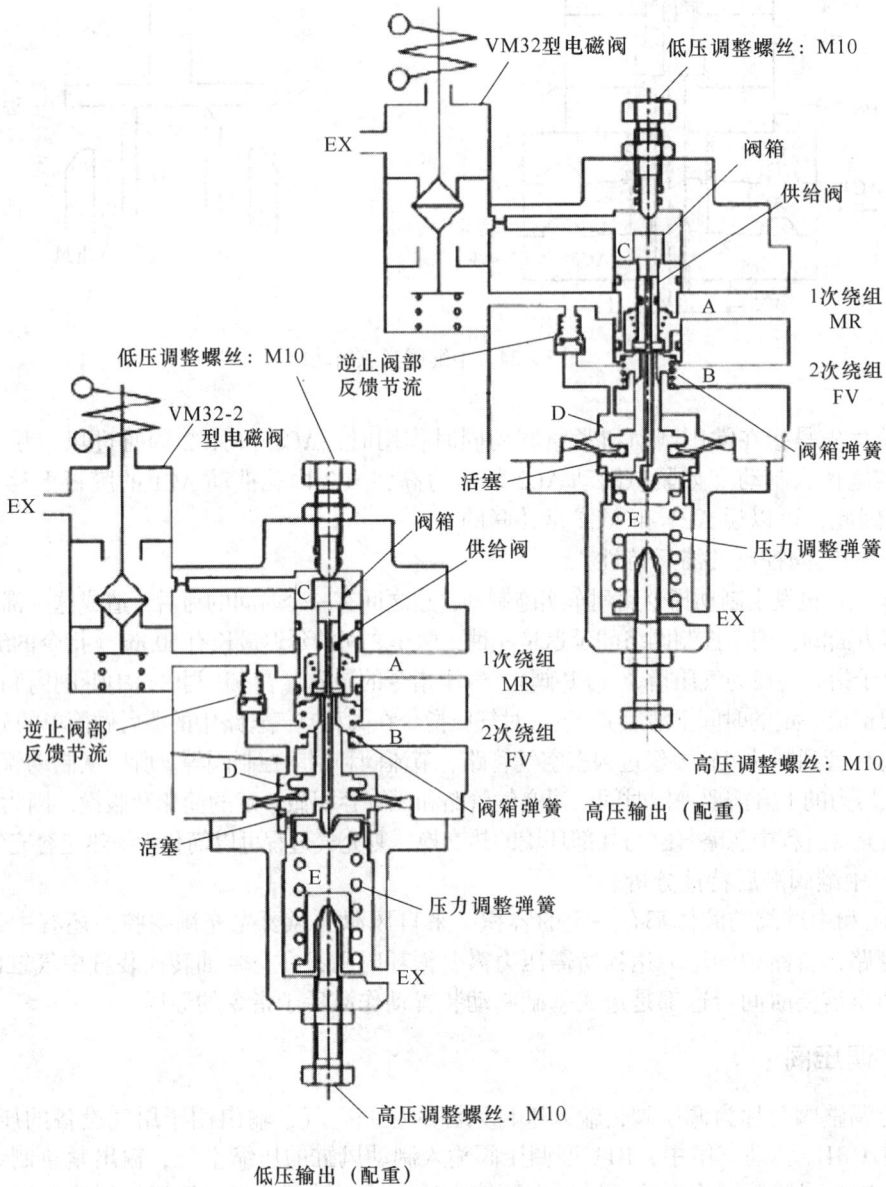

图 3 – 25 B11 压力调整阀结构

活塞在装配扁平膜板的状态下用以进行阀体及弹簧箱保护，它经弹簧托被调压弹簧从下面顶上，在弹簧箱上拧进高压调整螺丝。另外，弹簧箱下面设有通风口。

阀体上插上止回阀，用上盖来压住。止回阀上用挡圈装备有止回阀弹簧、止回阀及阀座，在上面设有拔取用的螺丝。

在阀体上装配有 VM32 – 2 型电磁阀，其电气连接使用连接器，以便容易装卸。

（3）B11 调压阀功能。

①高压输出功能：在 C 室有一次压力空气（电磁阀：消磁状态）。

如图 3 – 26 所示，VM32 – 2 型电磁阀去磁后，该电磁阀呈供气状态，一次压力空气经过电磁阀封闭于 A→C 室，故阀箱被压下到最下位置。在这种状态下进行通常的调压工作，将一次压力空气输出到 A→B 室的同时，经过返回节流机构流入 B→D 室。D 室压力空气使活塞动作的力与调压弹簧的压力平衡，就成为 "重叠状态"，即平衡状态。

二次压力空气升压时，D 室压力也随其上升，活塞会下降而向 B→E 室排气。二次压力用调压弹簧能经常保持设定的规定压力。

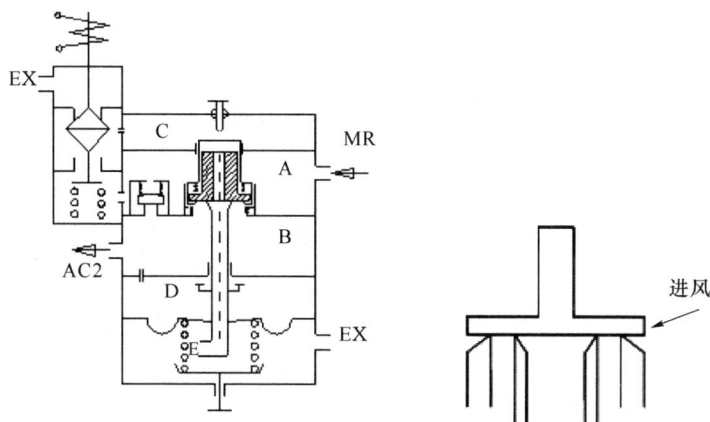

图 3 – 26　B11 调压阀（高压输出定压位）

②低压输出功能：在 C 室无一次压力空气（电磁阀：激磁状态）。

如图 3 – 27 所示，VM32 – 2 型电磁阀受激磁后，该电磁阀呈出排气状态，C 室的压力空气经过电磁阀排到大气中，故阀箱被阀箱弹簧顶向上，碰到低压调整螺丝为止（在此位置达到低压时的平衡状态）。另外，因为阀箱向上移位，供气阀接触到供气阀座的状态一起上升，脱离活塞的供排阀座，二次压力空气由 B→E 室排气，故 D 室压力空气经过反馈节流口跟随二次压力开始下降。此时，给活塞的压力低于调压弹簧的压力，活塞便往上移动，此过程中一直排出二次压力空气，到达前述的重叠位置时为止。

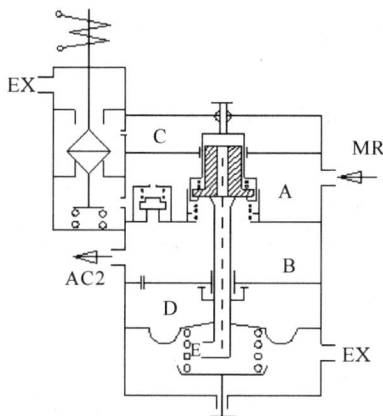

图 3 – 27　B11 调压阀（低压输出定压位）

活塞的供排阀座落到供气阀的同时，停止二次压力空气的排放，将 D 室压力空气作用到活塞的压力与压弹簧的压力平衡，就成为"重叠状态"，而保持二次压力的规定值。

③逆流排气功能。

在定压状态排出一次压力，在止回阀部位失去一次压力的压住力，就使二次压力向一次方向逆流排放。由于止回阀的逆流排气，使活塞上升，供气阀由供气阀座脱离，因此二次压力从供气阀部也逆流排放。

（4）B11 调压阀调整。

要求先进行高压的调整之后再调整低压。

①高压调整。

VM32 - 2 型电磁阀去磁后，放松高压调整螺丝用固定螺母，旋转高压调整螺丝进行调整即可。

升压：顺时针方向；降压：逆时针方向。

调好后，用紧固螺母来紧固。

②低压调整。

VM32 - 2 型电磁阀受激磁后，放松低压调整螺丝用紧固螺母，旋转低压调整螺丝进行调整即可。

升压：顺时针方向；降压：逆时针方向。

调好后，用紧固螺母来紧固。

③调整范围。

高压：300 ~ 700 kPa（3.1 ~ 7.1 kgf/cm^2）；

低压（与高压的压差）：0 ~ 500 kPa（0 ~ 5.1 kgf/cm^2）。

2. B10 调压阀

（1）B10 调压阀概述。

B10 调压阀是一种不附带电磁阀的调压阀。它结构简单，使用扁平膜板，以助于维修保养的省力化，且阀体、弹簧箱均采用铝制，以达到阀体的轻量化。

（2）B10 调压阀结构。

如图 3 - 28 所示，B10 调压阀结构上分为供气阀部、排气阀部和调压部。供气阀和排气阀作为完全平衡方式。供气阀部为提高灵敏度起见，由尖端渐开的供气阀座 126、供气阀 108 和阀弹簧 104 等构成。排气部由尖端渐开的供排气阀杆 117 和膜板 107 等构成。调压部由调整弹簧 103、弹簧托 105 和调节螺丝 114 的机械部分构成。

（3）B10 调压阀功能。

在未供气时，调整弹簧 103 顶上供排气阀杆 117，使供气阀 108 放开。向供气阀周围供气的同时，空气经过供排气阀杆 117 与供气阀座 126 的间隙，供给到二次面和膜板 107 上面。然后继续供气，空气压力达到与调整弹簧 103 的弹簧力平衡状态为止。正好与调整弹簧 103 平衡时，供排气阀部达到平衡位置，二次压力即为调压压力。如果降低二次压力时，供排气阀杆 117 顶上供气阀 108，补充供气到达平衡压力为止。

相反，二次压力过高时，膜板上部的压力升高，以其膜板的压力压缩弹簧而使它降低，压力空气就经过供排气阀杆中间的通路排放到大气中，而调整过升压力。

B10 调压阀的定压为 490 kPa。

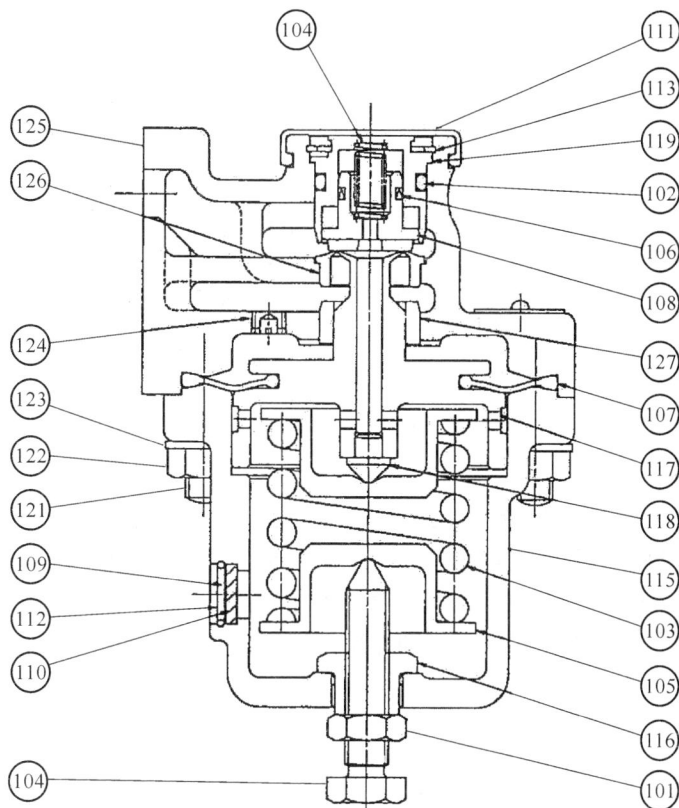

图 3 - 28　B10 调压阀结构图

101—固定螺母；103—调整弹簧；104—阀弹簧；105—弹簧托；107—膜板；108—供气阀；111—防尘罩；113—C 形挡圈；
114—调节螺丝；115—弹簧箱；117—供排气阀杆；119—阀岛；122—六角螺母；126—供气阀座

（4）B10 调压阀调整。

松开固定螺母（101）后、旋转调节螺丝（114）进行调压。

顺时针方向转动调节螺丝（114），调压值变高；逆时针方向转动，调压值变低。

调压后将固定螺母（101）充分拧紧，避免使调压不准。

3.2.6　电磁阀

1. 电磁阀组成

电磁阀由排气阀部和电磁阀部组成。它通过电磁阀部线圈的励磁和消磁（得电和失电）使可动铁芯动作，开闭供排气阀。因此动车组中的电磁阀为开关型控制件。

电磁阀有 ON 型和 OFF 型两种，如图 3 - 29 所示。ON 型电磁阀在电磁阀励磁时，输入口和输出口之间相通，同时排气口关闭，电磁阀处于供气状态；消磁时输入口关闭，同时输出口与排气口相通，电磁阀处于排气状态。OFF 型电磁阀在电磁阀励磁时，输出口与排气口相通，电磁阀处于排气状态；消磁时输入口与输出口之间相通，同时排气口关闭，电磁阀处于供气状态。即 OFF 型电磁阀的励磁/消磁状态和供/排气状态的对应关系与 ON 型电磁阀正好相反。

在 CRH₂ 型动车组上，踏面清扫装置用的是 ON 型电磁阀，它励磁后向踏面清扫装置输送压缩空气，使增黏研磨块产生作用；而紧急制动用的电磁阀是 OFF 型电磁阀，它励磁时关闭输入口，消磁时打开输入口使中继阀达到紧急制动压强。

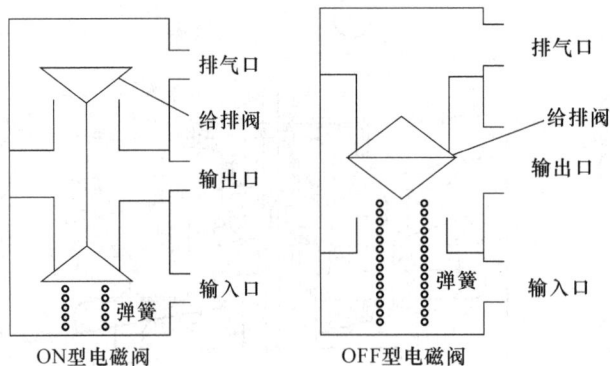

图 3 – 29　电磁阀的结构示意

2. 紧急电磁阀

紧急电磁阀（VM14 – 2H）在制动控制装置中处于中继阀的控制信号通路上，决定紧急制动信号通路的通断。当司机室操纵控制台上的列车紧急制动按钮按下（或 ATP 发生控制作用）后，电磁线圈失磁，阀打开，来自 B11 的控制信号 AC2 送往中继阀下膜板下腔室，使中继阀输出压力增大，制动系统起制动作用，如图 3 – 30 所示。

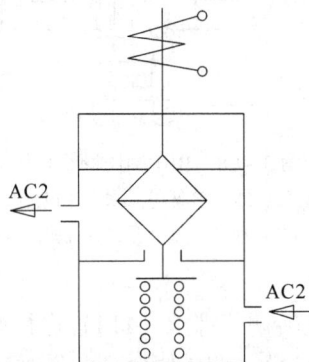

图 3 – 30　紧急电磁阀（紧急制动操纵位）

3. 2. 7　防滑控制

1. 防滑控制的必要性

当制动系统给轮轴上的制动盘加上制动力时，摩擦力迅速增加，轮缘速度迅速减小，车速亦会减小。一旦制动力过大。车轮就会被逐渐锁死，即抱死，从而轮缘速度与车速将出现速度差，就会产生"蠕滑"，速度差的绝对值与列车速度的比值称为蠕滑率。如果制动太快，车轮被锁死或抱死，此时蠕滑就会变为滑行。滑动摩擦下的制动力会比正常黏着行车时减小 1/4，不但急剧减小了制动力又增加了制动距离，不利于停车。除此之外车轮高速滑行会导致轮对的踏面和轨面相互摩擦，滑行距离越长摩擦深度越大，可能造成车轮不易恢复转动的严重后果。同时，不仅降低乘车的舒适性，也会给转向架零部件带来附加的冲击力，使其寿命缩短。所以，高速列车对制动过程中可能出现的滑行必须进行有效的控制。

2. 防滑装置的种类

防滑装置的功能就是通过各车轴或牵引电机上安装的速度传感器，对速度进行检测，在滑行即将发生的短暂临界阶段将其检测出，并及时动作，使作用在车轮上的制动力迅速降低至黏着力以下，防止车轮滑行，恢复轮轨的黏着状态。在黏着恢复以后，还要根据不同的情况保持或继续增加制动力。防滑装置不仅可以有效控制轮对的滑行擦伤，还可以充分利用轮轨间的黏着。

防滑装置共经历了机械式防滑器、电子式防滑器和微机控制式防滑器三个技术发展阶段。各种防滑器的区别主要在于对滑行进行判断的部分。

（1）机械式防滑器。

最早出现的防滑器是机械式的，它判断是否要发生滑行的根据只有一种，即车轮的角减速度。机械式防滑器利用车轮的转动带动回转体，当某轮对的角减速度骤然降低时，利用回转体与车轮的转速差动作，打开阀门或接通电路，使该轮对缓解。机械式防滑器如图3－31所示。机械式防滑器的灵敏度和响应速度都较差。

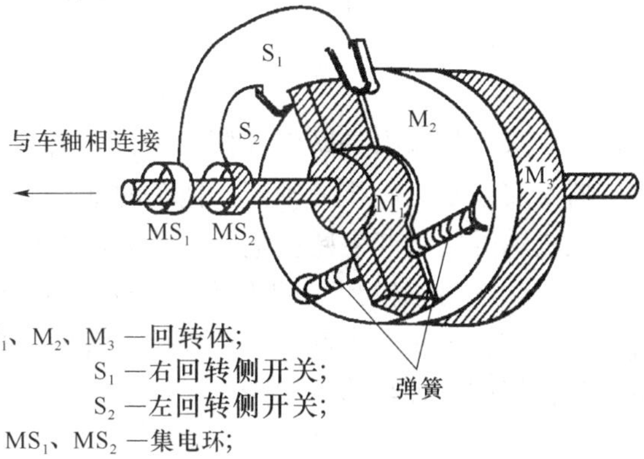
S1
S2
M2
M3
M1
与车轴相连接
MS1 MS2
M1、M2、M3—回转体;
S1—右回转侧开关;
S2—左回转侧开关;
MS1、MS2—集电环;
弹簧

图3－31　机械式防滑器

（2）电子式防滑器。

防滑装置发展的第二阶段是电子式防滑器。它可以采用多种检测滑行的判据，具有较高的灵敏度和动作速度。缺点是电子元件的零点漂移不易清除，需进行大量调整工作，而且易受环境影响，性能不稳定，维修量较大。

（3）微机控制式防滑器。

微机控制式防滑器由Knorr公司和德国国铁（DB）于20世纪70年代初首次研制成功，现已在世界各国的动车组上广泛使用。微机控制式防滑器可对制动、即将滑行、缓解、再黏着的全过程进行动态监测与控制，信息采用脉冲处理，简单可靠，无零点漂移，故无须调节和补偿。更重要的是微处理器（MPU）的处理速度极快，可大大提高检测精度，即使微小而缓慢的滑行也能及早检测出来并采取措施加以防止。微机控制式防滑器还有一个突出的优点，即可以利用软件随时提供有关信息，进行自我检查、诊断和监督，必要时可对有关信息随时进行存储、调用和显示；还能根据新的情况和要求很方便地改变控制判据而不必改动软件。

3. 微机控制式防滑装置

（1）微机控制式防滑装置结构。

微机控制式防滑装置由速度传感器、滑行检测器及防滑电磁阀构成，其工作原理如图3－32所示。

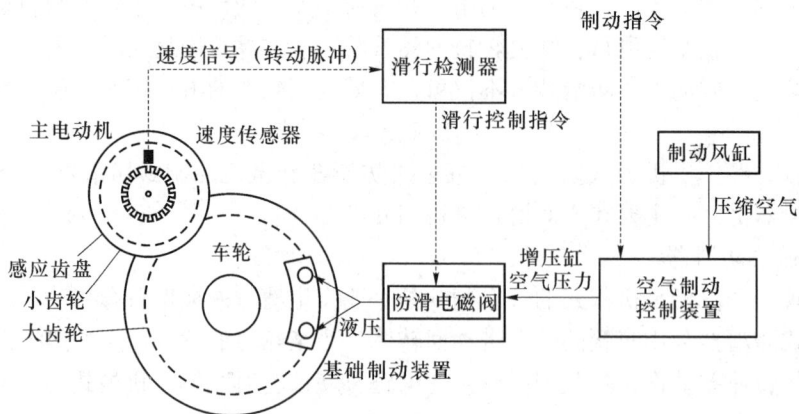

图 3 - 32   微机控制式防滑器的工作原理

（2）速度传感器。

如图 3 - 33 所示，速度传感器的输出是防滑控制中速度计算的基础，其精度非常重要。动车组中动车的速度传感器常安装在主电机的轴端，拖车的则安装在车轴端部。在主电机轴端安装感应齿盘时，靠主电机轴的转动产生感应电压。因为主电机轴通过小齿轮和大齿轮与车轮相连，所以感应出的脉冲频率与感应齿盘的齿数、大/小齿轮的齿数比、车轮转速成正比。因此，根据感应齿盘的齿数、齿轮的齿数和车轮直径，就可计算出车轮的转速。拖车在车轴端部安装速度传感器时，工作原理与前者相同。

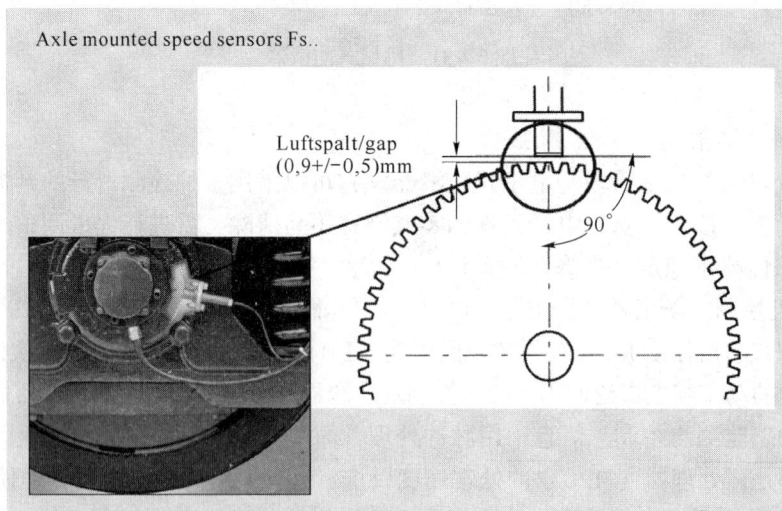

图 3 - 33   速度传感器

速度传感器的主要用途如下：

①各车轮直径大小不一致造成转速存在差异，此差异可以通过设定控制牵引电机的逆变器频率予以消除。逆变器频率设定依据：行进时按 4 台并联电机中转数最低的电机设定频率；再生时按 4 台并联电机中转数最高的电机设定频率。

②空转检测。

③控制制动器。

④运行方向检测和控制主电路。

（3）滑行检测器。

微机控制的数字式滑行检测器按一定的方法，对速度传感器传来的车轮转动脉冲信号进行计算分析和逻辑判断，当判断发生滑行时，就使防滑电磁阀动作，降低制动力使车轮恢复转动，并按照"缓解—保压—再制动"的模式精确地进行控制。现在的滑行检测器已开始采用 32 位微机，大大提高了运算速度。动车组防滑装置的滑行检测器常集成于本车的制动控制单元 BCU 中。

动车组的防滑装置进行滑行检测时，由滑行检测器对速度传感器传来的脉冲频率信号进行计算，得出用于进行滑行检测的指标的值，并根据事先规定的控制逻辑比较判断，确定是否发生了滑行。滑行的检测指标主要有减速度、速度差和滑行率三种。

①减速度检测。

如图 3 - 34 所示，该方法根据某车轮本身转动速度减少的比例 β 来判断是否滑行。由于轮对与车辆的质量相差很大，其速度变化相对也快一些，因而可及时检测到滑行。一般来说，减速度指标可单独用来对滑行轴进行评价，在防滑控制中应优先使用。

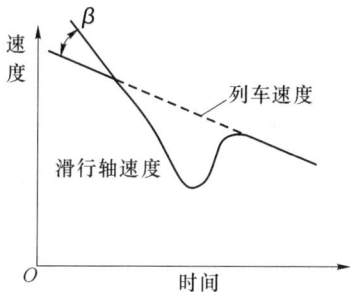

图 3 - 34　减速度检测

②速度差检测。

如图 3 - 35 所示，速度差检测是以同一辆车内 4 个轴的速度，以及制动指令发出后以一定减速度减速的假想轴速度（也称第 5 轴速度）中速度最高的轴为基准，当某车轮的轮轴速度比基准轴的速度低于某一设定值 ΔV 时，就判断车轮发生了滑行。

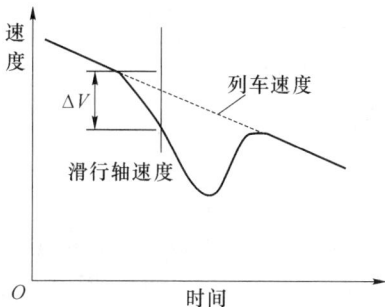

图 3 - 35　速度差检测

速度差指标的检测灵敏度比减速度指标要低，因此滑行检测要以减速度检测为主，速度差检测作为后备。另外，考虑到速度差指标在低速区检测灵敏度下降的问题，可在高速区采用速度差率指标（非滑行轴和滑行轴的速度差与非滑行轴速度的比值），低速区采用速度差指标来判断。

③滑行率检测。

滑行率检测方法是根据轮轨接触点的滑行率 λ 来判断轮对是否发生了滑行，滑行率 λ 的定义为：

$$滑行率\ \lambda = \frac{轮心速度 - 轮轨接触点相对于轮心的速度}{轮心速度} \times 100\%$$

由上式可以看出：轮对做理论上的纯滚动和完全滑行时的 λ 值分别为 0 和 100%，由于轮轨间实际上是处于一种黏着状态，轮对运行时的 λ 值应介于二者之间。

动车组的防滑装置在滑行检测时，以减速度检测方法为主，并和作为后备的速度差检测、滑行率检测方法一起使用。当根据任一检测标准判断发生滑行时，防滑电磁阀动作，使制动缸压强降低。在轮轨间黏着力的作用下，车轮转速上升。当三个指标都不满足滑行发生的条件时，滑行检测器就会据此判断已经恢复了黏着，防滑电磁阀动作，使制动缸压强保持不变或再次上升。

前述微机控制式防滑装置主要是针对空气制动的，电制动同样也存在滑行控制问题。由于动车组是采用电空联合且电制动优先的制动模式，如动车组的动轴在电空制动同时作用的情况下发生滑行，则首先降低该轴的空气制动力，力图使轮对恢复黏着；如空气制动力降为 0 时轮对仍打滑，就需对电制动进行滑行控制。电制动的滑行再黏着控制原理与空气制动的类似，但它是通过牵引控制单元 TCU 调节电制动力的大小实现的。

（4）防滑电磁阀。

防滑电磁阀又称防滑压力控制阀或防滑阀，防滑阀内部含有两个电磁阀，通过其电磁线圈的得电与失电起作用。其中一个为保持电磁阀，控制通向制动缸的压缩空气的通和断；另一个为排风电磁阀，控制已经充入制动缸的压缩空气向外排风的通与断。

当滑行发生时，防滑阀在滑行检测器的控制下产生排风、保压和充风等动作，使制动缸压强产生相应的变化，以有效控制滑行擦伤，并最大限度地利用轮轨间的黏着。CRH$_2$ 型动车组使用的防滑阀在制动时的工作原理如图 3 – 36 所示。

①无滑行时。

未接收到滑行检测器的信号时，保压阀和排气阀都消磁，防滑阀处于制动状态。来自空气制动控制装置内中继阀的压缩空气由输入口进入，并经排气阀侧入口部的膜板背压室 d，使排气阀部的隔板关闭；a 室压缩空气推开保压阀部的隔板进入输出口。此时，来自制动控制装置的压缩空气可由输入口供至输出口，到增压缸去。

②有滑行时。

（a）缓解作用。

接收到缓解指令时，保压阀和排气阀均励磁，防滑阀处于缓解状态。保压阀励磁，可使来自输入口的压缩空气由保压阀侧的电磁阀进入模板背压室 b，关闭保压阀部的隔板，截断输入口和输出口之间的通路，从而使来自空气制动控制装置的压缩空气不能由输入口供到输出口；同时，排气阀励磁，使膜板背压室 d 的压缩空气经排气阀侧的电磁阀排大气，排气阀

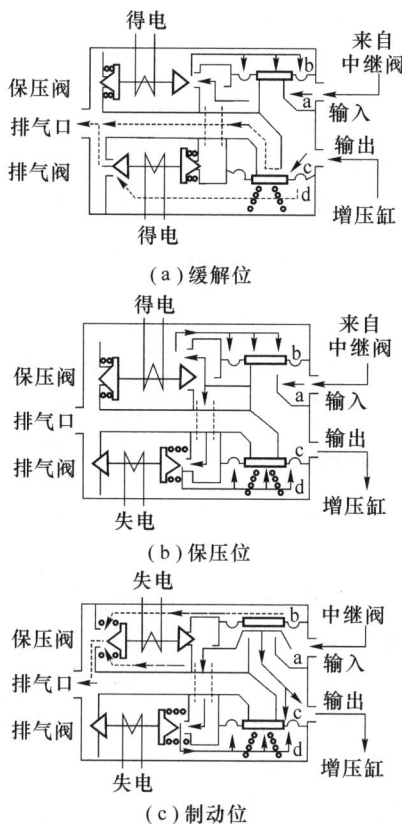

图 3 - 36　防滑阀在制动时的工作原理

部的隔板在 c 室压力的作用下打开，输出口和排气口连通，增压缸侧的压缩空气排大气。此时增压缸压力减小，列车进行缓解制动作用。见图 3 - 36 （a）。

（b）保压作用。

接收到保压指令后，保压阀保持励磁，排气阀消磁，装置处于保压状态。排气阀消磁后，截断输出口和排气口之间的通路，增压缸侧的压缩空气停止排大气；同时，保压阀保持励磁状态，来自空气制动控制装置的压缩空气被截断而不会由输入口进入。因此，增压缸内压缩空气的量不变，制动缸内的压强不致过低，当再次施行制动时可迅速动作。见图 3 - 36 （b）。

（c）制动作用。

接收到制动指令后，保压阀也消磁，装置处于制动状态。此时，排气阀已消磁，制动缸的排气通路关闭；当保压阀也消磁时，输入口和输出口连通，来自空气制动控制装置的压缩空气再次由输入口供到输出口，增压缸内的空气压强恢复至滑行前的水平。见图 3 - 36 （c）。

（5）CRH$_5$ 型动车组防滑系统。

防滑系统由电子控制单元、车轴速度传感器及防滑阀组成。①两个控制单元 BCU1 和 BCU2 用于 WSP/DNRA 控制；②每轴安装两个单通道的速度传感器，信号被两个独立的 BCU 读取；③每个防滑阀有两个线圈控制制动缸充风，两个线圈控制排风，可受两个独立 BCU 的控制。如图 3 - 37 所示，其中 WSP 包含 DNRA 的功能，DNRA 检测抱死的轴并显示其故障信息。如果轴的速度低于一定的阈值，该抱死的轴就会被检测出来，此阈值取决于当前 DNRA 的参考速度。

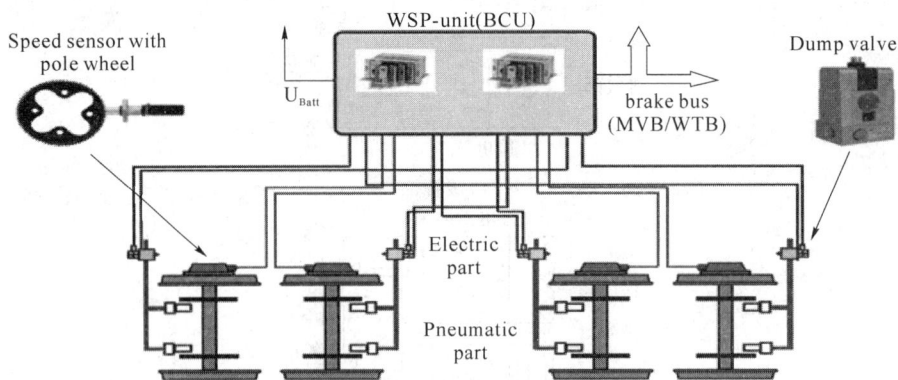

图 3 - 37　CRH$_5$ 型动车组防滑系统

　　每个 BCU 由一个硬导线信号区别，一个为 BCU1，另一个为 BCU2，每个 BCU 都可以控制本车所有轴的 WSP 功能；两个 BCU 之间交换硬导线生命信号；通常情况下，BCU1 控制第一转向架的 WSP 功能，BCU2 控制第二转向架的 WSP 功能；如果 BCU1 控制的某一轴出现了一个故障，BCU1 更换生命信号频率，并且 BCU2 接替控制两个转向架的 WSP 功能。

　　如果 BCU1 控制的某一轴（如转向架 1 的轴 1）出现了两个故障，则 BCU2 控制转向架 2 的 WSP 功能，BCU1 控制转向架 1 的轴 2 的 WSP 功能，轴 1 则参照轴 2 进行 WSP 的控制；如果 BCU1 控制的转向架 1 的轴 1 发生一个故障，则 BCU2 控制两个转向架，之后若转向架 2 的轴 1 也发生了一个故障，那么 BCU1 控制转向架 2，BCU2 控制转向架 1；如果生命信号故障或某 BCU 完全故障，则另一 BCU 控制两个转向架。

　　当检测到轴的速度与参考速度不同，且减速度非常大时，就意味着轴可能抱死，防滑控制系统将起作用：将防滑阀的充风阀关闭，阻止制动缸的压力增大，使制动缸压力保持；既不充风又不排风的情况下，如果减速度继续增大，需将排风阀阶段打开一小段时间，使制动缸压力阶段下降，直到减速度为 0。经过这一阶段，速度越来越接近参考值，此时制动缸的压力增加，加速度为正，速度增加到参考速度，如图 3 - 38 所示。

3.2.8　制动控制系统

1. 制动控制系统的组成

　　制动控制系统是制动系统中由司机或列车自动控制系统 ATC 控制，产生、传递制动信号，并对制动力进行计算和分配的部分。由此可以看出，制动控制系统主要包括制动信号发生器、制动信号传输装置和制动控制装置三大组成部分。以日系动车组为例，数字式电气指令电空复合制动系统的结构如图 3 - 39 所示。

2. 制动信号发生装置

　　制动信号发生装置有自动（ATC 装置）和手动（司机制动控制器）两种。在日系动车组中，司机制动控制器设在司机座椅的左前方，控制器手柄转动时带动安装在下部的凸轮，控制各指令线电气触点的通和断，向各车发送相应的指令。

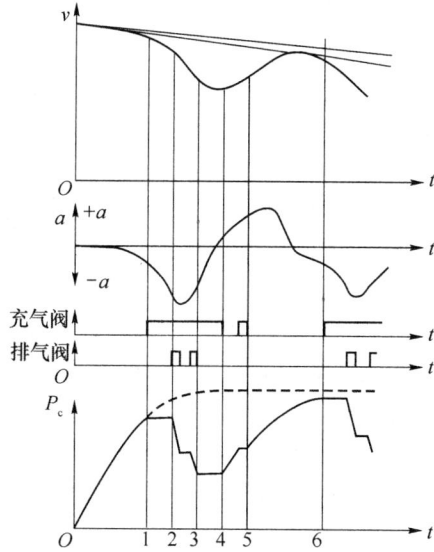

图 3 - 38 CRH₅ 型动车组防滑控制原理

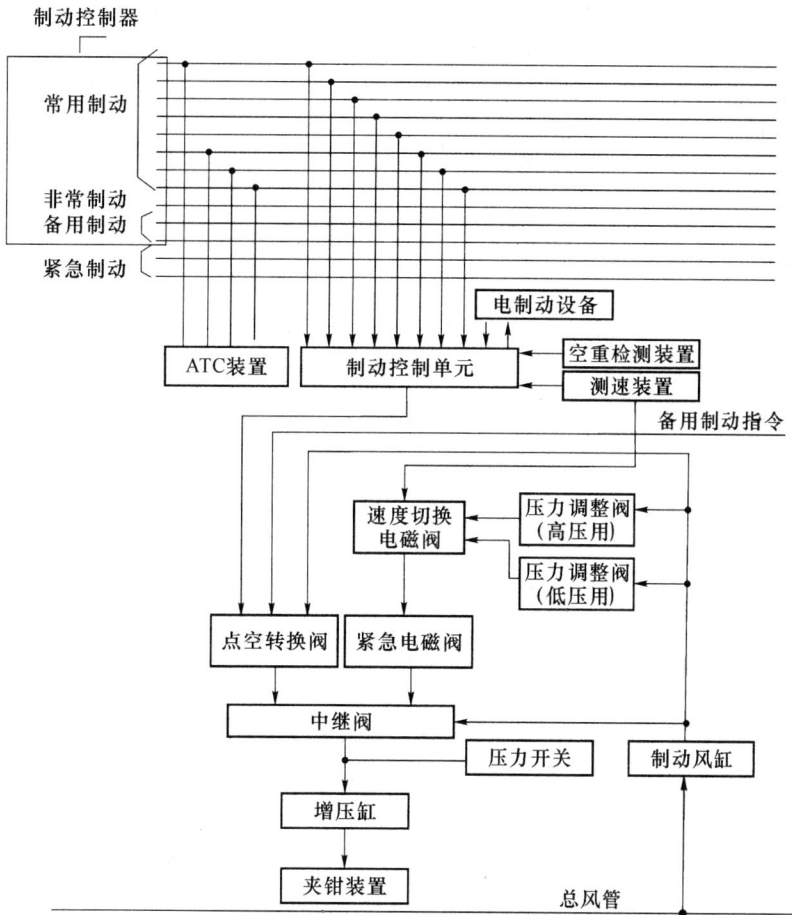

图 3 - 39 制动系统的结构

3. 制动信号传输装置

（1）功能。

制动信号传输装置即负责制动信号传输的列车线，不但负责将制动信号发生装置发出的制动指令传送给列车中所有车辆，还负责将各车的信息传送给司机室。

（2）传输介质。

列车线有带屏蔽层的金属电缆和光缆两大类。为提高信号传输的质量和速度，减轻信号传输系统的重量，动车组中的列车线往往采用光缆。

（3）信号的类型。

制动控制系统中传输的信号有模拟信号和数字信号两种。模拟信号是以电压、电流、频率、脉宽等模拟量的大小表示不同的制动要求；数字信号是以若干指令线不同的通、断组合来表示。模拟信号系统的优点是便于实现无极精确操纵，而数字信号系统的优点在于反应迅速、可靠性高。虽然数字信号系统只能进行有级操纵，但实践证明：当常用制动设置7级时，已能保证运用中足够的精确度；且由于数字信号系统的显著优点，信号传输系统中多采用数字信号。

4. 电子制动控制装置

电子制动控制装置也称为制动控制单元（BCU），它是制动控制系统中接收制动指令，并根据指令对制动力进行计算和分配的计算机。动车组中的每辆车均装有 BCU，它根据输入的制动指令信号、速度信号和载荷信号输出决定电制动力和空气制动力大小的制动模式信号。BCU 相当于制动系统的"大脑"；有的车型的 BCU（如 CRH_2 型动车组）除产生制动模式信号外，还可利用计算机控制防滑、空气压缩机。

制动控制单元（BCU）往往和各种空气控制阀集成在一起，总称"制动控制装置"，如图 3-40、3-41 所示。

3.2.9　安全阀

CRH_5 型动车组中所使用的安全阀一共有两种，一种是 SV 型安全阀，如图 3-42 所示；另一种是 NHS 型安全阀，如图 3-43 所示。主供风单元所使用的是 SV10 型安全阀，如图 3-44 所示。这是一种通过组件检测的比例阀，该安全阀的开启压力为（1 200 ±120）kPa。

✒ 任务实施与评价

（1）下发任务单，明确学习任务、主要内容、知识目标、能力目标、素质目标要求；

（2）学生按任务单要求制订学习计划，完成预习任务及相关知识准备；

（3）闸瓦制动认知引入；

（4）学生查阅压缩空气制动控制装置的组成；

（5）对比说明各个控制阀的结构、工作原理及控制过程；

（6）教师组织学生抢答识别各个控制阀的作用和工作原理；

（7）学生识别各控制阀在压缩空气控制系统中的作用，教师辅导答疑，学生以个人或学习小组方式进行学习小结及反思；

（8）学生通过分析压缩空气控制系统工作过程，确定各控制阀在系统中的相对位置、作用和重要性；

（9）学生进行学习自我评价及学习小组成员互评，教师及小组长（副组长）进行学习他人评价并检查任务完成情况。

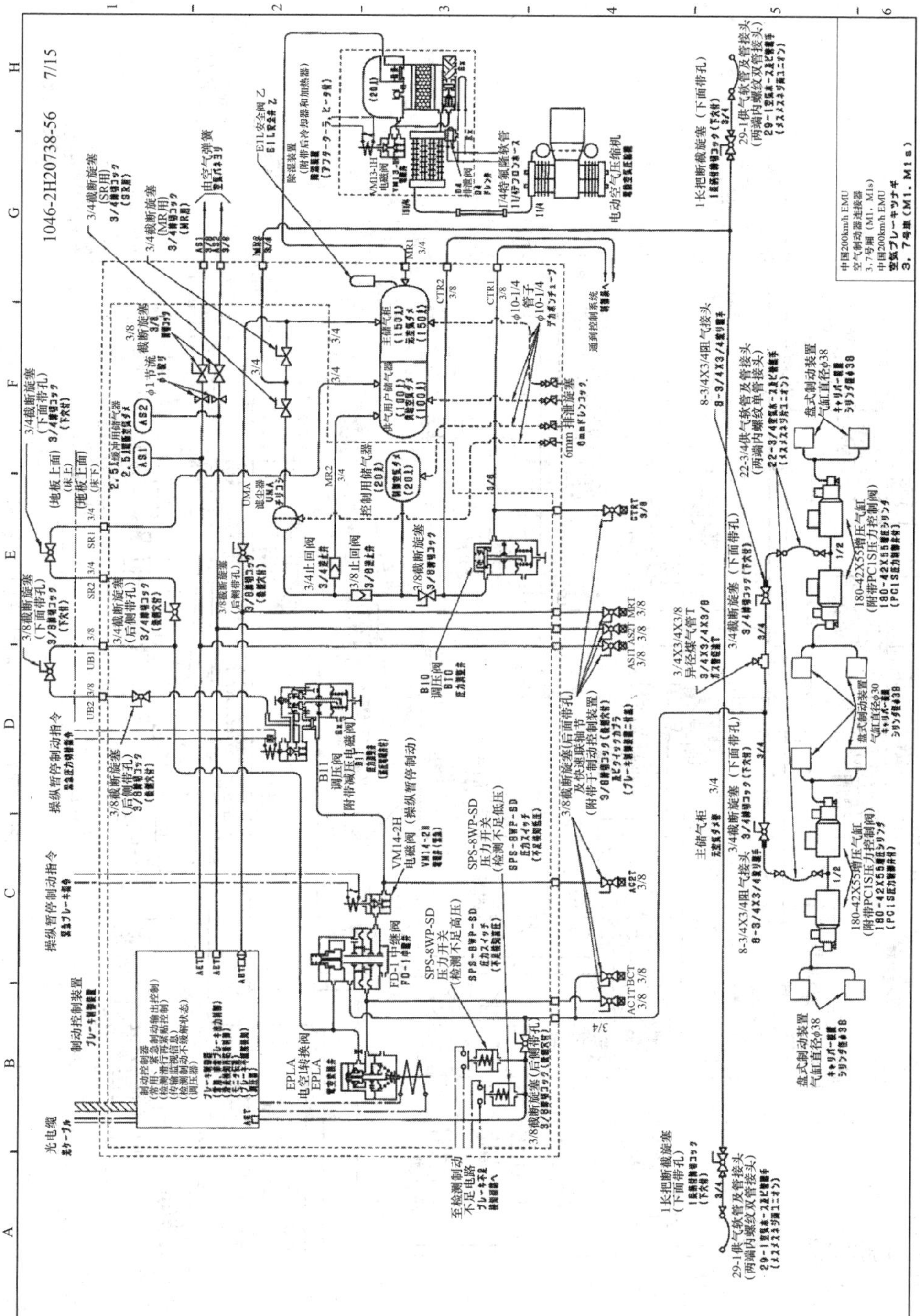

图 3-40　制动控制装置(3,7 号车)

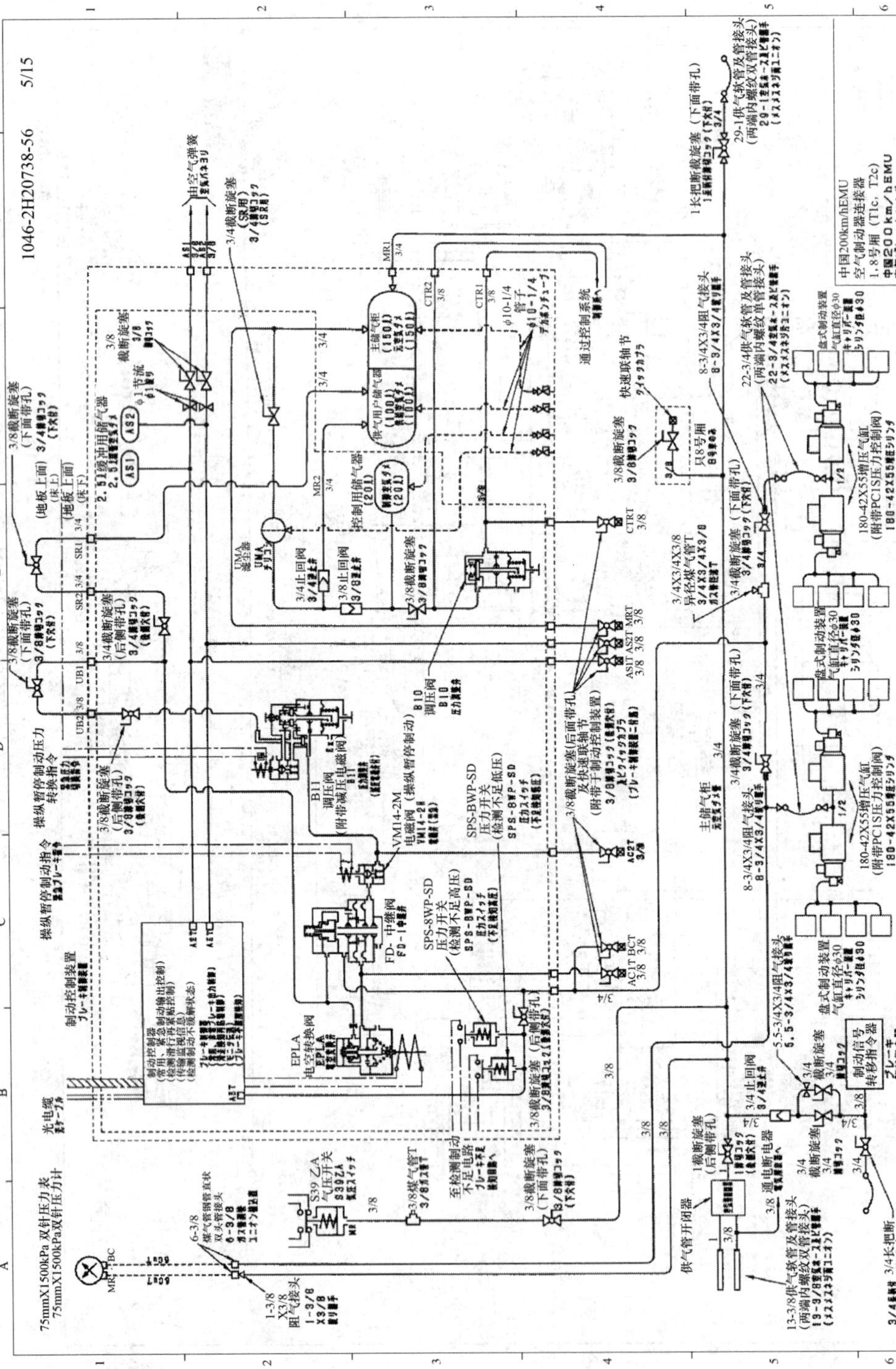

图 3-41　制动控制装置(1,8 号车)

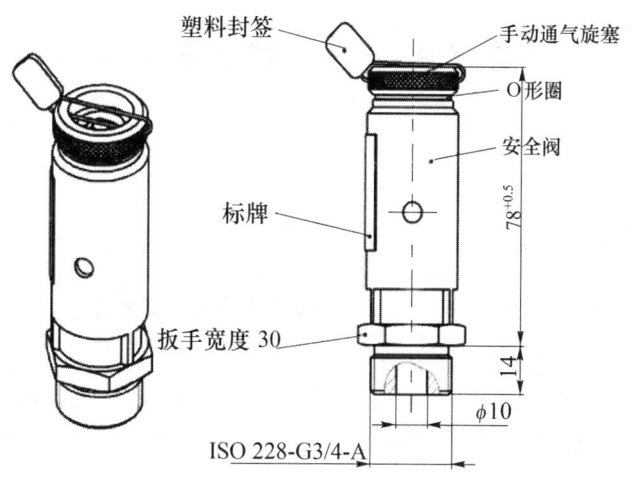

图 3 - 42 CRH₅ 型动车组 SV 型安全阀

图 3 - 43 CRH₅ 型动车组 NHS 型安全阀

图 3 - 44 SV10 型安全阀

a—阀体；b—阀杆；c—压缩弹簧；d—调节螺母；e—排气螺母；f—铅封

【任务3】 基础制动装置

📋 任务单

任务名称	基础制动装置
任务描述	了解基础制动装置的重要性、安装位置；识别基础制动装置的组成；识别几种常用基础制动方式；识别两种盘形制动结构形式；通过学习，识别基础制动装置各个组成部分。
任务分析	动车组基础制动装置都是利用杠杆原理，把空气制动部分的制动缸推力，经过夹钳单元杠杆的作用扩大适当倍数后，再使这个扩大后的力较为一致地传到各闸片上，使闸片压紧制动盘，而达到制动的目的。
学习任务	【子任务1】识别基础制动装置组成及特点。 　　【子任务2】识别制动盘的分类。 　　【子任务3】CRH系列动车组的盘形制动。 　　【子任务4】制动夹钳机构的分类及其工作原理。 　　【子任务5】停放制动装置工作原理。
劳动组合	各组长讨论交流，根据任务单掌握基础制动装置的组成和制动盘的分类，布置任务制作两种制动夹钳机构工作原理示意机构。各组评判小组成员学习情况，并作出小组评价。
成果展示	(1) 基础制动装置的组成示意； 　　(2) 制动夹钳机构工作原理示意。
学习小结	

自我评价	项目	A—优	B—良	C—中	D—及格	E—不及格	综合
	安全纪律（15%）						
	学习态度（15%）						
	专业知识（30%）						
	专业技能（30%）						
	团队合作（10%）						

教师评价	简要评价	
	教师签名	

学习引导文

3.3.1 基础制动装置

1. 基础制动装置概述

动车组制动系统的基础制动装置安装在转向架上，为转向架的组成部分之一。目前动车组制动系统的基础制动装置主要采用摩擦式的盘形制动装置，对于速度高于 250 km/h 的动车组来说，为了满足制动距离或制动减速度的要求，往往还需要磁轨制动或轨道线性涡流制动来补充制动力。同时在低速行驶的地铁和传统铁道机车车辆上，基础制动装置还是以空气踏面制动为主；在较高速度的电动车组上则采用空气盘形制动。

2. 基础制动装置组成

动车组制动系统的基础制动装置分为动车和拖车基础制动装置。主要由以下设备组成，如图 3－45、3－46 所示：

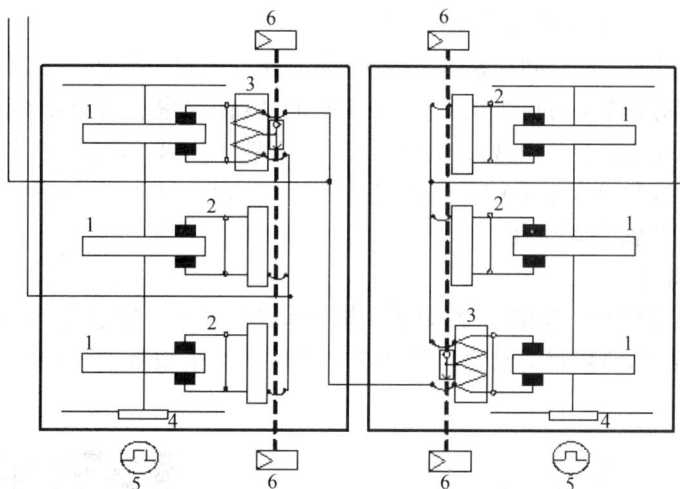

图 3－45 带轴装制动盘的拖车转向架基础制动装置

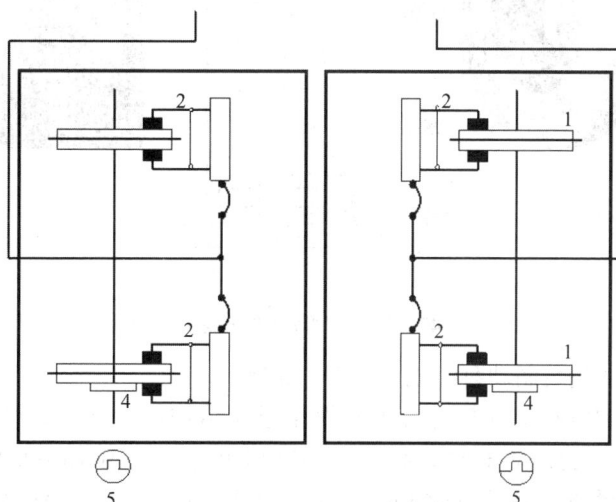

图 3－46 带轮装制动盘的动力转向架基础制动装置

①制动盘（位置1）；

②制动夹钳，包括制动缸和闸片（位置2）；

③制动夹钳，包括带有弹簧储能装置的制动缸和闸片（位置3）；

④测速齿轮（位置4）；

⑤脉冲传感器（位置5）；

⑥弹簧承载制动紧急启动装置（位置6）。

3.3.2 制动盘的构造及原理

铁道车辆的摩擦制动过去一直采用踏面制动方式，即将闸瓦压紧在车轮踏面上，通过闸瓦与车轮踏面的摩擦，将列车的动能转化为热能。由于轮对不仅要承受支撑车辆重量、运行导向、传递牵引力及制动力等工作，而且还要具有使车辆能顺利通过曲线和保证运行平稳性等重要作用，因此再让轮对踏面承担上述作用以外的工作将会产生很多问题。对于高速动车组来说，上述问题已经影响了车辆的动力学性能。目前我国高速动车组的基础制动装置，为防止轮对踏面的损伤，采用了盘形制动方式。

盘形制动是制动时用制动闸片紧压制动盘，通过闸片与制动盘面间的摩擦，把列车的动能转化为热能而产生制动作用的制动方式。盘形制动的基础制动装置有两种类型：制动盘安装在车轴上的叫作轴盘式（轴装制动盘），制动盘安装在车轮上的叫作轮盘式（轮装制动盘）。

通常情况下，在整列车上应用了内冷式盘形制动。在动力轴上采用钢制轮装制动盘，在非动力轴上采用钢制轴装制动盘。

1. 制动盘的构造

按盘本身的结构区分：整体式/组装式；按安装位置区分：轴盘式/轮盘式。

CRH₃型动车组的轴装制动盘组成如图3-47所示，采用带卡环的平面座、螺栓连接、柱形筋板。

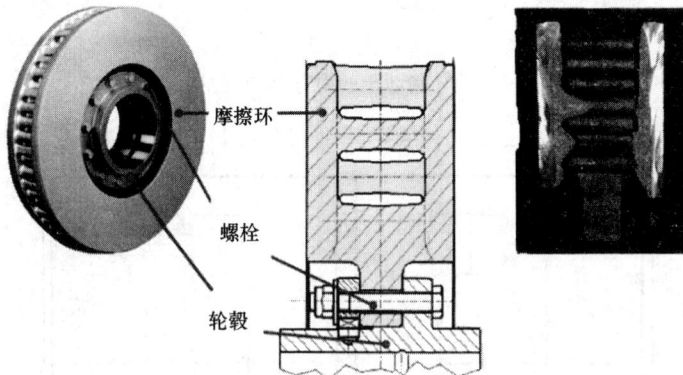

图3-47 CRH₃型动车组轴装制动盘

CRH₅型动车组的轮装制动盘组成如图3-48所示。

CRH₅型动车组的所有车轴都配备带有简化通风结构的盘形制动装置，如图3-49所示。每根拖车轴安装3套，动车轴安装2套，制动盘的型号为W640B080PSUP，W表示轴装制动盘，640表示制动盘的外径为640 mm，B表示带有通风结构，080表示制动盘的厚度为80 mm，P表示平座，S表示钢制，U表示单体式，末尾的P表示气动系统。

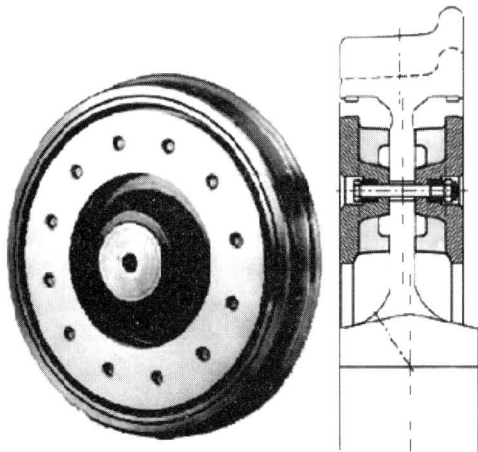

图 3 - 48　CRH$_5$ 型动车组轮装制动盘

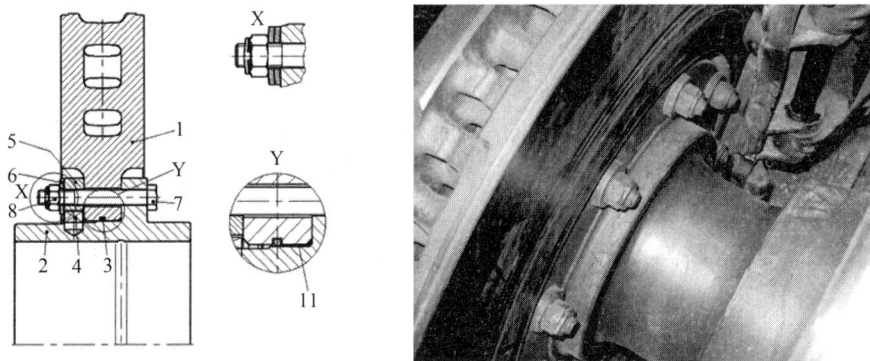

图 3 - 49　CRH$_5$ 型动车组盘形制动装置

2. 制动盘的优点

盘形制动的优点：

①良好的摩擦性能。闸片与制动盘具有良好的摩擦性能，不但散热好，而且摩擦系数稳定，因而在制动全过程中，列车停车平稳、制动距离短。

②运用经济。盘形制动的故障较少，闸片和制动盘的磨耗量小。

③维护简单。由于盘形制动的闸片和制动盘比较耐磨，维修间隔时间长，因而维护非常简单。

④能够充分利用制动黏着系数。盘形制动使用的是高摩擦系数闸片，可以做到摩擦系数和制动黏着系数特性曲线趋近一致，这样就有利于车辆制动力的设计，使盘形制动能够充分利用黏着系数，有效缩短制动距离。

轴装制动盘的优点：

①在非制动状态，可节约 60% 的能量；

②制动盘散热好，存在更少的过热点；

③制动盘破裂时，具有更高的安全性。

轮装制动盘优点：

①模块化设计，可用于不同材料及尺寸；

②易于安装；

③规律的热量分布；

④良好的平面平行度；

⑤重量轻；

⑥在圆周方向无波浪现象；

⑦盘易拆分；

⑧高的动态强度。

3. 制动盘材料

制动盘材料分类：

①铁系材料；

②复合材料，如铝合金基复合材料（铝合金母材＋陶瓷粒子）轻、耐磨、耐疲劳；

③合成材料；

④烧结材料；

⑤陶瓷材料。

4. CRH 系列动车组的盘形制动

我国 CRH 系列动车组的盘形制动装置安装情况如下：

①CRH₁ 型车的动车装有 2 个轮盘式的基础制动装置，拖车装有 3 个轴盘式的基础制动装置。

②CRH₂ 型车的基础制动采用悬浮方式的液压盘形制动，动车每轴装有 2 套轮盘，拖车装有 2 套轮盘及 2 套轴盘。

③CRH₅ 型车的基础制动装置是动车的动力轴装有 2 个轴制动盘，非动力轴装有 3 个轴制动盘，拖车装有 3 个轴制动盘。

5. 制动闸片

CRH₃ 型车的制动闸片为烧结的粉末冶金类型。动车组用制动闸片的总厚度为 24 mm，磨耗到限的最小厚度为 10 mm，如图 3 – 50 所示。

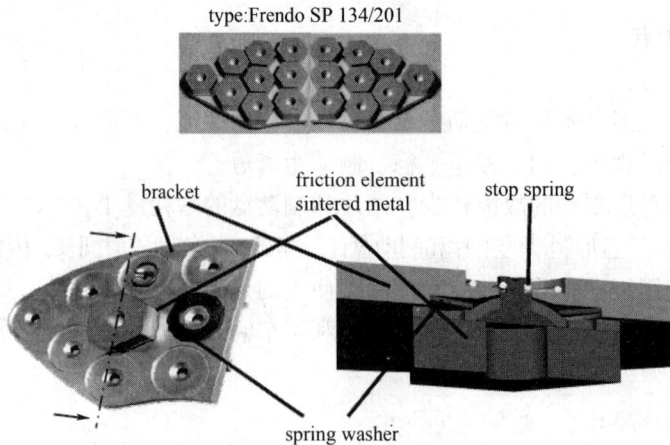

图 3 – 50　制动闸片剖面图

CRH$_5$ 型车的闸片为采用烧结摩擦镀层的粉末冶金材料，最大允许温度 600 ℃，最大磨耗量 30 mm，安装在连杆系统支座上，如图 3 – 51 所示。

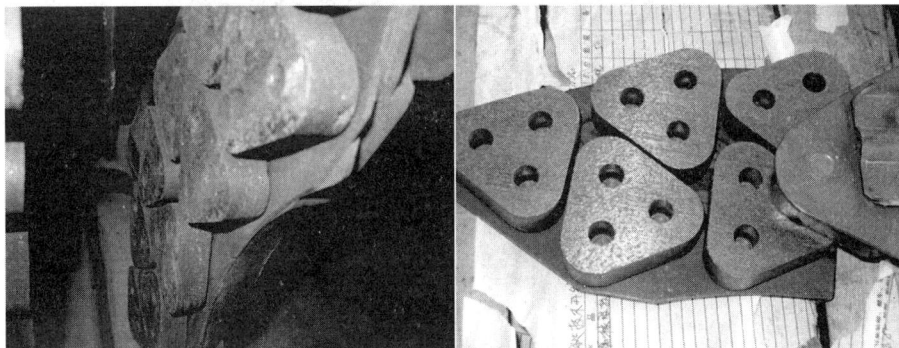

图 3 – 51　CRH$_5$ 型动车组制动闸片

3.3.3　夹钳机构

制动夹钳的分类为杠杆式（如图 3 – 52 所示）和一体式（如图 3 – 53 所示）。

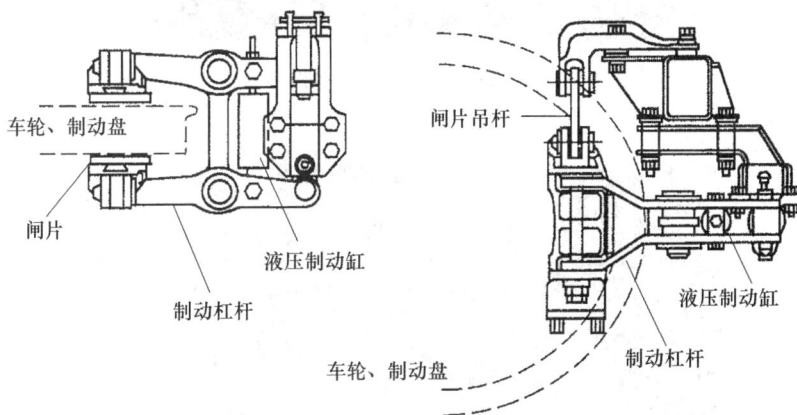

图 3 – 52　杠杆式

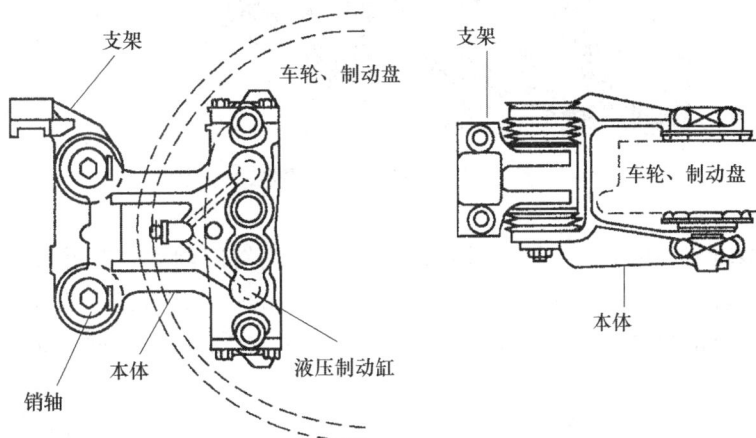

图 3 – 53　一体式

其中，杠杆式夹钳实物如图 3 - 54 所示，一体式夹钳实物如图 3 - 55 所示。

图 3 - 54　杠杆式夹钳实物图

图 3 - 55　一体式夹钳实物图

CRH$_3$ 型动车组的基础制动装置采用钳盘式结构，内置闸调器。夹钳系统安装在构架上的制动梁上，通过关节轴承与构架相连。有的带有集成的弹簧停放制动装置。闸片为采用烧结摩擦镀层的粉末冶金材料，最大允许温度 600 ℃，最大磨耗量 30 mm，安装在连杆系统支座上。

按 IEC 61133 - 9.5 标准进行静态传动效率、停放制动和保持制动试验，以确定制动系统的操作和施加在闸片上的作用力。动车组分别置于整备重量和最大额定载荷条件下，试验时采用测力闸片，换下原有的制动闸片。

按 IEC 61133 – 6.5 标准进行线路制动性能试验，以通过不同制动系统的线路试验，检查动车组制动系统的动态性能。以新闸片做型式试验时，在试验前应确定闸片良好地贴靠在制动盘上，并经适当磨合。每次试验前，制动闸片和制动盘表面温度应不大于 100 ℃。

如图 3 – 56 所示，CRH₅ 型动车组的基础制动装置采用钳盘式结构，内置闸调器。夹钳系统安装在构架上的制动梁上，通过关节轴承与构架相连。每根拖轴上安装三个铸钢制动盘和传统设计的夹钳单元；每根动轴上安装两个铸钢制动盘和传统设计的夹钳单元。除 T2 车外，其他 7 节车的每个转向架上都设有一个集成的弹簧停放制动缸（安装在 1、4 轴）；带停放制动的夹钳均设有机械缓解装置（停放制动手动缓解装置），如图 3 – 57 所示。

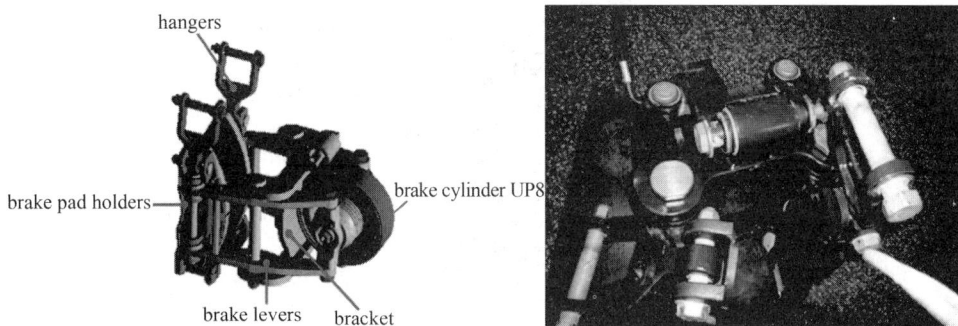

图 3 – 56　CRH₅ 型动车组盘形制动夹钳单元

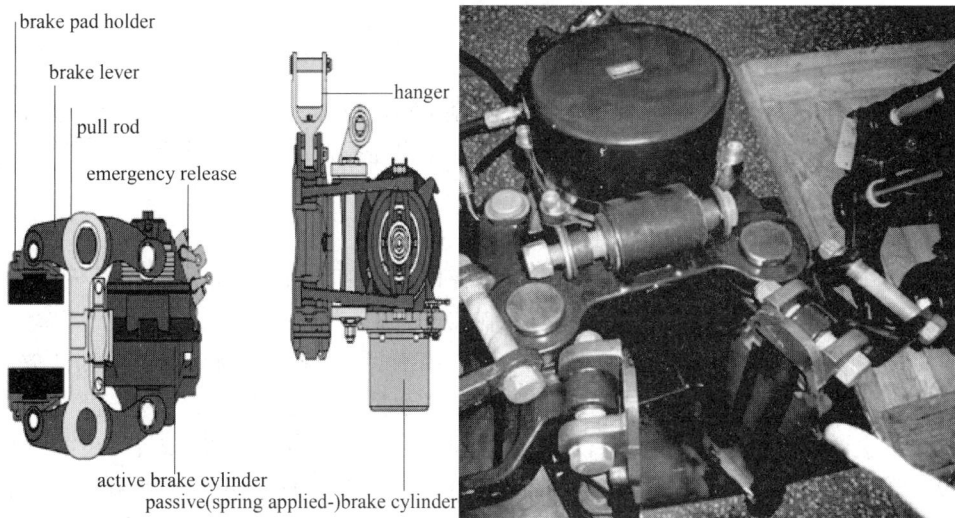

图 3 – 57　CRH₅ 型动车组盘形制动夹钳单元（带停放制动）

按 IEC 61133 – 5.5 标准进行静态传动效率、停放制动和保持制动试验，以确定制动系统的操作和施加在闸片上的作用力。动车组分别置于整备重量和最大额定载荷条件下，试验时采用测力闸片，换下原有的制动闸片。

按 IEC 61133 – 6.5 标准进行线路制动性能试验，以通过不同制动系统的线路试验，检查动车组制动系统的动态性能。以新闸片做型式试验时，在试验前应确定闸片良好地贴靠在制动盘上，并经适当磨合。每次试验前，制动闸片和制动盘表面温度应不大于 100 ℃。

3.3.4 停放制动装置

图 3-58 所示为带弹簧储能式的停放制动缸。在停放制动缸里有储能弹簧和活塞，在停放制动处于缓解状态时，将较高压力的压缩空气送入活塞下方，由此产生的活塞力压缩储能弹簧；在停放制动处于施加状态时，降低（或者排出）停放制动缸活塞下方的空气压力，活塞在储能弹簧复原力作用下向下移动，其活塞杆与制动缸活塞上面接触，施加弹簧力，以防止因制动缸泄漏导致制动力丧失，引起动车组溜逸。

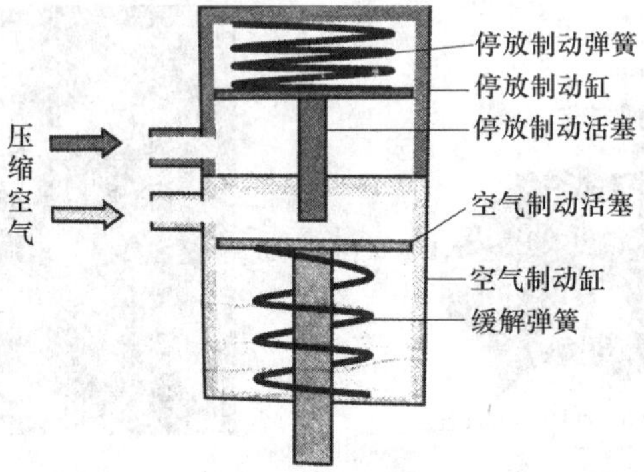

图 3-58　带弹簧储能式的停放制动缸示意图

任务实施与评价

（1）下发任务单，明确学习任务、主要内容、知识目标、能力目标、素质目标要求；

（2）学生按任务单要求制订学习计划，完成预习任务及相关知识准备；

（3）闸瓦制动的杠杆机构认知引入；

（4）学生查阅基础制动装置的组成和机械机构作用；

（5）对比说明各种盘形制动的特点，说明各种盘形制动的工作原理和布置形式；

（6）教师组织学生抢答识别基础制动控制装置组成、作用和工作原理；

（7）学生识别几种常用夹钳机构、制动盘、CRH 系列动车组的盘形制动和停放制动装置，教师辅导答疑，学生以个人或学习小组方式进行学习小结及反思；

（8）学生通过分析基础制动装置的工作原理，确定制动力的施加方式；

（9）学生进行学习自我评价及学习小组成员互评，教师及小组长（副组长）进行学习他人评价并检查任务完成情况。

项目4　动车组制动控制系统原理

项目描述

动车组制动控制系统的作用是将动车组驾驶人员发出的制动指令进行处理、传输，从而控制各种电动部件及气动部件作用，产生合适的制动力，满足动车组列车减速、不减速或停车的要求，来实现动车组驾驶人员对列车的操纵控制。动车组制动控制系统是动车组列车制动系统的"大脑"，是保证列车行车安全、准点及舒适的重要组成系统。

本项目依据某动车组列车制动系统的原始资料，完成动车组常用制动、辅助制动、紧急制动，以及快速制动电气线路识图、制动作用控制过程及控制逻辑分析。

本项目任务：

任务1　制动控制系统操作设备认知

任务2　制动控制系统网络认知

任务3　常用制动

任务4　辅助制动

任务5　紧急制动

任务6　快速制动

任务7　停放制动及耐雪制动

教学目标

1. 知识目标

（1）了解动车组制动系统的设计理念及方法；

（2）熟悉动车组常用制动、紧急制动等制动作用的压缩空气综合作用过程；

（3）熟悉动车组常用制动、紧急制动等制动作用的控制过程及控制逻辑；

（4）了解制动控制系统操作设备位置、结构、功能；

（5）熟悉制动控制网络指令产生与传递。

2. 能力目标

依据某型动车组制动的电气图，完成以下任务：

（1）制动气路图、电气图识读；

（2）根据实际气路图及电气图能分析出某种制动形式作用启用的条件；

（3）能根据制动系统故障的现象，分析出制动故障的原因所在。

依据各型动车组制动控制系统资料，完成以下任务：

（1）各型动车组制动控制操作设备认知、区分；

（2）根据各型动车组制动控制原理，绘制各型动车组制动控制网络图。

3. 素质目标

（1）培养学生利用现有资料的自学能力；

（2）培养学生严谨认真的态度、归纳总结的能力及创新和挑战意识；

（3）培养学生团队合作的意识和集体荣誉感；

（4）培养学生能客观、公正地进行自我评价及对小组成员评价的能力。

【任务1】 制动控制系统操作设备认知

📋 任务单

任务名称	制动控制系统操作设备认知
任务描述	制动控制系统操作设备是动车司机、乘务人员利用制动系统的操作终端，也是制动系统的重要组成部分，同时具有设备较多、各设备功能多样、不同车型设计差异较大等特点。掌握主型车辆制动系统操作设备相关知识，是本专业同学日后进行制动相关作业的基本要求。
任务分析	了解制动控制系统操作设备概念、作用；识别 CRH₃ 型动车组制动控制系统操作设备，明确各设备布置位置；掌握 CRH₃ 型动车组制动操作设备功能及操作方式；识别 CRH₅ 型动车组制动控制系统操作设备，明确各设备布置位置；掌握 CRH₅ 型动车组制动操作设备功能及操作方式；通过对比 CRH₃ 型与 CRH₅ 型动车组制动操作设备，总结两种车型相似设备的异同。
学习任务	【子任务1】在下图中的 CRH₅ 型、CRH₃ 型车司机室操作台示意图中找出各制动操作设备，并进行标注。 　CRH₅ 型车： 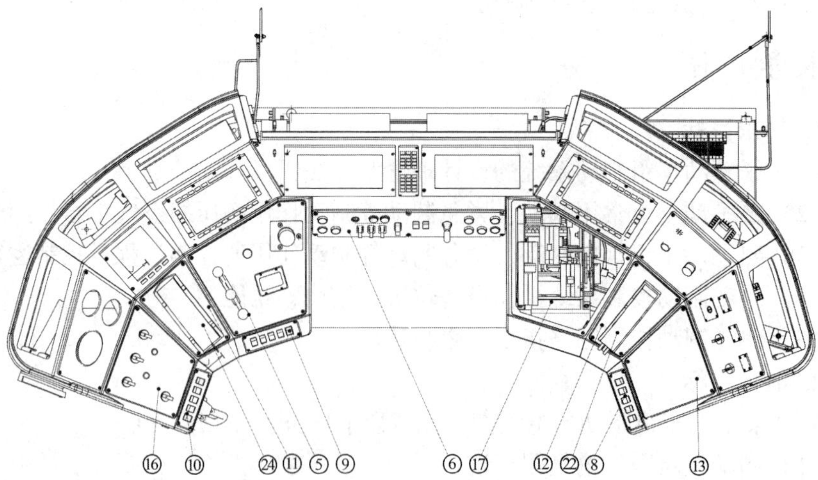

CRH$_3$ 型车：

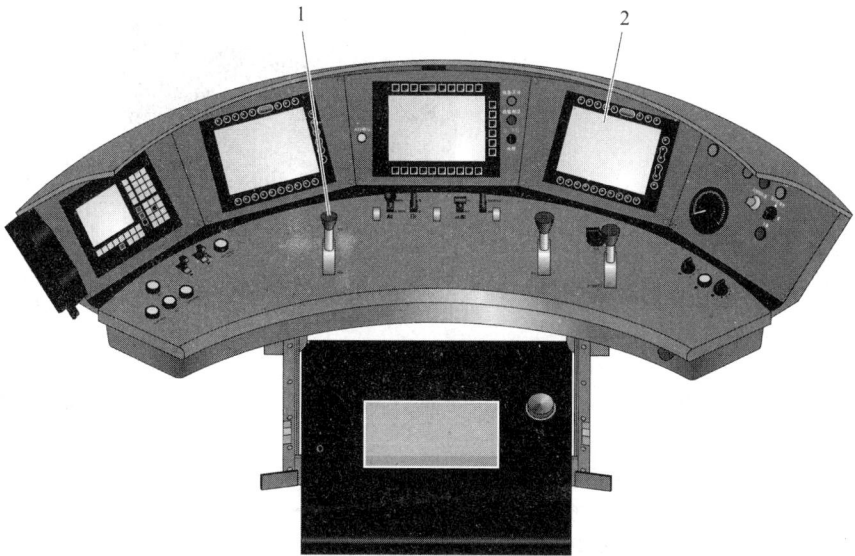

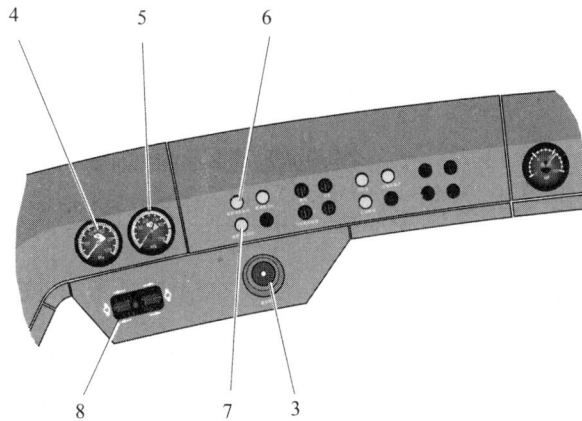

【子任务 2】说出 CRH$_3$ 型车中 3 只气压表、CRH$_5$ 型车中 3 只气压表的量程、单位、测量对象。

CRH$_3$ 型动车组：

制动压力表

双针气压表   单针气压表   车辆控制面板中的气压表

学习任务

学习任务	CRH$_5$ 型动车组： 压力表面板 【子任务 3】利用 CRH$_3$ 型动车组、CRH$_5$ 型动车组模拟驾驶系统分别完成以下操作，并写明操作步骤。 （1）使用常用制动使列车速度降至 20 km/h。 （2）实施紧急制动。 （3）实施停放制动。 （4）忽略客室紧急制动信号，择机停车。
劳动组合	各组在学习本课内容后交流讨论，根据任务单，完成相应任务。在任课教师指导下，利用模拟驾驶设备进行实践练习。各组评判小组成员学习情况，并作出小组评价。
成果展示	（1）主型车制动控制操作设备图像展示； （2）学生完成本节任务单相关任务，掌握知识点； （3）利用实训仿真设备现场感受设备操作。
学习小结	

自我评价	项目	A—优	B—良	C—中	D—及格	E—不及格	综合
	安全纪律（15%）						
	学习态度（15%）						
	专业知识（30%）						
	专业技能（30%）						
	团队合作（10%）						

教师评价	简要评价	
	教师签名	

学习引导文

4.1.1　制动控制系统操作设备

制动控制系统操作设备主要是指能够向动车组司机及乘务人员提供制动系统信息，以及司机、乘务人员、旅客在相应情况下可以进行操作从而产生、传递相关制动控制信号的设备、仪器。国产各型动车组制动控制系统操作设备通常集中在司机室操作台及客室内外的控制柜或控制模块中，主要包括制动手柄、人机交互式显示屏、紧急制动按钮、用于监测制动系统各部位气压的双针式或单针式压力表、停放制动按钮、辅助制动手柄、客室车辆制动面板、紧急制动手柄等。通过以上的操作设备，司机可以实现对列车制动系统状态的实时监测，通过操作相关设备可以实现常用制动、紧急制动、停放制动、辅助制动等制动动作；乘务人员可以通过客室内的车辆制动面板了解本车的制动信息，维护本车制动设备；在紧急情况下乘务人员及旅客可以操作紧急制动手柄施加紧急制动。所以，制动控制系统操作设备是向相关人员提供信息，向制动系统发出制动指令的重要终端。

目前国产各型动车组制动系统操作设备结构、操作方法各有不同，但基本原理相似，能够实现相同的制动动作。针对制动控制系统操作设备，重点在于如何应用、操作设备，理清各设备之间控制逻辑关系，以实现不同的制动效果。

4.1.2　CRH$_3$型动车组制动控制系统操作设备

1. 司机室内制动控制系统操作设备

CRH$_3$型动车组司机室内制动控制系统操作设备主要集中在司机室操作台和司机室右侧的二级操作区，如图 4 - 1 所示。

（1）司机制动手柄（司机制动控制器）。

CRH$_3$型动车组司机制动手柄位于操作台左侧位置，便于司机左手操作。司机制动手柄（司机制动控制器）的功能是利用手柄的转动，带动安装在下面的凸轮，控制各指令线电气触点的通和断，向各车发送相应的制动指令。

在动车组制动系统中，通常把手柄位置信息作为制动指令送到列车网络，通过网络主计算机编码形成数字指令，由网络通信形式传输到各个动车及拖车的制动控制装置。通过计算机控制，在基础制动装置中产生制动作用。由此可见，司机制动控制器应设置代表不同制动能力的操纵位置。

CRH$_3$型动车组司机制动手柄可以由竖直中立位置向司机位置方向及反方向各转动42.5°。在司机制动手柄上一共设置了四类挡位，即"OC"挡、"REL"挡、常用制动挡、"EB"挡。

其中"OC"挡的功能为忽略乘客激活的紧急制动及其他紧急制动。在列车运行过程中，客室紧急制动手柄被拉下或监测设备检测到设备故障需要紧急停车时，紧急制动信号将在司机室产生一个蜂鸣及可视信号并且 BCU 实施一次紧急制动。如果此时列车在危险区域运行（如隧道中、桥梁上）不适宜紧急停车，司机可将司机制动手柄打至"OC"挡以暂时忽略该紧急制动信号，避免立即紧急制动。当线路条件满足停车要求时，司机可松开手柄，手柄将自动回至"REL"运转挡，此时紧急制动将被激活，使列车迅速制动停车。

"REL"挡为运转挡。当列车不需要施加任何制动力时，将司机制动手柄打至该挡位，动车组全列制动将完全缓解。

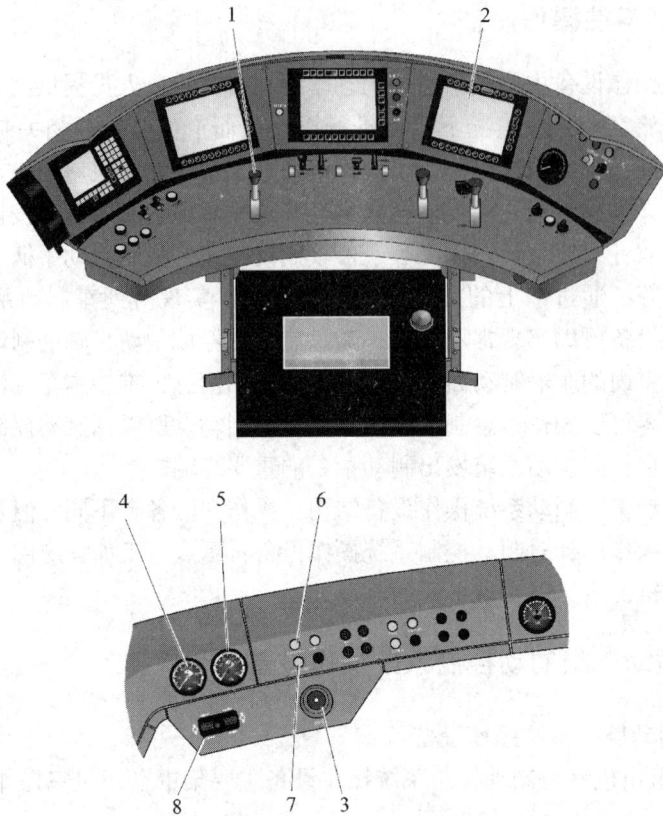

图4-1　司机室内的制动控制系统操作设备

1—司机制动手柄；2—司机显示屏MMI；3—紧急制动按钮；4—双针压力表；

5—单针压力表；6—停放制动施加按钮；7—停放制动缓解按钮；8—辅助制动控制手柄

常用制动挡分为"1A、1B、2、3、4、5、6、7、8"9级挡位，排列顺序为"1A"挡前方近"REL"挡，"8"挡后方近"EB"挡，由远离司机位置向靠近司机位置依次排列。不同挡位将会产生不同的制动效果，从"1A"挡到"8"挡制动效果逐挡增强，"8"挡为最大常用制动挡。如图4-2所示。

"EB"挡为紧急制动挡，当司机操纵列车运行时，由于线路、设备、旅客等因素异常需要施加紧急制动时，将制动手柄打至该挡位可以产生并向制动控制器发送紧急制动信号，从而产生紧急制动效果。

司机制动手柄在部分挡位位置设置了凹口，司机施加推/拉力使手柄置于某一挡位凹口位置时，手柄可自动滑入凹口并在该位置停留，如图4-3所示。常用制动挡位间凸台高度设置一致，使手柄在各常用制动挡之间进行转换时阻力相同。"1A"挡与"1B"挡之间未设置凸台，该两挡位并未独立设置挡位位置，手柄可在"1A"挡与"1B"挡之间任意位置停留并线性获得介于"1A"挡与"1B"挡之间的制动效果。"EB"挡挡位前凸台高度设置较高，该挡位凹口设置较深，所以将手柄转至"EB"挡位时阻力较其他挡位间转换阻力大，

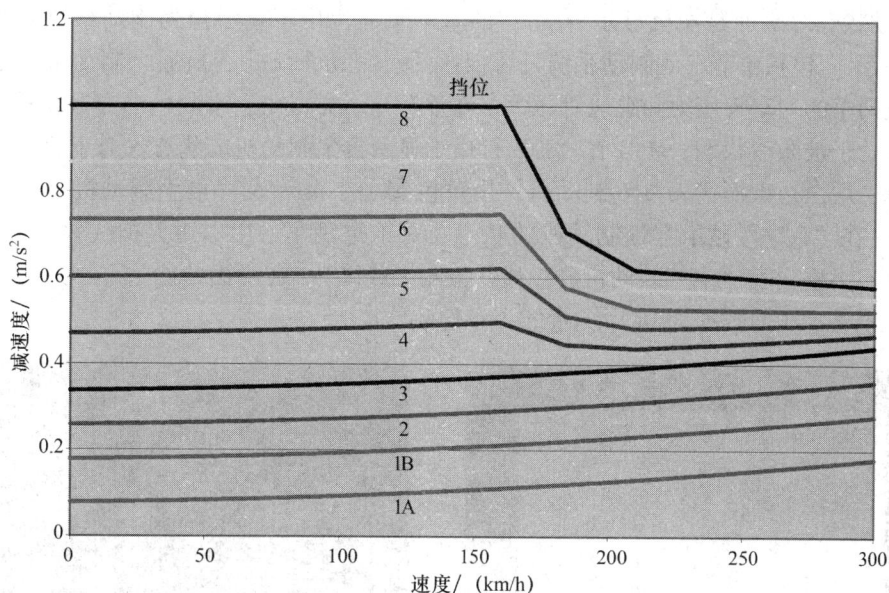

图 4 - 2　常用制动各挡位特性曲线

防止司机误操作施加紧急制动。一旦司机将手柄置于"EB"挡位，较深的凹口将提供较大的锁止力，将手柄锁止于该挡位，避免紧急情况下手柄滑脱。司机制动手柄在"OC"挡没有设置凹口，手柄无法自动锁止于该挡位，一旦司机停止推动手柄保持在该挡位，手柄将自动滑至"REL"挡。

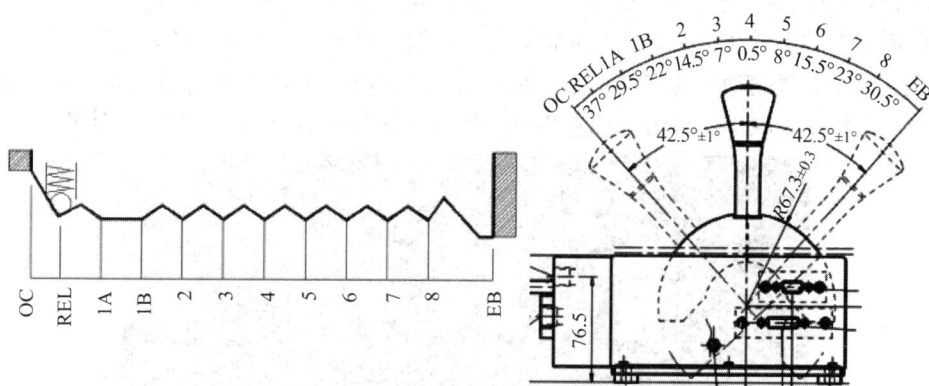

图 4 - 3　司机制动手柄挡位凹口、司机制动手柄

（2）司机显示屏 MMI。

司机显示屏 MMI 位于司机操作台右侧，是一块人机交互式的显示屏，在屏幕上下及右侧边框设置了三行/列软键，可供司机进行相应的操作，如图 4 - 4 所示。该显示屏不仅可以显示制动信息，还可以对相关的状态进行指令操作。利用司机显示屏 MMI 可以实时监测制动状态、制动率、主风缸管压力等信息并进行制动模式转换、制动试验、施加停放制动等功能的操作。

"制动状态"页面是司机显示屏 MMI 的基本页面，用于显示全列制动系统的状态，如图 4-5 所示，包括单节车辆制动系统是否被激活、制动系统是否贯通、制动检测是否有问题，以及列车的列车管压力和总风管压力。在逐车显示方式中，带颜色的方框表示该节车辆制动系统处于被激活状态。MMI 在"E"行用于显示再生制动机的状态。对于装有再生制动机的车辆，用白边大框代表再生制动机，用黄色实心小框代表"再生制动机已接通并检测无故障"。在"D"行显示空气制动机的状态。对于每辆车，用白边大框代表空气制动机，用蓝色实心小框代表"空气制动机已接通并检测无故障"。在页面的侧边显示列车管和总风管压力。该显示压力数据为 BCU 测量的头车的数值。

图 4-4 司机显示屏 MMI

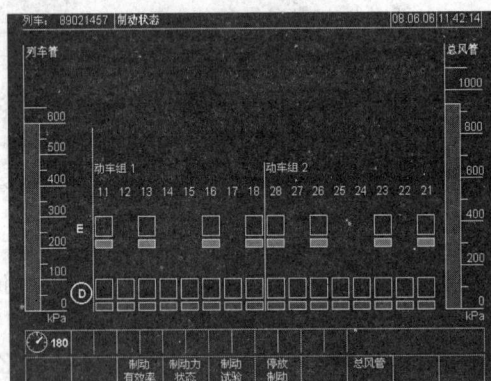

图 4-5 制动状态页面

"制动有效率"页面可通过"制动状态"页面点击 MMI 屏下侧对应的软键进入，如图 4-6 所示。制动有效率页面显示了由"制动有效车辆节数/全列车辆节数"计算出来的当前列车的制动有效率。在下端空气制动状态栏中，通过设置"不可用""关闭"两行状态信息栏来反映每节车空气制动机的实时状态。在点击加载制动有效率页面并且没有再次更新之前，空气制动状态栏中反映出的各节车状态将直接作为制动有效率的基础数据进行计算。

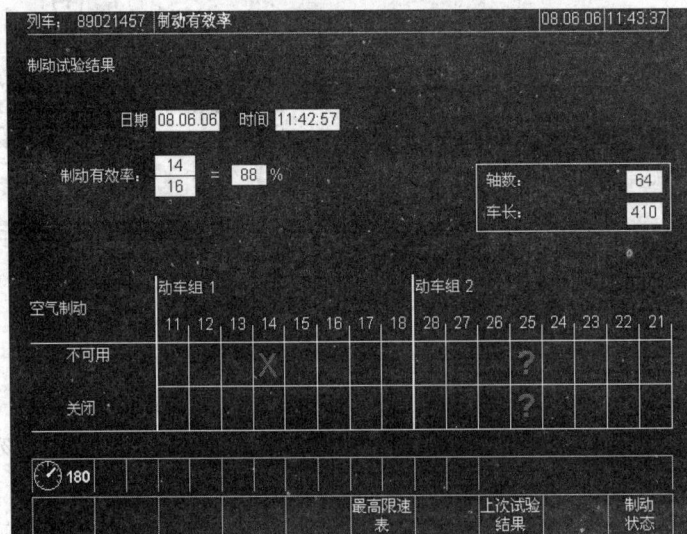

图 4-6 制动有效率页面

在空气制动状态栏的"不可用"行中，对应车辆方框中如果没有出现任何符号，表明空气制动机检测无故障；如果出现"×"符号，表明制动机故障；如果出现"?"符号，表明系统进行检测时未检测到有效数据（数据检测超时）。在空气制动状态栏的"关闭"行中，对应车辆方框中如果没有出现任何符号，表明空气制动机检测可用并已激活；如果出现"×"符号，表明制动机未激活；如果出现"?"符号，表明系统进行检测时未检测到有效数据（数据检测超时）。

如图 4-6 中所示，在本列车两列重联 16 节车辆中，第一列编组第四节车辆空气制动机故障；第二列编组第五节车辆空气制动机检测时数据检测超时，未检测到有效信息，无法判定制动机状态。所以全列 16 节车辆中，空气制动机有效节数为 14 节，制动有效率为 14/16 = 87.5%。

（3）紧急制动按钮。

紧急制动按钮位于司机室右侧二级操作区，辅助制动手柄后方，如图 4-7（a）所示，为一个蘑菇形红色按钮。当列车运行遇到紧急情况需要立即停车时，司机可迅速按下此按钮施加紧急制动。此时，列车管将迅速排风，通过间接制动管路中的分配阀触发空气制动，紧急制动回路也经过继电器接通，触发每节车上直通式空气制动机的紧急制动阀。

（4）单针压力表。

单针压力表位于司机室右侧二级操作区，辅助制动手柄右侧，如图 4-7（b）所示。在列车实施辅助制动，打开辅助制动球阀后用于显示列车管中预控压力。显示单位为 kPa，最大量程为 1 000 kPa。

（5）双针压力表。

双针压力表位于司机室右侧二级操作区，单针压力表后方，如图 4-7（c）所示。表内有黄色、红色双色指针，其中黄色指针用于显示列车管压力，红色指针用于显示主风缸管压力。显示单位为 kPa，最大量程为 1 200 kPa。

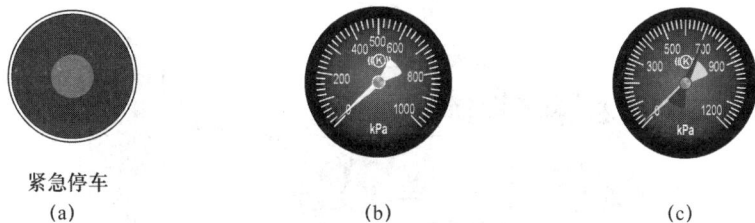

紧急停车
(a)　　　　　　　　　　(b)　　　　　　　　　　(c)

图 4-7　紧急制动按钮、单针压力表、双针压力表

（6）停放制动按钮。

与停放制动相关的按钮位于司机室右侧二级操作区，紧急制动按钮右侧，如图 4-8 所示。其中位于上侧的黄色带灯按钮为停放制动施加按钮，下侧的白色带灯按钮为停放制动缓解按钮。当按下停放制动施加按钮时，黄色按钮灯将被点亮，此时全列施加停放制动。当按下停放制动缓解按钮时，白色按钮灯将被点亮，停放制动施加按钮灯熄灭，全列施加的停放制动缓解。

实施停车制动　　　　　　　　　　缓解停车制动

图 4 - 8　停放制动施加按钮、停放制动缓解按钮

（7）辅助制动控制手柄。

在电空直接制动机发生故障时，列车可以通过使用间接制动机使列车可以在辅助制动方式下继续运行。间接制动系统与基于电子控制单元、受制动管理控制的常用制动电路无关。

使用辅助制动系统首先需要打开球阀，激活辅助制动控制手柄，见图 4 - 9。通过控制该手柄进行列车的制动动作。此时单针压力表同时被激活用于显示列车管压力。辅助制动系统分配阀为缓解型，因此必须保证制动机完全缓解，即列车管在实施制动后再次实施制动前，需要保证正常缓解压力 600 kPa。

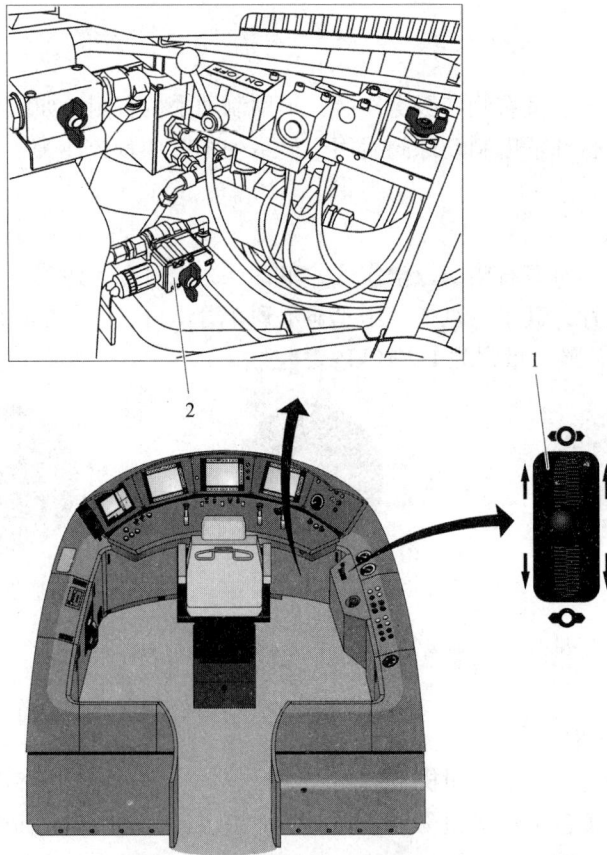

图 4 - 9　辅助制动系统控制元件

1—辅助制动控制手柄；2—球阀

辅助制动控制手柄具五个挡位：全缓解、缓解、空挡、制动、全制动。以上挡位由列车运行前进方向一端向后依次排列，空挡为中立位置。其中空挡、全缓解和全制动挡位设计有凹口，手柄被推入后可以保持在该挡位。缓解和制动挡位没有凹口，这就是说手柄从这些挡位缓解后，将自动滑入空挡位置。当辅助制动控制手柄打入全缓解挡位时，列车管中的压力将保持在 600 kPa 的常用制动压力。在辅助制动系统的制动设定中，列车管中的压力根据工作的时间长度下降。在辅助制动控制手柄打入缓解挡位时，列车管中的压力增加。当手柄打入全制动挡位时，列车管中的压力将用尽。当手柄打入空挡时，制动管中的压力在制动阀没有发生泄漏的情况下将保持不变。

在常用制动恢复后，必须关闭球阀以关闭辅助制动系统。因为辅助制动系统只有在电空直接制动发生故障时才能使用，所以制动手柄只有在这种情况下才允许插入辅助制动控制器。安装时，在辅助制动控制器插入手柄，下压并顺时针旋转 90°。拆除时，将手柄置于空挡位置，下压、逆时针旋转 90°并从辅助制动控制器上拔下手柄。

2. 客室中的制动控制系统操作设备

客室中的制动控制系统操作设备主要包括客室内的紧急制动手柄、客室电气柜中的车辆控制面板，以及外部制动机指示器。其中，紧急制动手柄在列车运行过程中突遇紧急事态时可由乘务人员或旅客进行操作，施加紧急制动。车辆控制面板需由乘务人员查看、操作，外部制动指示器在车辆外部通过指示灯向列车巡检人员显示本节车辆制动状态。

（1）紧急制动手柄。

紧急制动手柄在每一节车辆都有设置，客室前后两端、一等座车后端、乘务员室、餐车座区二位端侧、餐车吧台均设置了紧急制动手柄，全列共 19 个。

紧急制动手柄为一红色拉环式手柄，上置复位方钥匙孔，如图 4 - 10 所示。如需施加紧急制动，将手柄拉下即会向司机室发送一个紧急制动声光信号，如司机没有采取忽略操作，BCU 将实施一次紧急制动。

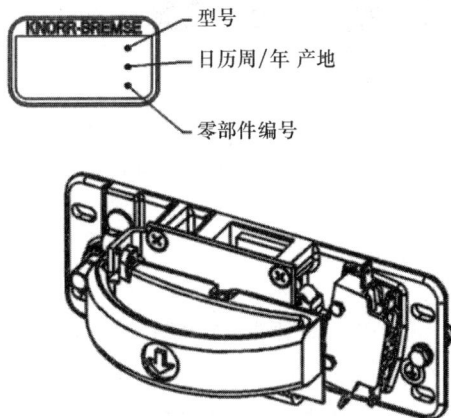

图 4 - 10　紧急制动手柄

紧急制动手柄一旦被拉下，紧急制动声光信号就将保持激活，并可向司机室表明被拉下紧急制动手柄的位置信息。如需对被拉下的紧急制动手柄进行复位操作，乘务人员可用方钥匙顺时针旋转紧急制动手柄的控制轴，并将紧急制动手柄推回到其初始位置。

（2）车辆控制面板。

各节车辆电气柜中控制面板部分仪表及操作部件能够对本节车辆制动情况实施动态监测，乘务人员也可通过其对本节车辆制动系统进行维护、操作。控制面板上与制动相关的部件主要有 BCU 服务接口、制动压力表、空气制动指示灯、空气制动旋转开关，如图 4-11 所示。其中，各节车辆的 BCU 均与控制面板上的 BCU 服务接口相连，相关人员开展维修工作时直接连接该接口即可实现与本节车辆 BCU 联络。制动压力表为一个量程为 1 000 kPa 的单针气压表，用于显示本节车辆列车管至制动缸的气压值。空气制动指示灯为一红色指示灯，用于显示本节车辆空气制动机状态，当空气制动指示灯亮起时表明本节车辆空气制动机处于停用状态。空气制动旋转开关为一个设置有"开""关"两挡的旋转开关，用于控制本节车辆的空气制动系统。当开关旋转至"开"挡时，本节车辆空气制动系统被激活；当开关旋转至"关"挡时，本节车辆空气制动系统将被关闭。

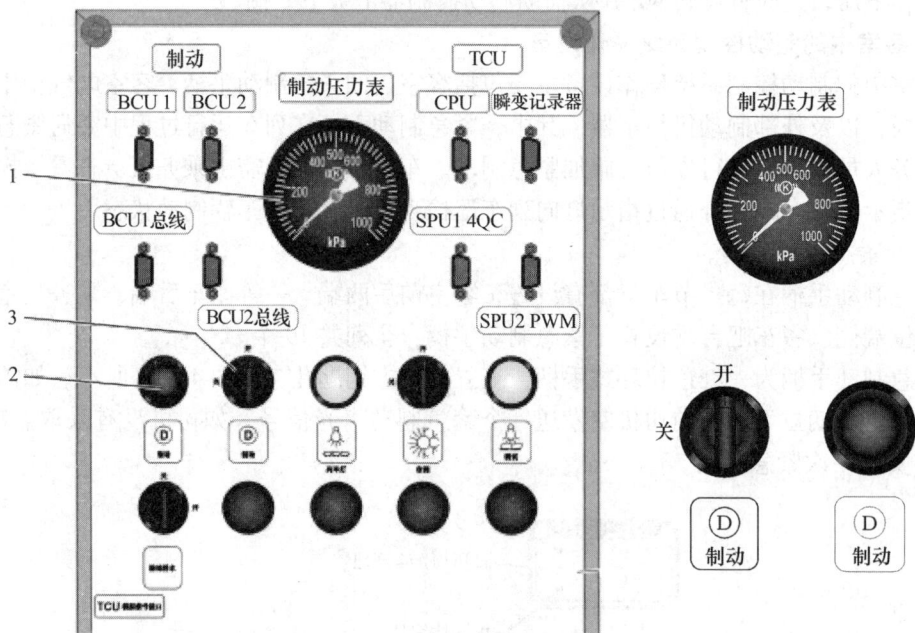

图 4-11　车辆控制面板

1—制动压力表；2—空气制动指示灯；3—空气制动旋转开关

（3）外部制动机指示器。

外部制动机指示器只具有对本节车辆制动状态的指示功能，用于车下巡检人员掌握本车的制动状态，外部制动机指示器一共有一只红色圆灯、两只双色（红绿）显示方灯组成，分别为空气制动禁用指示灯、空气制动指示灯、停放制动指示灯，如图 4-12 所示。

空气制动禁用指示灯在空气制动机正常状态下并不会点亮，只有当乘务人员在车内通过操作车辆控制面板上的空气制动旋转开关，将其打至"关"挡或通过操作本节车辆球阀遮断车辆气路的情况下，空气制动禁用指示灯才会亮起。当空气制动指示灯显示为绿色时，代表本节车辆空气制动被缓解；当空气制动指示灯显示为红色且中间区域有黑点时，代表本节车辆空气制动已施加。当停放制动指示灯显示为绿色时，代表本节车辆停放制动被缓解；当停放制动指示灯显示为红色且中间区域有黑点时，代表本节车辆停放制动已施加。

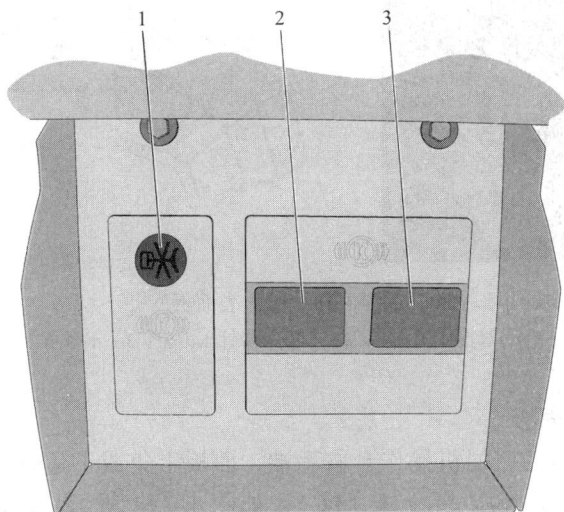

图 4 - 12　外部制动机指示器

1—空气制动禁用指示灯；2—空气制动指示灯；3—停放制动指示灯

4.1.3　CRH₅ 型动车组制动控制系统操作设备

CRH₅ 型车制动控制系统操作设备同样是能够对制动系统实现人工检测、控制的执行设备，具有与 CRH₃ 型车制动控制系统操作设备类似的基本功能，但是由于两种车型基于的技术平台不同，各项设备的设计、安装位置、操作方式、执行动作并不完全相同。

其中差别最大的部分主要集中在司机室。在 CRH₅ 型车司机室内，各类操作元件分布具有以下特点：同类功能器件全部集聚在司机操作台上；模块化设计，使司机在进行操作时，操作路径较小；相应器件易得，单次查看信息读取量大等。在司机操作台上主要分布有压力表面板、牵引/制动指令面板、制动系统控制面板、制动系统开关面板等模块，并有 MVB 司机台监视器可以显示部分制动系统信息。

1. 压力表面板

压力表面板位于司机操作台最左端位置，面板上一共集成了 3 只压力表，如图 4 - 13 所示。其中一个大号双指针压力表，第一根指针显示列车管内的压力值；第二根指针显示备用操作器总风缸的压力，该值为压力补偿后列车管中压力的目标值。另外一个小号双指针压力表显示头车第一个转向架制动气缸内的压力值。因为 CRH₅ 型车驱动方式为电机体悬、万向轴牵引单轴驱动，所以转向架两根轴中一根为动力轴，一根为非动力轴。小号双指针压力表第一根指针用于显示非动力轴，另一根指针用于显示动力轴。此外还有一个小号压力表用于显示总风管和总风缸内的压力值。压力表面板上 3 只压力表均有夜光显示，便于司机夜间观察。

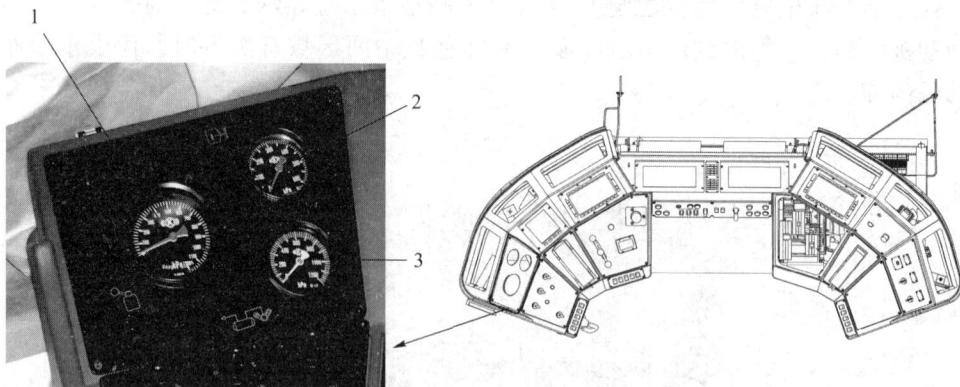

图 4 – 13　压力表面板

1—大号双指针压力表；2—小号双指针压力表；3—小号压力表

2. 牵引/制动指令面板

牵引/制动指令面板位于司机操作台右手端，面板上集成了运行方向杆（LINV）、自动速度控制杆（LV）、牵引/制动指令杆（LC），如图 4 – 14 所示。通过操纵以上三个杆件，能够实现常用制动、紧急制动等功能，是司机日常操作中最常用的部件。通过旋转垂直面板上的操纵杆可以将该面板激活，三个杆件均未采用机械联锁，不能够拆除。操纵杆标识用喷漆标识，要求为不可擦除，且不会因潮湿、加热、化学清洁剂等侵蚀而褪色。

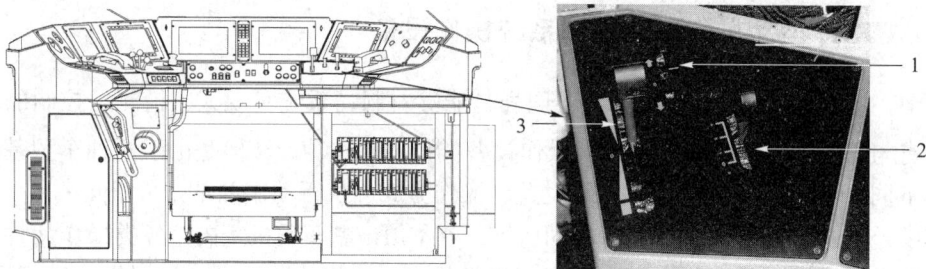

图 4 – 14　牵引/制动指令面板

1—运行方向杆；2—自动速度控制杆；3—牵引/制动指令杆

（1）运行方向杆。

司机操纵运行方向杆具有选择列车运行方向的功能。该杆设有三个固定位：中间位（0）、向前、向后。运行方向杆中间位为竖直方向向司机倾斜 10°，以中间位操纵杆轴线位置向列车运行方向前方推动 30°为向前位，以中间位操纵杆轴线位置向司机位置方向前方推动 30°为向后位，如图 4 – 15 所示。只有列车停车时，方向变更指令才会被 TCMS接受。

（2）自动速度控制杆。

自动速度控制杆共有四个挡位：加速位、怠速位、减速位、快速减速至 0 位。其中怠速位为操纵杆固定位，控制杆由 24 V 额定电压直流电进行供电（最小为 DC 16.8 V，最大为DC 36 V）。司机通过向内推动控制杆设定速度。

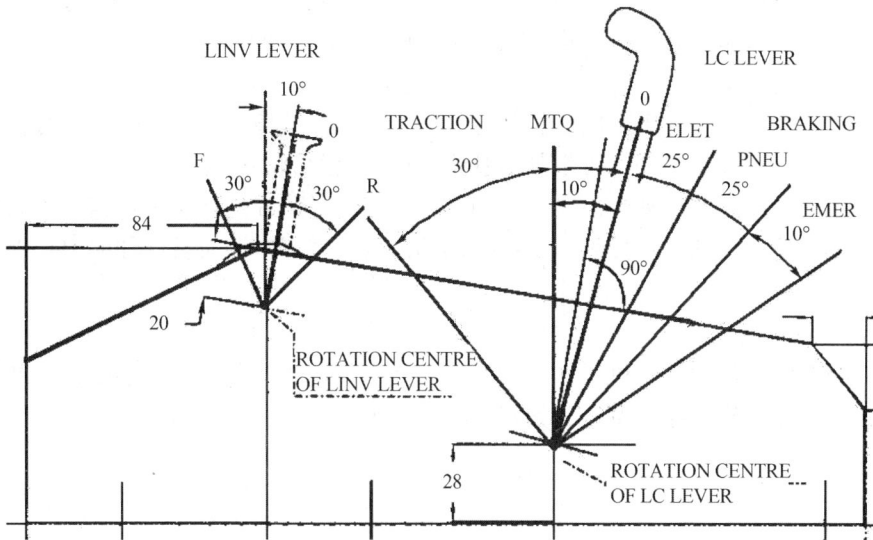

图 4 - 15 运行方向杆、牵引/制动指令杆

司机操纵自动速度控制杆用于为牵引控制单元的自动速度控制设置目标速度。该系统通过施加或缓解牵引力或电制动力，使列车始终按设定速度运行而不受线路特征（坡道、风力）的影响。该杆设有两个移动挡位，向前移动可增大目标速度，向后移动可减小目标速度。必须垂向推动该杆以确定目标速度值。目标速度值将显示在带数字显示器的主监视器上。该牵引杆在任何情况下均享有定义最大牵引力的优先权。事实上，自动速度控制施加牵引力时，该值仅限于牵引/制动杆的设定值，而自动速度控制施加制动力时，该值仅限于最大电制动力。

（3）牵引/制动指令杆。

牵引/制动指令杆具有六个挡位，分别为：牵引位、最小力矩位、中间位（0）（该位置设置有定位凹槽，当操纵杆朝牵引力增大区推动时会被机械锁定，向里推入即可解锁）、第一扇区制动位（仅为电制动）、第二扇区制动位（为电制动、电空制动）、紧急制动位，如图 4 - 15所示。司机操纵该杆用于控制牵引/制动系统，产生要求的牵引力或制动力。该杆设一个中间挡位（带有一个用于定位的凹槽），以及与中间位相邻的两个工作区：牵引区和制动区。

牵引区：通过向前移动操纵杆10°，可进入最小力矩挡位，此时施加最小的牵引力。从该位置起，通过向前移动操纵杆，牵引力将随着转动角度成比例增大，直至达到最大可用牵引力（取决于列车的实际速度）。牵引区的转动角度为30°。

制动区：从中间挡位向后移动操纵杆，可施加制动力。制动区分为两个扇区和一个紧急制动位。

第一扇区：在该扇区只能对动力轴施加电制动力，该区宽度为25°。在扇区端部施加最大可用电制动力。第一扇区和第二扇区之间设有一个凹槽，需要施力扳动操纵杆才可实现两个扇区之间的转换。在扇区内，操纵杆可平滑移动，并获得一个与转动角度成比例的电制动力。

第二扇区：在该扇区，对动力轴施加电制动力的同时，可对非动力轴施加空气制动力。该区宽度也为25°，端部设有一个凹槽。同样在扇区内，操纵杆可平滑移动，并获得一个与转动角度成比例的制动力。

紧急制动位：该位置为极限向后位并通过一个凹槽使其稳定。在该位置上时，电制动被禁用，紧急制动安全环路断开，排空制动管路，启动紧急制动程序。

从中间位向制动区的移动必须操作自如。司机能通过清晰的挡位轻松识别最大电制动和最大电空制动的位置，即：当操纵杆从一个区移向另一个区时，对其施加的力会大于同区内移动该杆所需的力。

3. 制动系统控制面板

制动系统控制面板位于司机操作台左手侧，面板上集成了备用制动手柄、电制动切断按钮、紧急制动指令按钮、撒砂按钮，如图4-16所示。

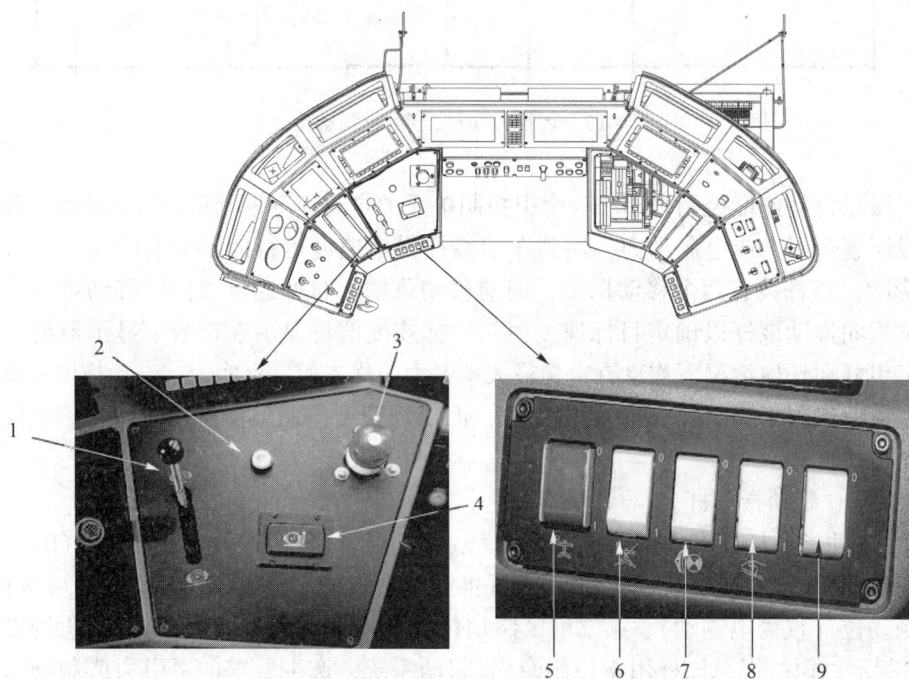

图4-16　制动系统控制面板、制动开关面板
1—备用制动手柄；2—电制动切断按钮；3—紧急制动指令按钮；4—撒砂按钮；5—停放制动施加开关；
6—停放制动缓解开关；7—自动制动试验开关；8—停车制动施加开关；9—备用开关

备用制动手柄是备用制动系统的终端操作装置，备用制动系统是一个制动操作的机构，用于带有直通电空制动的车辆的紧急控制，在常用直通电空制动无法使用时可以启用。通过打开司机室备用制动截断塞门并将手柄插入到备用制动控制器中，司机可以实现备用制动下的制动操作。备用制动系统的运行与时间相关，备用制动手柄设有全缓解位、缓解位、中立位、制动位、全制动位。全缓解位、中立位、全制动位都设置有凹槽，用于固定手柄位置。从缓解位、制动位放开操作手柄后，手柄将返回中间位置。

电制动切断按钮为一个白色带灯按钮，按下该按钮后，列车主TCU会禁用电制动力。

此时，仅可通过空气制动完成减速及停车。

紧急制动指令按钮为一个红色蘑菇形按钮，适用于列车运行过程中突发紧急事态需要立即停车的情况。司机按下紧急制动指令按钮，可直接排空制动管。紧急制动指令按钮设有一个电气触点，用于断开紧急制动的安全回路。

撒砂按钮是一个矩形电动按钮，按钮上印有撒砂机构标识，适用于列车运行过程中轮轨黏着不良的情况。牵引/制动力不足时，按下撒砂按钮，撒砂机构将控制五个动车轴，以及位于列车第一轴上的撒砂箱照行车方向正确撒砂。

4. 制动系统开关面板

制动开关面板位于制动系统控制面板下方，面板上集成了 5 个两挡开关，分别为：停放制动施加开关、停放制动缓解开关、自动制动试验开关、停车制动施加开关、备用开关。每个开关有 0 挡（固定挡/关断）、1 挡（移动挡/闭合）两挡。

停放制动施加开关：位于面板最左侧。重联编组情况下，闭合该开关，将发出指令对本列和被联挂的列车施加停放制动。

停放制动缓解开关：位于面板左侧第二位。重联编组情况下，闭合该开关，将发出指令用于缓解本列和被联挂的列车的停放制动。

自动制动试验开关：位于面板左侧第三位。闭合该开关将发出指令触发自动制动试验，检查制动系统的所有功能，包括气动设备和电子设备。试验详细说明见制动系统文件。

停车制动施加开关：位于面板左侧第四位。闭合该开关，将发出指令允许列车在斜坡上启动。操作此按钮，制动系统施加的空气制动力足以使列车停止在设计的最大坡度上（30‰）。司机移动牵引杆启动列车，一段时间（约 1s）后停车制动自动缓解，以便列车能在坡上启动，而不发生退行。

备用开关：位于面板最右侧，起到备用作用。

任务实施与评价

（1）下发任务单，明确学习任务、主要内容、知识目标、能力目标、素质目标要求；

（2）学生按任务单要求制订学习计划，完成预习任务及相关知识准备；

（3）介绍制动控制系统操作设备总体概念；

（4）讲述国产主型车制动操作设备的布置、功能、操纵；

（5）教师组织对比说明各型车相似功能操作设备异同；

（6）教师组织学生前往实训室，给定以下任务，考核同学操作过程；

任务	操作规范	任务完成	任务提问	总评
使用常用制动使列车速度降至 20 km/h				
实施紧急制动				
实施停放制动				
忽略客室紧急制动信号，择机停车				

（7）学生进行学习自我评价及学习小组成员互评，教师及小组长（副组长）进行学习他人评价并检查任务完成情况。

【任务2】 制动控制系统网络认知

📋 任务单

任务名称	制动控制系统网络认知
任务描述	制动控制系统网络是动车组制动系统中连接设备种类最多、分布最为广泛的重要信息传递通道，其不仅包括信号的传递系统，还涵盖了信号的产生设备、编译设备、交换设备及各型设备接口，是一个庞杂但不可或缺的系统。认识制动控制系统网络并熟知主型动车组制动控制系统网络布置，是对本专业学生日后从事制动控制操作、试验、维护工作的基本要求。
任务分析	了解两种制动控制系统；对比指出两种系统各自具有的优缺点；查阅资料，熟悉各型高速动车组使用哪种制动控制系统；了解制动控制信号的类型；分别说出其特点；明确制动控制信号产生的原理；掌握不同信号传递的方式；熟悉列车制动控制通信网络，掌握两种总线功能、特点；掌握 CRH_3 型动车组制动控制系统网络布置。

学习任务	【子任务1】对比阐述微机控制自动式电空制动系统和微机控制直通式电空制动系统的不同，并总结出两种系统的优缺点及应用范围。
	    【子任务2】列表说明七线7位数字式制动指令比三线7位数字式制动指令的抗干扰能力强。
	    【子任务3】阅读以下资料并结合本任务知识，说明利用 PWM 技术产生无极制动信号的原理，总结如何提高 PWM 制动控制信号的抗干扰能力。
	    资料：脉宽调制（PWM）基本原理
	    控制方式就是对逆变电路开关器件的通断进行控制，使输出端得到一系列幅值相等的脉冲，用这些脉冲来代替正弦波或所需要的波形。也就是在输出波形的半个周期中产生多个脉冲，使各脉冲的等值电压为正弦波形，所获得的输出平滑且低次谐波少。按一定的规则对各脉冲的宽度进行调制，即可改变逆变电路输出电压的大小，也可改变输出频率。
	    例如，把正弦半波波形分成 n 等份，就把正弦半波看成由 n 个彼此相连的脉冲所组成的波形。这些脉冲宽度相等，都等于 Π/n，但幅值不等，且脉冲顶部不是水平直线，而是曲线，各脉冲的幅值按正弦规律变化。如果把上述脉冲序列用同样数量的等幅而不等宽的矩形脉冲序列代替，使矩形脉冲的中点和相应正弦等分的中点重合，且使矩形脉冲和相应正弦部分面积（即冲量）相等，就得到一组脉冲序列，这就是 PWM 波形。可以看出，各脉冲宽度是按正弦规律变化的。根据冲量相等效果相同的原理，PWM 波形和正弦半波是等效的。对于正弦的负半周，也可以用同样的方法得到 PWM 波形。
	    在 PWM 波形中，各脉冲的幅值是相等的，要改变等效输出正弦波的幅值时，只要按同一比例系数改变各脉冲的宽度即可，因此在交—直—交变频器中，PWM 逆变电路输出的脉冲电压就是直流侧电压的幅值。
	    根据上述原理，在给出了正弦波频率、幅值和半个周期内的脉冲数后，PWM 波形各脉冲的宽度和间隔就可以准确计算出来。按照计算结果控制电路中各开关器件的通断，就可以得到所需要的 PWM 波形。

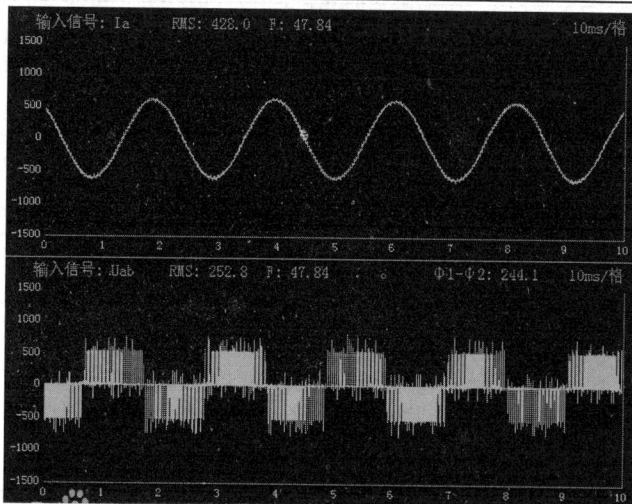

变频器输出的 PWM 波的实时波形

【子任务 4】绘制表格对比 MVB 与 WTB 的异同。

【子任务 5】阅读以下资料，结合 CRH₃ 型动车组制动控制系统网络布置，说明 BCU 与 TCU 如何进行通信并完成电空复合制动。

资料：CRH₃ 型车 BCU 与 TCU 通信方式

常用制动主要分为电制动和空气制动两种，电制动由 4 个动车的 TCU 产生并将电流反馈给接触网，空气制动由每车的 BCU 产生。BCU 与 TCU 之间通过 7 根硬线进行通信（见下图）。有常用制动指令产生时，BCU 首先发送信号 B 给 TCU，TCU 在接收信号 B 后反馈信号 C 给 BCU 电制动的状态，然后 BCU 再通过信号 D 向 TCU 请求电制动力，TCU 再通过信号 E 向 BCU 反馈已施加的电制动力，此时 BCU 再判断是否补充空气制动。其中电制动的防滑由 BCU 通过信号 F、G、H 进行控制。当车辆有轻微滑行时，BCU 通过信号 F 来降低电制动力，但信号 D 不会发生改变；当车辆有深度滑行时，BCU 会通过信号 G、H 快速切除电制动力，有效避免轮轨擦伤。

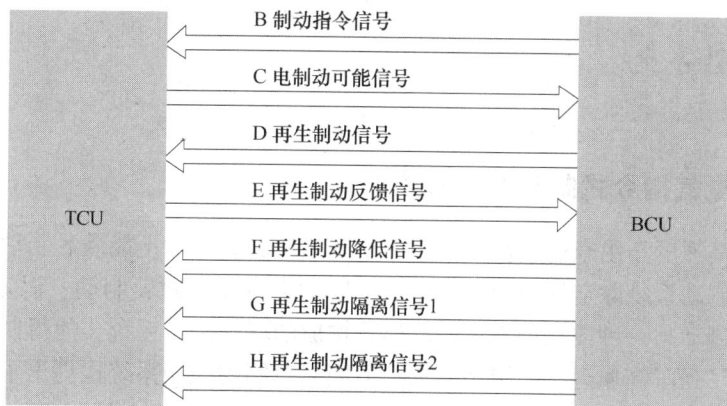

BCU 与 TCU 之间的 7 根硬线

续表

劳动组合	各组在学习本课内容后交流讨论，根据任务单，完成相应任务。在任课教师指导下，课堂上对任务单任务进行小组当堂展示。各组评判小组成员学习情况，并作出小组评价。						
成果展示	(1) 制动控制系统网络基本知识，合理补充相关理论，鼓励课后自主学习； (2) 学生完成本节任务单相关任务，掌握知识点； (3) 利用课内、课外知识制作相关表格进行展示操作。						
学习小结							
自我评价	项目	A—优	B—良	C—中	D—及格	E—不及格	综合
	安全纪律（15%）						
	学习态度（15%）						
	专业知识（30%）						
	专业技能（30%）						
	团队合作（10%）						
教师评价	简要评价						
	教师签名						

学习引导文

4.2.1　电气指令式制动控制系统

　　对于高速动车组来说，传统的单一空气制动已经远远不能满足制动性能的要求，所以高速动车组制动系统除空气制动之外，还采用动力制动、磁轨制动、涡流制动等电制动形式，形成空气制动与一种或几种其他制动形式构成的联合制动系统，使得制动系统的功能不断增强，满足了列车高速运行的制动要求，但同时对制动控制系统也提出了越来越高的要求。随着电子器件性能的提高，尤其是微机技术的应用，电气指令控制系统的可靠性也在不断提高，并且由于在计算精度、充分利用动力制动等方面具有其他制动控制方式无可比拟的优点，因此目前高速动车组的制动控制系统大多采用利用计算机进行电气指令控制的制动系统。这种电气指令控制系统由于采用了计算机参与电气控制，所以也叫作微机控制型电气指令式制动控制系统。

电气指令式制动控制系统按其对空气制动控制方式的不同，可分为微机控制自动式电空制动系统和微机控制直通式电空制动系统。

1. 微机控制自动式电空制动系统

微机控制自动式电空制动系统是在自动空气制动机的基础上增加了电气指令控制系统对列车管压力进行闭环控制，通过同时对各车辆列车管的减压，使各车辆的三通阀同时作用，加快列车整体的制动及缓解速度，提高了自动空气制动机的性能。微机控制自动式电空制动系统基本可以实现各车辆的同步制动和缓解，动力车上可以进行复合制动控制，一定程度上实现制动系统的故障诊断，具有防滑控制功能。但由于自动制动机自身的功能限制，相比微机控制直通式电空制动系统，达不到制动的实时、准确和智能化控制，微机控制的许多优点，实现起来都比较困难。欧洲技术平台的高速动车组广泛地采用该种制动控制系统。

2. 微机控制直通式电空制动系统

微机控制直通式电空制动系统是采用电信号来传递制动和缓解指令的制动系统。司机通过电气指令控制装置对各车辆的制动信号管（缓解时无压缩空气）的压力空气进行控制，用该制动管的压力使各中继阀工作，最终获得制动缸压力。直通式具有响应快、一致性好、控制方便的优点。但也存在一定缺点，一旦列车分离，列车就失去了制动能力。因此一般都与自动制动机和紧急制动控制带电环线电路并用。目前，日本技术平台的高速动车组普遍采用微机控制直通式电空制动系统。

4.2.2　动车组制动指令的形式

高速动车组的电空制动系统采用电气指令式制动控制系统，制动指令一般是由司机制动控制器送出的，交给列车信息控制网络传输给各车的制动控制装置。除了司机制动控制器，制动指令还可能来自列车运行监控防护车载设备、司机安全装置等。制动指令经由传输系统送到制动控制装置，最终在基础制动装置产生制动力。

电制动指令按照指令形成和传递方式可分为数字指令式和模拟指令式。

1. 数字指令式

所谓数字指令式是指由 0 和 1 组成的二进制数，1 位二进制数可以表达 2 种信息；2 位二进制数可以表达 4 种信息；在用 3 位二进制数字进行组合时，可以形成 8 种不同组合，表达 8 种信息。

在制动控制上，0 和 1 分别对应制动控制线的通、断电，可以用 3 位二进制数字组合来代表 0 位及 7 级制动，产生一个 0 位和 7 个制动级位，如表 4-1 所示。如果采用更多的制动控制线，可以得到更多的制动级位。按照动车组制动控制的经验，就操作方面来说，常用有 7 级制动已经基本能够满足制动操作需要。

表 4-1　三线 7 位数字式制动指令传输原理

级位	0	1	2	3	4	5	6	7
制动控制线 1	0	0	0	0	1	1	1	1
制动控制线 2	0	0	1	1	0	0	1	1
制动控制线 3	0	1	0	1	0	1	0	1

这种方式需要定义 3 根线的编码"位"，但抗干扰能力不强。2 个级位之间只要有某根线串入干扰电平，就有可能引起高低位之间的错码。但这种方式简单，需要用的指导线较少，在备用指令中可以采用，如利用两根制动控制线进行 2 位编码，可产生 3 个制动位。

实际产品中常采用逐级依次加电的多线组合方式。如采用 7 根指令线，同样形成 7 级常用制动指令，如表 4 - 2 所示。这样，级位越高的制动指令的形成需要更多的指令线同时带电才有效，提高了抗干扰能力，同时也有利于用简单的逻辑判断进行指令线传输状态的故障诊断。

表 4 - 2　七线 7 位数字式制动指令形成原理

级位	0	1	2	3	4	5	6	7
制动控制线 1	0	1	1	1	1	1	1	1
制动控制线 2	0	0	1	1	1	1	1	1
制动控制线 3	0	0	0	1	1	1	1	1
制动控制线 4	0	0	0	0	1	1	1	1
制动控制线 5	0	0	0	0	0	1	1	1
制动控制线 6	0	0	0	0	0	0	1	1
制动控制线 7	0	0	0	0	0	0	0	1

数字式指令可以用两种方法传输至列车信息控制网络，如图 4 - 17 所示。一种是司机制动控制器内部将反映司机操作位置（制动级位）的指令变换成标准电平的数字量，然后用数字通信方式把指令传送给列车网络。这种方式需要在司机制动控制器内部安装转换电路或计算机。

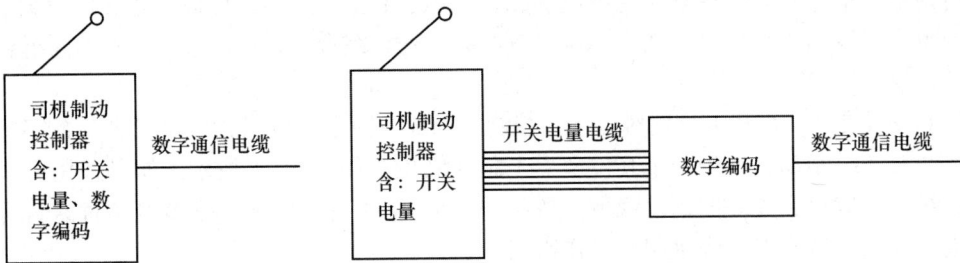

图 4 - 17　数字式制动指令传输方式

另一种是在司机制动控制器内形成控制电压的开关量，经多条控制线送到列车网络，由网络逐级相应的信号处理板完成标准数字量的转换。这种方式在司机制动控制器内部不需要安装转换电路或计算机，相对简化了制动控制器的结构。

例如 CRH$_2$ 型车利用 8 条制动控制线进行 8 位数字组合，产生可以满足产生 7 级常用制动指令在内的 12 种指令，如图 4 - 18、表 4 - 3 所示。

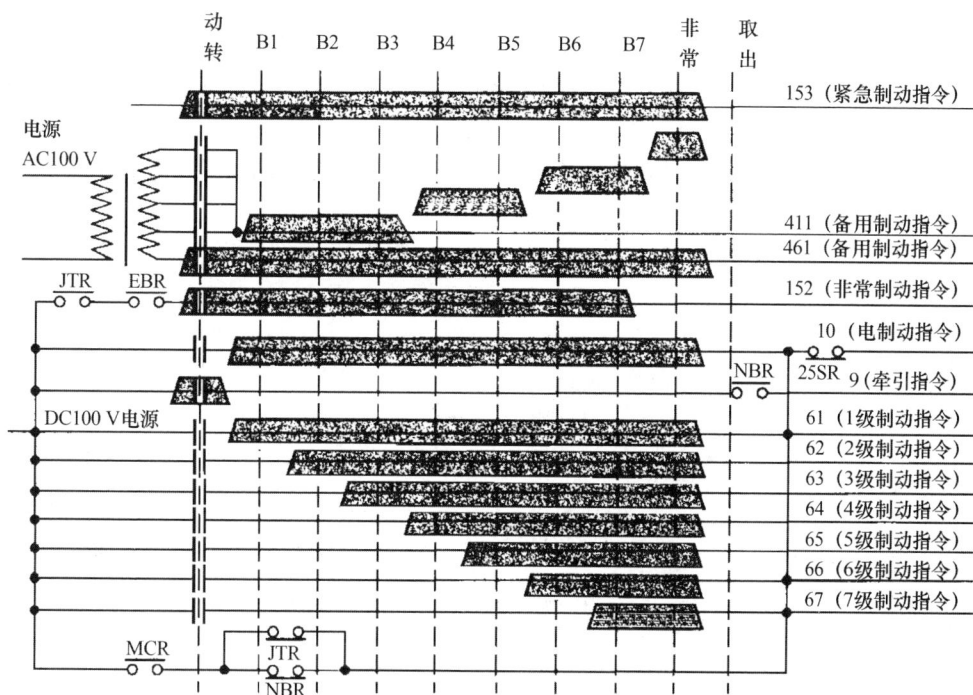

图 4 – 18　CRH$_2$ 型车制动控制器的制动指令控制电路

表 4 – 3　常用制动指令—数字输出对应表

常用制动指令	数字输出（指令线状态）							
	X61 线	X62 线	X63 线	X64 线	X65 线	X66 线	X67 线	152 线
运转	×	×	×	×	×	×	×	○
1N	○	×	×	×	×	×	×	○
2N	○	○	×	×	×	×	×	○
3N	○	○	○	×	×	×	×	○
4N	○	○	○	○	×	×	×	○
5N	○	○	○	○	○	×	×	○
6N	○	○	○	○	○	○	×	○
7N	○	○	○	○	○	○	○	○
快速	○	○	○	○	○	○	○	×
取出	×	×	×	×	×	×	×	×
ATC 常用	○	×	×	×	×	○	○	○
ATC 快速	○	×	×	×	×	○	○	×

注：○——得电（DC100 V）；×——失电（无电压）。

2. 模拟指令式

模拟指令式制动控制系统可以实现制动无级操纵。它一般采用电压、电流、频率和脉冲宽度等模拟电信号来反映司机制动控制器的级位信息，传递制动指令，如图 4 – 19 所示。从原理上说，因为可以实现无极操纵，模拟指令式制动控制系统比数字指令式制动控制系统使司机操纵更为方便；但纯粹的无极操纵不容易建立操纵者的条件反射，不方便找到合适的操纵位置，因而应用的不多，往往司机在制动控制器的手柄上再人为地加上便于建立手感的参考定位机构，从某种程度上说也就失去了模拟指令的特点。此外，采用模拟式指令对指令传递的设备性能要求较高。一旦设备性能不能满足要求，可能造成制动指令精度下降，影响制动效果。

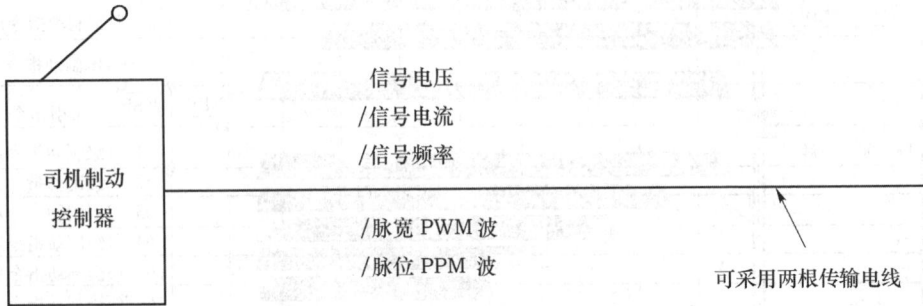

图 4-19 模拟式制动指令形成方式简图

4.2.3 动车组制动指令的传输

1. 数字式制动指令的传输

动车组制动设备分散布置于列车各车辆，司机操作台布置在头车，以上设备之间、司机与设备之间需要交换大量数据、传输各种信息，因此必须建立某种连接以实现制动指令的传输。制动指令传输装置可分成3层，即列车网络传输、硬导线传输和空气管路传输。

列车网络传输是以列车控制系统 TCMS 控制并传输全列车各车辆的制动信息，它不但负责将制动指令发生装置发出的制动指令传送给列车中的所有车辆，还负责将各车的信息传递给司机室。在动车组上，司机制动控制器发出的制动指令，正常情况下的传输一般交由列车网络完成。列车网络对于来自司机制动控制器（或列车自动控制系统 ATC 车载设备、安全装置等）的牵引、制动指令优先传送。通过信息网络系统，可减少大量硬连线，实现列车的集中控制，减轻列车重量。列车网络采用的传输介质有多股双绞线和光纤两大类，为提高信号传输的质量和速度，减轻信号传输系统的重量，动车组中的列车线往往采用光缆。

硬导线传输是以贯穿全列车的电气制动指令线来传输制动控制指令。在制动设备发生故障时（如网络传输故障或制动控制计算机故障），可以通过硬导线（电缆线）作为备用传输线向全车传递制动指令。

空气管路传输则是以制动管的压缩空气作为介质来传输制动、缓解信号。在 CRH$_3$、CRH$_5$ 等型号的国产动车组中，有一套独立的自动式空气制动机作为冗余或备用制动系统。当电空制动系统正常时，采用电气指令；作为冗余，空气制动指令在制动管内传输，同时发生作用。当电空制动系统出现故障时，启用空气制动系统作为备用制动，如图 4-20 所示。

图 4 - 20　动车组制动指令传输方式

在图 4 - 21 中所示的列车网络中，制动系统有一个专门的总线（制动总线），列车上每个制动控制单元（BCU）都与其接口。制动总线可在整列编组上扩展，如两组联挂成 16 辆长编组时。带司机室的控制车上的 BCU 起到制动主控制的作用（MBCU）且与 TCMS 的 MVB 总线接口，获得来自司机制动手柄和列控系统车载设备的制动请求（电制动和空气制动请求）。在编组中的主 BCU 通过司机控制台钥匙的插入进行定义。每个 BCU 控制本车的空气制动阀。在每个动车上的牵引控制单元（TCU）都与 TCMS 的 MVB 总线接口，每个 TCU 执行本车电制动功能并且通过硬线连接驱动空电互锁。

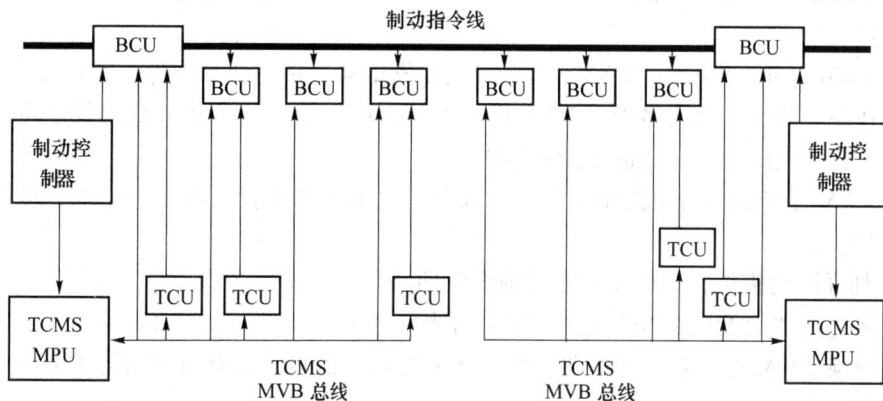

图 4 - 21　采用列车网络的制动指令传输图（TCN）

MBCU 直接读取制动手柄位置和列控系统车载设备的制动请求并处理这些信息，设定制动所需的电制动力和电空制动力。电空制动命令通过制动总线发送给列车编组的所有 BCU，相应地执行本车空气制动阀的控制；电制动命令通过 TCMS 的 MVB 总线传递给牵引主控制的 MPU 进行处理并通过列车控制网络（MVB 和 WTB）传送给所有的 TCU。

列车网络中，司机制动控制器或列控系统车载设备发出的制动请求信号经中央装置转换成数字信号传送至每个车辆的终端装置，再经过车辆内部的局部总线传递至制动控制单元，M 车的制动控制单元向牵引控制单元发出电制动请求信号，并根据返回信号控制本车的空气制动阀施加所需的空气制动力，同时还要向相关 T 车的制动控制单元发送空气制动补足参考信号。

2. 模拟式制动指令的传输

模拟式制动指令由司机制动控制器的位置信息经调制或直接编码形成。

例如，某制动系统的制动指令信号为 475～525 Hz 的 24 V 单极性 PWM 信号，由制动编码器发出。司机主控制器在不同位置时的制动指令 PWM 信号占空比如表 4-4 所示。

表 4-4　PWM 制动指令信号的占空比

级位	运转	B1	B2	B3	B4	B5	B6	B7	FB
占空比	15.0%	23.8%	32.5%	41.3%	50.0%	58.8%	67.5%	76.3%	90.0%

PWM 是 Pulse-Width Modulation 的英文缩写，作为制动信号发生装置中最重要的部件之一，PWM 脉宽调制器也是整个制动系统中非常重要的一个单元。它接收来自司机制动控制器产生的电气指令式制动信号及 ATP 发出的电气指令式制动信号，经逻辑判别及量值比较后，根据协议约定，选择量值较大者作为当前有效电气指令式制动信号，然后进行信号形式的变换，再经过继电器箱后送至贯通全车的电空制动指令直通传输线进行传输。经过判别比较后，确定某一输入为当前应该执行的制动指令，然后将此制动指令在信号变换单元中变换，从而产生脉宽按照协议设定规律变化的 PWM 信号，最后送至输出级抬升电压，在强干扰环境下进行较长距离传输。

PWM 信号的抗干扰能力较强。在动车组上，主要干扰来自制动系统外部，如主变压器、变流器及其他强电设备；在制动系统内部，主要是系统供电电源的波动。因此要采取抗干扰措施，如：

（1）PWM 系统各部分（指令电位器、PWM 发生器、传送驱动电路、编码及解码电路）的直流工作源，均经一级或多级 DC/DC 模块供电，可有效抑制 110 V 直流供电电源中的干扰及 110 V 直流电源的波动所造成的不利影响。

（2）PWM 系统各部分电路中均在关键部分设置了尖峰干扰吸收滤除电路，以进一步抑制此类干扰。

（3）加强隔离措施，以切断有害的地电流回路。

对主要通过"交变电磁场"方式引入的干扰，通过以下措施加以抑制：

（1）屏蔽 PWM 系统各部分电路，采用接地极隔离措施，以有效抑制各类交变电磁场及静电场干扰。

（2）对最容易受交变电磁场及静电场干扰的布线距离很长的 PWM 信号传输部分，采用以下方法：

①采用较高的 60 V 电压传送 PWM 信号；

②传输线采用对称性良好的双绞线屏蔽层，整套信号传输线外部再以铝管加以屏蔽；

③尽量提高整个 PWM 信号的"驱动→传送→接收"环节电路的对称性，从而可增强长距离传输系统对共模干扰的交变电磁场的抑制能力。

通过增强抗干扰措施的传输才能够实用，从而能有效提高制动系统的可靠性，避免制动误动作。

4.2.4　列车通信网络

1988 年，国际电工委员会（IEC）第 9 技术委员会（TC9）委托由来自 20 多个国家（包括中国、欧洲国家、日本和美国，他们代表了世界范围的主要铁路运用部门和制造厂家）以及 UIC（国际铁路联盟）的代表组成的第 22 工作组（WG22），共同为铁路设备的数据通信制定一项标准。1999 年 6 月，经过长达 11 年的工作，IEC/TC9/WG22 在 ABB 公司的 MICAS 基础上，以及西门子的 DIN43322 和意大利的 CD450 等运行经验的基础上制定的列车通信网络标准（Train Communication Network，TCN）——IEC61375 正式成为国际标准。我国于 2002 年颁布的铁道部标准 TB/T 3025—2002 也将其正式确认为列车通信网络标准。

（1）TCN 应用范围。

TCN（IEC61375）标准适用于开式列车的数据通信，它包括开式列车的车辆与车辆间的数据通信，以及开式列车中一个车辆内的数据通信。

应用 TCN 标准的绞线式列车总线（WTB）能实现国际交通用的开式列车中各个车辆的协同操作。车辆内部的多功能车辆总线（MVB）作为该 TCN 的推荐方案，在任何情况下，供应商应保证 WTB 与建议的车辆总线兼容。

开式列车是由一组车辆构成的列车，其组成在正常运行中是可以改变的，如 UIC 范围内的过轨列车；闭式列车是由一组车辆组成的列车，在正常运行中其组成不会改变，如地铁、城郊列车或高速列车；多单元列车（动车组）由几个闭式列车单元组成，在正常运行中，组成列车的单元数量可以改变。

列车通信网络（TCN）连接铁路机车车辆上车载可编程设备，其功能如下：

①牵引和机车车辆的控制（遥控、门、灯等）。

②远程诊断及维护。

③旅客信息及舒适性。

列车通信网络的基本结构是两条总线组成的三层结构，如图 4-22 所示。列车通信网络包含了两种总线：连接一个车辆内设备的多功能车辆总线（MVB），总线能快速响应，工作速率为 1.5 Mbps，介质为双绞线或光纤；连接列车各车辆的绞线式列车总线（WTB），总线能自己组态，工作速率为 1 Mbps，介质为屏蔽双绞线。

三层结构是列车级控制、车辆级控制、设备级控制。

两条总线在链路层提供了相同的两种服务：

①过程数据：周期性的，源寻址广播数据。

②消息数据：按需传送的，目标寻址的数据报文。

在更高层，TCN 实时协议提供两种与总线独立的应用服务：

①变量群（分布式过程数据库）。

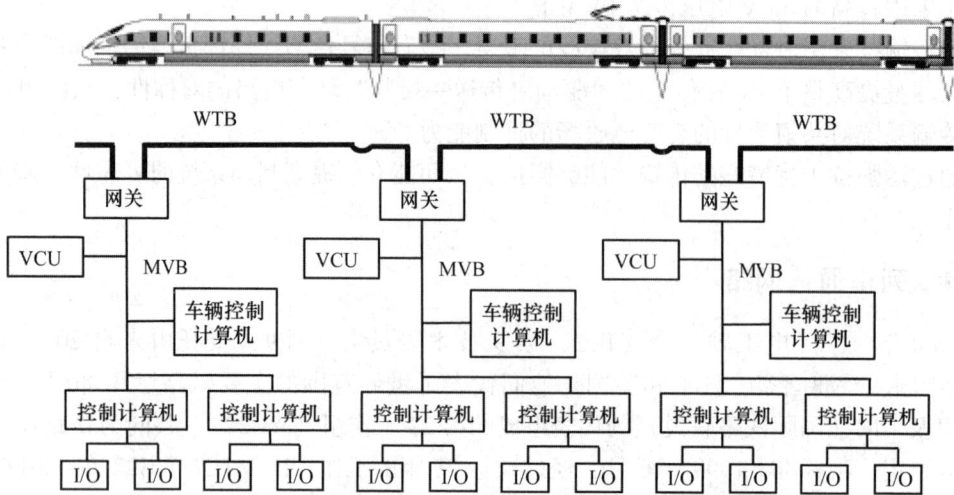

图4-22 列车通信网络结构

②消息群（呼叫/应答及多播消息）。

它的网络管理支持组态、维护及操作。表4-5综合了列车通信网络的特性。

表4-5 列车通信网络特性

特性	绞线式列车总线（WTB）		多功能车辆总线（MVB）
结构	结构可变，构成改变时，具有适应性		结构及设备的地址固定不变
介质	屏蔽双绞线（860 mm，32个节点，相当于22个UIC车厢）		双绞线，RS-485（20 m，32个设备）；变压器隔离屏蔽双绞线（200 m，32个设备）；星形光纤网（2 000 m，2个设备）
物理冗余	双份物理层		双份物理层
信号	带16~32位前同步码的曼彻斯特码		带定界符的曼彻斯特码
信号速度	1 Mbps		1.5 Mbps
地址空间	8 bit地址		12 bit地址
物理地址	点对点及广播		点对点及广播
有效的帧长度	在4~132个字节之间可变		量化的：16、32、64、128、256 bits
完整性	帧FCS-16，帧校验及曼彻斯特码		IEC60870校验序列及帧尺寸校验
介质分配	由一台主设备完成		由一台主设备完成
主设备权传送	主设备、强主设备或弱设备		总线管理器通过令牌传送成为主设备
主设备冗余	初运行后，主设备权传递给另一节点		令牌传送自动进行主设备权转换冗余校验
Link_ Layer（链路层）服务	过程数据	循环	源寻址广播数据
	消息数据	偶发	点对点过广播数据
	监督数据	循环/偶发	用于总线管理的数据

（2）MVB总线。

MVB是将位于同一车辆或不同车辆中的标准设备连到列车通信网络的车辆总线。它提供了两种连接：一是可编程设备之间的互联，二是将这些设备与它们的传感器和执行机构互联。MVB 能寻址至 4 095 个设备，其中可有 256 个是能参与信息通信的站。

MVB 也能用作正常运行中不分开的列车总线。MVB 传送三种类型的数据：

①过程数据：源寻址数据的周期性广播，最快的周期为 1 ms。

②消息数据：根据需要，目标寻址的单播或广播。

③监视数据：传输事件分解、主设备权传送、设备状态等数据。

MVB 可采用三种不同的物理介质，它们都在相同速度下工作：

①20 m 以内采用电气短距离介质（ESD），允许使用标准的 RS-485 收发器，每段最多可支持 32 个设备。

②200 m 以内采用电气中距离介质（EMD），每段最多支持 32 个设备，采用双绞屏蔽线和变压器做电气隔离，允许使用标准的 IEC1158-2 变压器和收发器。

③2 000 m 以内采用光纤介质（OGF），采用点对点或星耦连接。

一个 MVB 结构应该包括一个或多个总线段，总线段可由上述的三种介质构成。各总线段必须经由耦合器相互连接：采用连接不同介质的中继器，或将光纤汇入总线的星形耦合器。

总线访问每个设备由专用的总线控制器控制。总线控制器通过发送器和接收器连接到两个冗余的线路上。MVB 总线控制器包含编码器和译码器，以及控制通信存储器的逻辑。总线控制器对到达的帧译码并寻址相应的通信存储器。总线控制器也能访问报告设备状况的设备状态寄存器。

MVB 设备分为五类：

0 类设备不参与通信。中继器和星形耦合器属于这一类。

1 类设备连接简单的传感器或执行机构，例如现场设备。其不可远程组态，没有应用处理器，它们的工作完全由其总线控制器支配，不参与消息通信。

2 类设备配有应用处理器的智能输入和输出设备，其可组态，具有预处理信息的功能。但处理器的程序是固定的，它们可以位于现场设备或插件箱中，并参与消息通信。

3 类设备是完整的站，如带有与应用相关程序的可编程逻辑控制器（PLC）。3 类设备含有大量的端口，典型的是 256 个。

4 类设备有与 2~3 类设备相同的结构，但提供更多的服务，其拥有大量的端口，甚至能预定所有的总线通信（参与总线的管理与控制）。4 类设备的例子有：

①控制总线的总线管理器。

②用于网络管理的经营者（开发、调试工具）。

③连接列车总线和车辆总线的网关。

（3）WTB 总线。

绞线式列车总线（WTB）的功能是为互联车辆所设计的串行数据通信总线，不排斥用于其他场合。这些互联车辆在每天作业中需要联挂和解编。WTB 能够满足 UIC556 的要求，它定义了由最多 22 个客车组成的 UIC 列车的通信要求。

WTB 采用总线拓扑，可互联最多 32 个节点，长度最长至 860 m。更长的距离和更多的节点（最多 62 个）也可以实现。WTB 介质是由不同车辆上的电缆连接而成。节点可以直接或是通过扩展电缆连到主干电缆上，因为电缆没有抽头，所以它没有残段（无端接电缆节）。因而扩展电缆的长度不受信号反射的限制。

正常运行时，每个节点插入主干电缆，并连接两个总线节：

①位于总线中间的节点，或中间节点，连接两个与它连接的总线段，中间节点自己有被断开的端接器。

②位于总线两端的节点，或端节点，它不连接两个电缆段。它有一端是朝向列车中间，另一段是朝向敞开的端部。端节点电气上用与它连接端接器来终止两个总线段以减少反射（端接器的电阻器与电缆的特征阻抗相匹配）。

WTB 在一给定时间内只由一个单一的总线主控制。在总线主控制下，WTB 周期性地广播牵引和列车控制使用的过程数据，它也按需发送比较长但不紧迫的消息数据，如旅客信息、诊断和维护信息。

在组成发生改变或节点出现故障时，总线主权可以转移。当列车组成发生改变时，例如车辆联挂，WTB 会自动重新组态，给各节点制定地址和取向、分发新的拓扑。为此，总线主指示中间位置上的节点连接电缆节，命令末端的端节点插入端接器，这个过程称作初运行，也就是给每个节点指出其位置地址和相对于总线主的取向，于是所有节点认可相同的方向为向前，与运行方向无关。

WTB 介质为规定型号的屏蔽双绞线，为连接各个车辆，它需有较高的机械稳定性。所规定的电缆允许传输速度 1.0 Mbps，860 m 长，这相当于 UIC 标准的 22 个车辆组成的列车，每个车辆长 26 m，再考虑到弯曲增加 50%。这种电缆最多可挂 32 个节点，每个车辆中可有一个以上的节点。

为连接不同的车辆，WTB 可以使用密接式车钩的接点，也可用插拔式电缆。由于车辆的取向不可预订，电气布线通常在车辆的两个端部断开，通过两个连接器再联通。WTB 电缆线的两个跨接电缆都应该插好，每一个连接不同的 WTB 线，这样自然成为冗余布线。

4.2.5　CRH$_3$ 型动车组制动控制系统网络

和谐号动车组由多个牵引单元组成，每个牵引单元由功能不同的车辆组合而成。以 8 辆编组的 CRH$_3$ 型动车组为例，一列动车组列车包含两个牵引单元。每一个牵引单元包含 4 辆车，分别为端车（EC01）、变压器车（TC02）、变流器车（IC03）、中间车（BC04）。其中端车和变流器车是动车，变压器车是拖车，每辆车上都配备有制动系统。动车上包含两种制动装置，即电制动和空气制动；拖车上只有空气制动。制动系统的控制部分称为制动控制单元（BCU），可以根据制动指令和当前车辆的配置状况，控制电制动和空气制动装置。

以 CRH$_3$ 型动车组制动系统配置为例，每个牵引单元的制动系统配置如图 4-23 所示。从图中可以看出，在每个牵引单元中装备了 7 台 BCU，其中 BCU1.2 和 BCUx.1 参与常用制动的控制，BCU2.2 和 BCU4.2 用于车轮抱死监测。牵引单元各 BCU 之间通过 MVB 总线通信；为了和其他牵引单元的 BCU 通信，在 MVB 网络和 WTB 网络之间加入了网关，通过 WTB 总线进行通信。通过 WTB/MVB 两级网络，实现了全列车 BCU 之间的数据交换。

在制动系统中，每个设备都有其特定的功能，各个设备之间按照功能划分进行协作，共同完成制动指令在全列范围内的传递和执行。此外，制动系统工作时候还需要其他系统的相关设备提供必要的信息和指令，如 CCU、TCU 等。整个制动系统设备功能分布如图 4-24 所示。

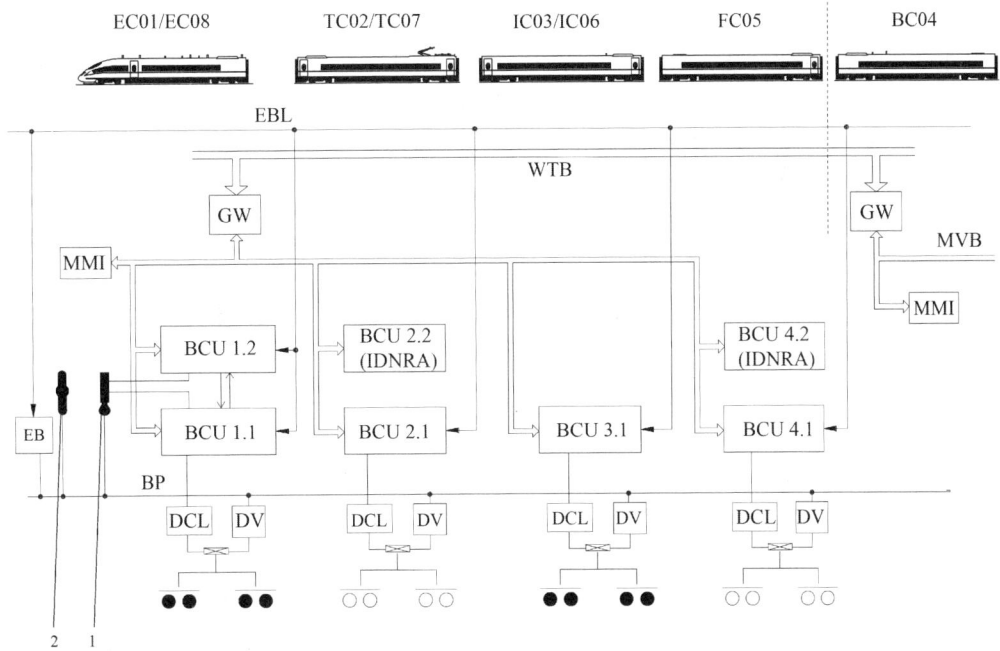

图 4 - 23 CRH₃ 型动车组制动系统配置

1—司机制动手柄；2—辅助制动手柄；BCU（brake control unit）—制动控制单元；BP（brake pipe）—制动管；

DCL（analogue converter（direct brake））—模拟转换器（直接制动）；DV（distribution valve）—分配阀；

EB（emergency brake valve）—紧急制动阀；EBL（emergency brake loop）—紧急制动回路；ECB（ESRA Can bus）—

ESRA Can 总线；GW（gateway）—网关；MMI（driver's man machine interface）—司机人机界面；

MVB（multifunction vehicle bus）—多功能车辆总线；WTB（wired train bus）—绞线式列车总线

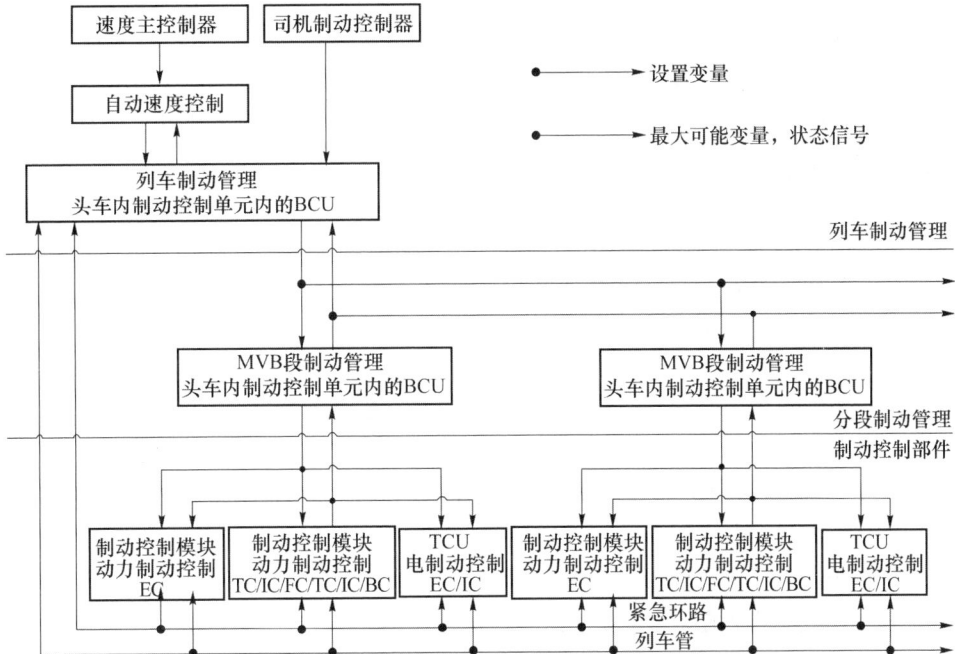

图 4 - 24 制动系统设备功能分布

（1）局部 BCU。

局部 BCU 包含 BCU1.1、BCU2.1、BCU3.1、BCU4.1。以上 BCU 的作用是计算本车的最大可用空气制动力、当前空气制动实际发挥能力，以及其他状态信息，通过 MVB 网络将数据发送至 SBM，并从 SBM 接收制动指令，直接控制本车的空气制动设备，产生制动力。

（2）分段制动管理器（SBM）。

SBM 的功能是分段管理，主要是收集本牵引单元内制动系统相关设备的信息，汇总后向 TBM 汇报，同时从 TBM 获取指令，并分发到本网段内各个相关的设备。SBM 收集的消息包括每个 BCU 能够发挥的最大空气制动力和实际空气制动力，每个 TCU 的最大可用电制动力等。只有端车内的 BCU1.1 和 BCU1.2 可以作为 SBM，在一个牵引单元内，同一时间只能有一台 BCU 激活成为 SBM。两台 BCU 之间可进行工作状态交换，当其中一方工作不正常时，另外的一台 BCU 可以成为 SBM，从而保证了制动系统的可靠工作。

（3）列车制动管理器（TBM）。

TBM 控制并协调列车的所有常用制动系统。当有制动指令时，TBM 计算当前车辆所需要的总制动力，并汇总各个 SBM 发送过来的可用电制动力和空气制动力，按照一定的方法计算得到当前电制动力和空气制动力的指令，并通过 WTB/MVB 网络发送到 SBM。

当司机室的控制功能激活时，所在端车的 BCU1.1 或 BCU1.2 会成为 TBM，每一列车只能有一个 BCU 成为 TBM。在当前的 TBM 存在的情况下，另外的一台 BCU 可用通过生命信号获取到这一状态，并取代故障 BCU 成为 TBM。当 BCU 成为 TBM 时，同时 BCU 也是 SBM。

（4）牵引控制单元（TCU）。

牵引控制单元收集当前牵引装置能够发挥的最大电制动力和实际发挥的电制动力，上报至 SBM；并从 SBM 获取当前 TBM 分配给电制动部件的制动力指令，施加电制动力。

（5）中央控制单元（CCU）。

CCU 是整个列车运行的管理者，每一个牵引单元中都有一个 CCU。BCU 从 CCU 获取当前列车的配置，如牵引单元的个数、当前牵引单元的编号、当前列车速度、制动指令等。

任务实施与评价

（1）下发任务单，明确学习任务、主要内容、知识目标、能力目标、素质目标要求；

（2）学生按任务单要求制订学习计划，完成预习任务及相关知识准备；

（3）介绍制动控制网络总体概念；

（4）讲述两种制动控制系统功能、特点、异同及应用范围；

（5）组织学生制作表格、PPT 进行对比数字式、模拟式制动控制信号的产生、传输的不同；

（6）组织学生绘制表格，对比 MVB 与 WTB 的不同；

（7）鼓励学生课外自主深入学习数字信号、PWM 技术、车辆网络技术等相关知识；

（8）学生进行学习自我评价及学习小组成员互评，教师及小组长（副组长）进行学习他人评价并检查任务完成情况。

【任务3】　常用制动

任务单

任务名称	常用制动					
任务描述	根据动车组气路图及电气线路图完成动车组常用制动的气路综合作用及控制过程分析。					
任务分析	动车组常用制动是动车组列车运行过程中，动车组驾驶人员经常使用的一种制动形式。常用制动的系统正常作用是动车组正常运行的重要保证。当动车组列车在运行过程中或入库检修时，制动系统若出现故障，作为随车机械师或地勤机械师应该能够尽快处理制动系统的故障。对制动系统压缩空气作用通路和电气线路的掌握是制动系统故障排除的决定性因素，因此必须熟练掌握常用制动压缩空气作用通路及电气控制过程。					
学习任务	【子任务1】根据 CRH₂ 型动车组压缩空气作用图，写出常用制动空气制动的压缩空气通路。 　　【子任务2】根据 CRH₂ 型动车组电气线路，画出常用制动空气制动控制电路，并根据分析写出常用制动的启用条件。					
劳动组合	各组讨论交流，根据任务单写出常用制动空气制动的压缩空气通路，画出常用制动空气制动控制电路并根据分析写出常用制动的启用条件。布置任务制作常用制动压缩空气通路示教板及电气控制示教板。各组评判小组成员学习情况，并作出小组评价。					
成果展示	（1）常用制动压缩空气作用通路图示； （2）常用制动电气控制过程图示。					
学习小结						
自我评价	项目	A—优	B—良	C—中	D—及格	E—不及格	综合
	安全纪律（15%）						
	学习态度（15%）						
	专业知识（30%）						
	专业技能（30%）						
	团队合作（10%）						
教师评价	简要评价						
	教师签名						

学习引导文

CRH₂ 型动车组制动系统采用复合制动模式，即再生制动 + 电气指令式空气制动。M 车（动车）采用再生制动及空气制动方式，T 车（拖车）仅采用空气制动。列车分 4 个制动控制单元，1M1T 构成一个单元。制动时在单元内再生制动优先，空气制动实行延迟充气控制，以减少闸片的磨损。

常用制动级位设 1～7 级（标记为 1N～7N），以 1M1T 为单元对动车再生制动力和空气制动力（包括动车和拖车的）进行协调控制，拖车空气制动延迟投入。

CRH₂ 型动车组制动系统采用数字指令式，由 61～67 号线共 7 根制动指令线组成，共可形成 7 级常用制动。制动系统会自动进行延迟充气控制。延迟时，将 M 车上产生的再生制动力多余的部分转移到 T 车上去，达到编组列车上所需的总制动力。常用制动还具有空重车载荷调整功能，按载重来调节制动力，使动车组能够保持一定的减速度。

常用制动模式下，一辆动车和一辆拖车构成一个制动单元。常用制动的制动指令由司机操纵制动手柄或列车自动保护装置（ATP）发出，并经由首车的车辆信息控制装置（中央装置）及各车辆的车辆信息控制装置（终端装置）组成的列车信息网络进行传递。当列车的四个制动单元收到列车信息网络的制动指令时，首先由制动单元中动车的制动控制单元（BCU）和牵引系统的主变换装置进行通信，以判断电气制动的制动力能否满足制动需求，从而决定是否启用动车和拖车的空气制动。如果电气制动不能满足此时列车对制动力的需求，则制动控制单元（BCU）会控制电空阀（EP 阀）将相应的制动电指令转换成一定比例的压缩空气压力信号，来控制中继阀打开制动风缸通向带防滑装置的增压缸的充气气路，进而控制空气制动的实施。常用制动作用原理如图 4-25 所示。

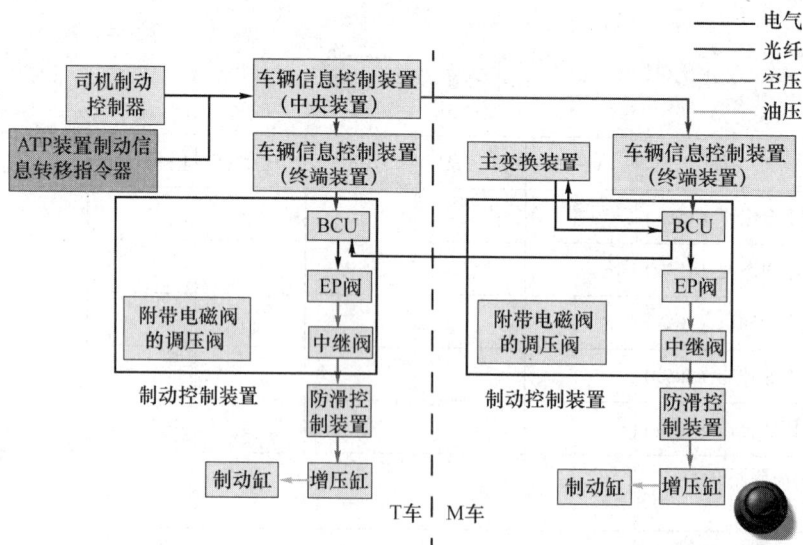

图 4-25　常用制动作用原理图

4.3.1　常用制动压缩空气通路

CRH$_2$ 型动车组有 3 台主压缩机，分别位于 3、5、7 号车，主压缩机为全列车所有气动设备（如制动系统、受电弓升降系统、主断路器开闭系统等）提供压缩空气。从压缩机出来的压力空气，通过软管，经干燥器进行冷却和除湿后，从制动控制装置管路接口向总风缸供风。总风缸的压力空气通过截断塞门由 MR2 管路接口连接到总风缸管，并向其他车辆供气。没有安装压缩机的车辆制动控制装置，则从 MR 管通过 MR1 管路接口，由总风缸（150 L）经总风管供给空气。

压力调整功能由 BCU 承担，因此 BCU 中装有 MR 压力传感器。总风管和 MR 传感器在制动控制装置内进行连接。总风管贯通于整个列车。在除了带有 Tc 车系的空气管路开闭装置的车辆以外的各车的两端，设置有截断塞门（带有侧孔）。各车之间用空气软管进行连接。在双号（确认一下是否每辆车都有）车上，设置有连接 MR 管的 3/8 快速接头和 3/8 截断塞门，用于连接外部风源来供风。

在制动控制装置内，总风管的空气通过截断塞门、滤尘器和止回阀，与制动供给风缸及控制风缸连接。

为关闭空气制动，在列车上配置了 SR 塞门，目的是能从车辆地板上进行操作。来自于制动供给风缸的压缩空气，经 SR1 管路接口与车辆地板上的 SR 塞门进行连接，再经 SR2 管路接口返回到车下。该管系连接，除了在地板上设塞门以外，在制动控制装置内还设有其他截断塞门。

此外，在列车上也配置了只关闭紧急制动的 UB 塞门，目的是能从车辆地板上进行操作。来自 SR2 接口的风，经 UB1 接口通往地板上的 UB 塞门的入口，再从 UB 塞门的出口返回到 UB2 管路接口。与 SR 塞门相同，该管系连接，除了在地板上设塞门以外，在制动控制装置内还设有其他截断塞门。

从制动控制装置的制动管路接口出来的制动缸管，经由车体地板在前、后转向架分支，经过 3/4 截断塞门、节流阀和空气软管，再在各个轴上产生分支，并与增压气缸进行连接。在增压气缸上进行空气压力的防滑控制及空油变换，连接到各夹钳装置上。夹钳装置在各车轮上装备 1 套，并在 T 车的各轴上还装备 2 套夹钳装置。

在制动控制装置内，BC 管通过 3/8 截断塞门，与 BCU 的压力开关（检测高压及低压的不足）连接，对 BC 压力进行监控和监视。

EPLA 电空转换阀的输出控制压力，由 BCU 对电磁线圈的电流进行调节及控制，以适应常用及快速制动。

当司机操纵制动手柄实施常用制动时，BCU 根据收到的不同制动指令，控制 EP 阀电磁阀部产生不同大小的电磁力。通过 EP 阀，该电磁力将会转成一定比例的压缩空气压力，从而给中继阀提供制动控制压力信号。

当中继阀接收到常用制动控制压力信号时，中继阀进气口至出气口气路打通。制动风缸的压缩空气通过中继阀向带有防滑阀的增压缸充风，进而向各转向架上的制动缸充风，从而产生常用制动（空气制动）。

CRH$_2$ 型动车组各车制动气路图如图 4 – 26 ~ 4 – 30 所示。

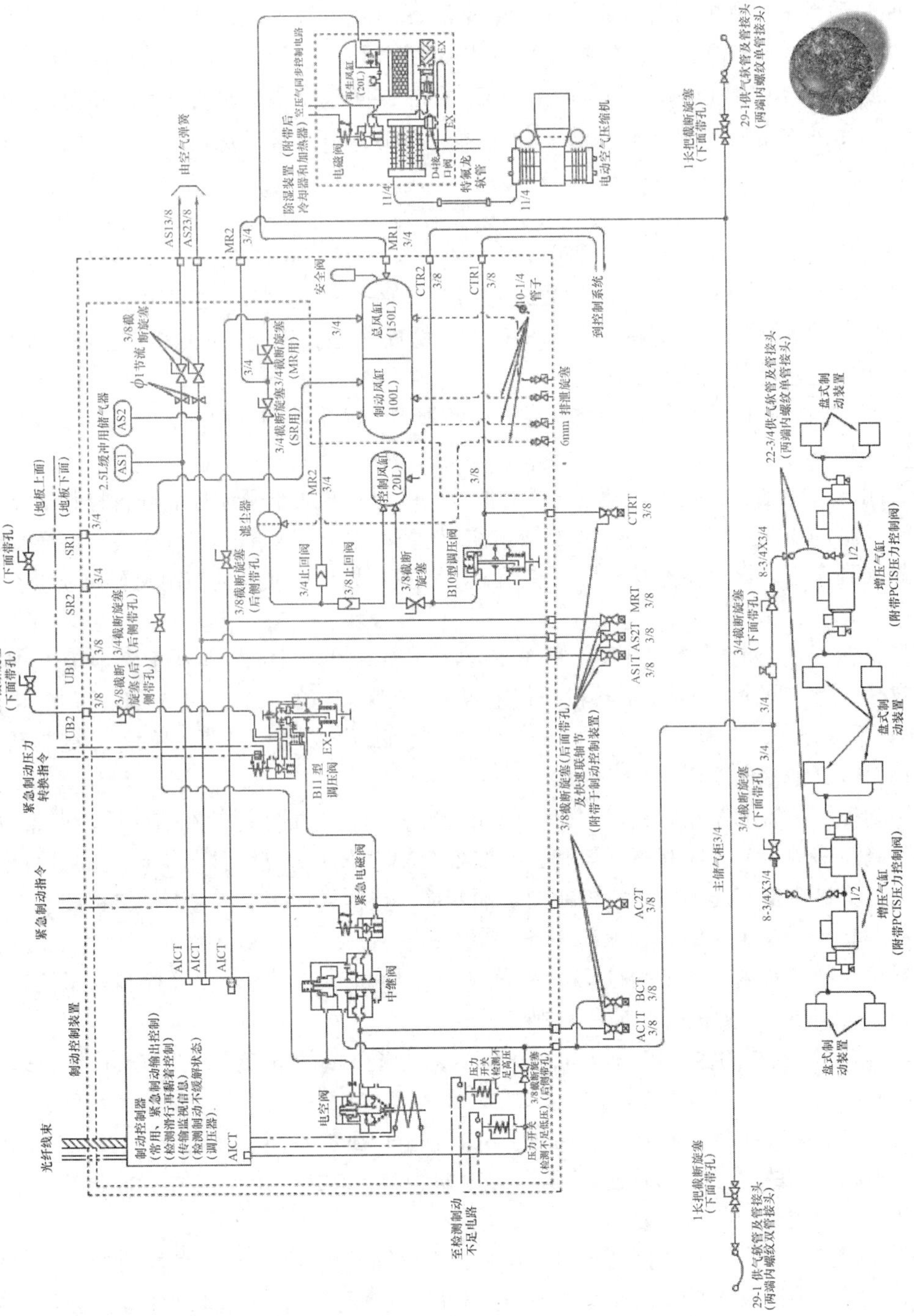

图 4-26 CRH₂型动车组制动气路图(仅适用于 1,8 车)

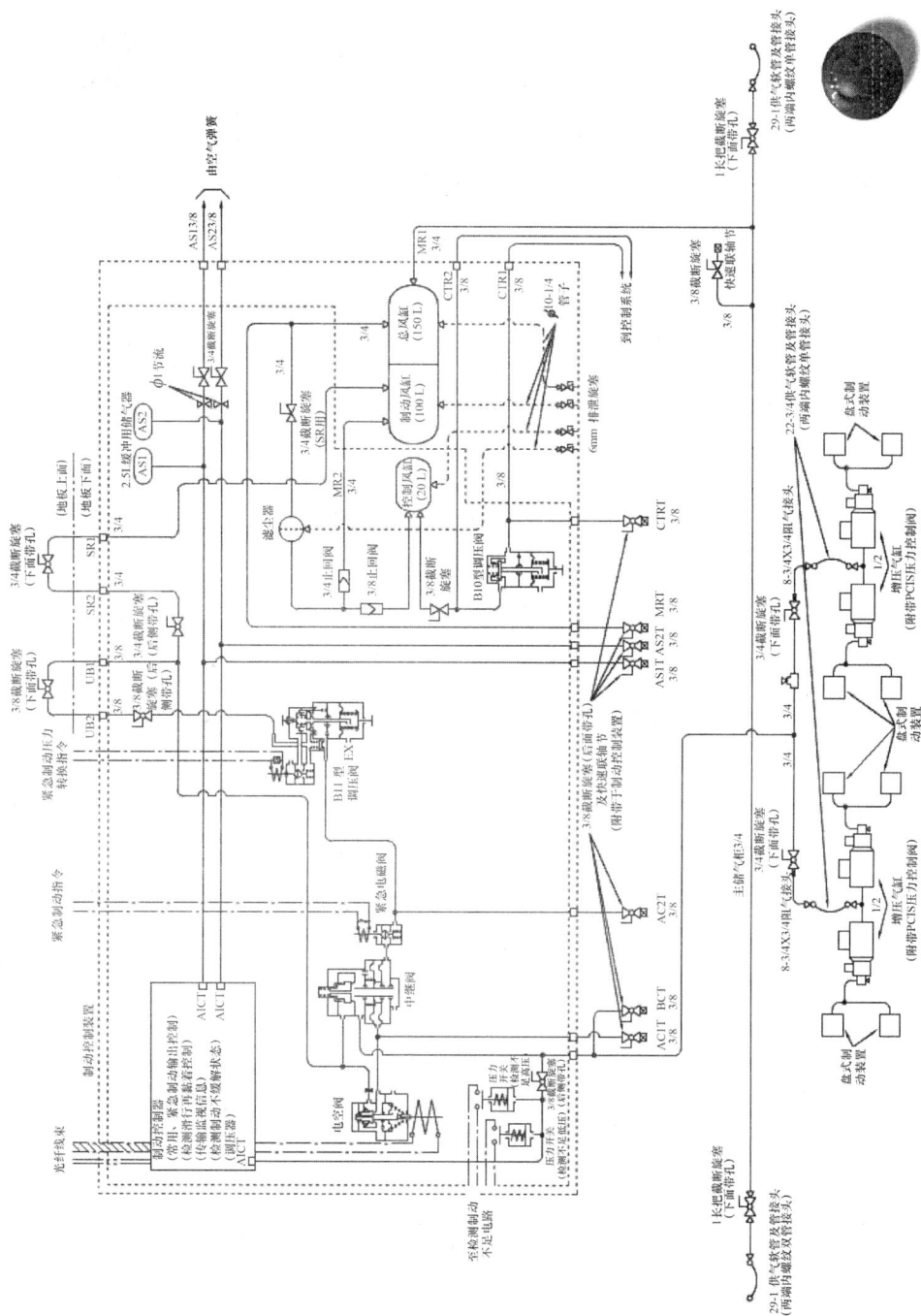

图 4-27　CRH₂ 型动车组制动气路图（仅适用于 2,6 车）

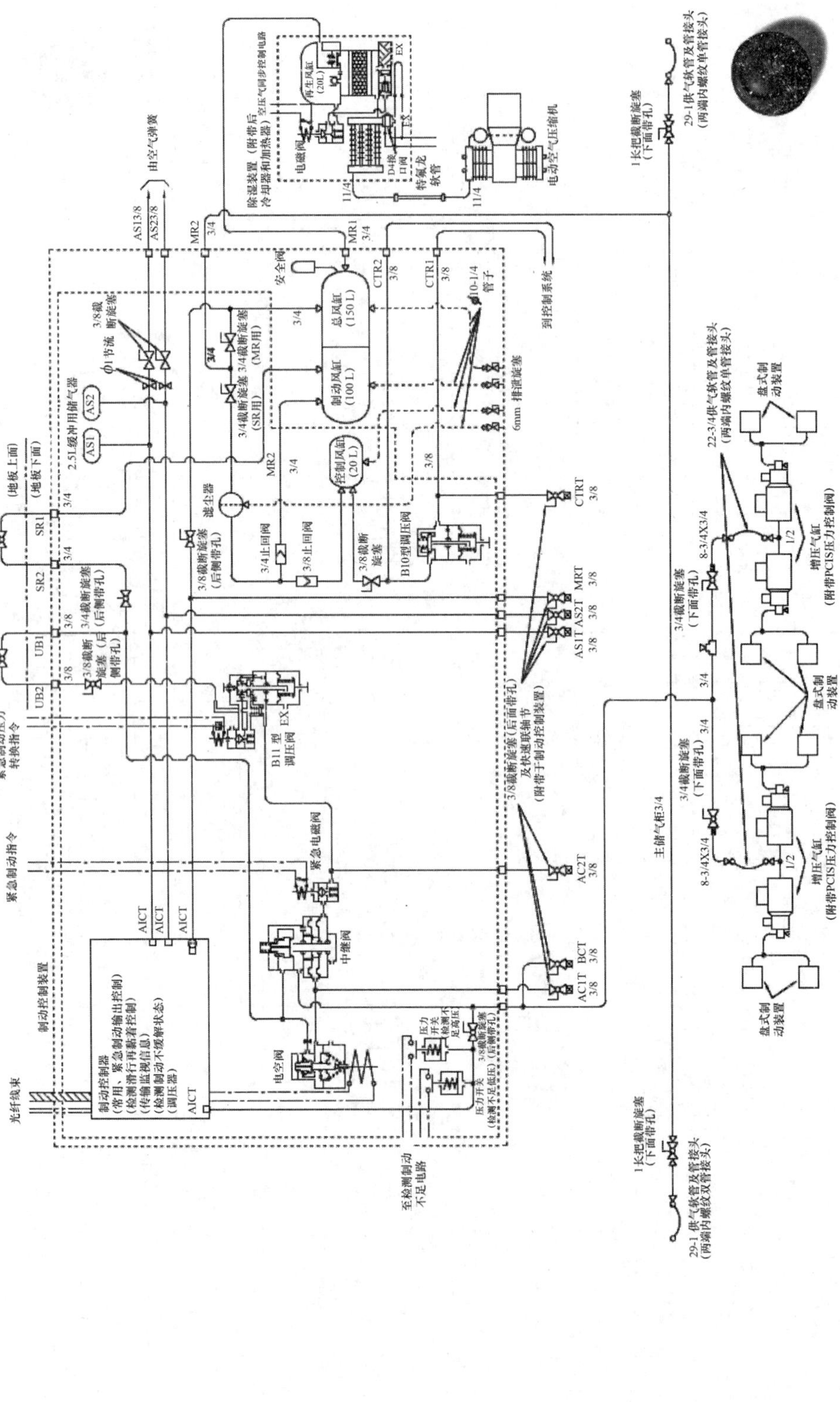

图 4-28 CRH₂ 型动车组制动气路图（仅适用于 3,7 车）

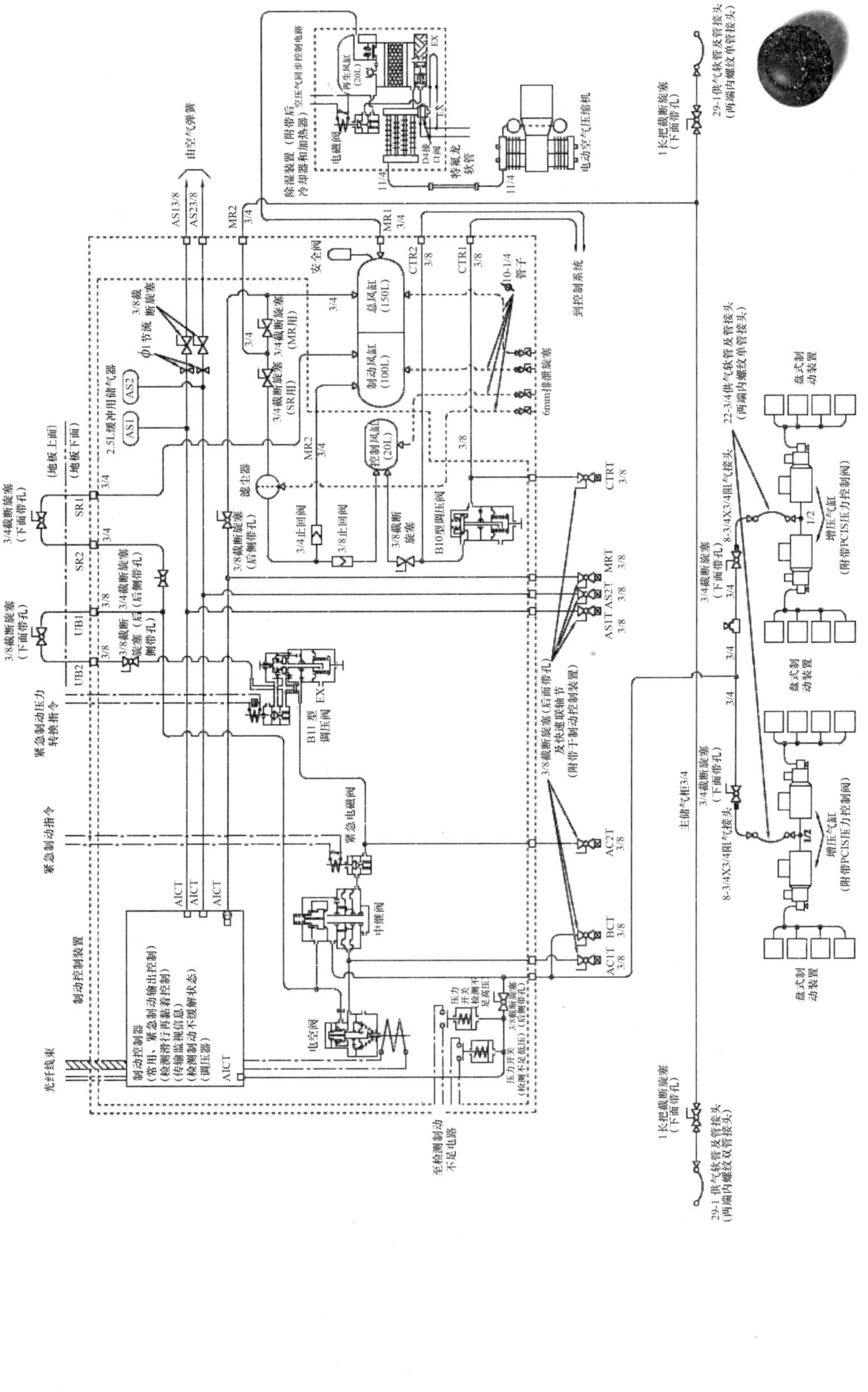

图 4 - 29 CRH₂ 型动车组制动气路图（仅适用于 5 车）

139

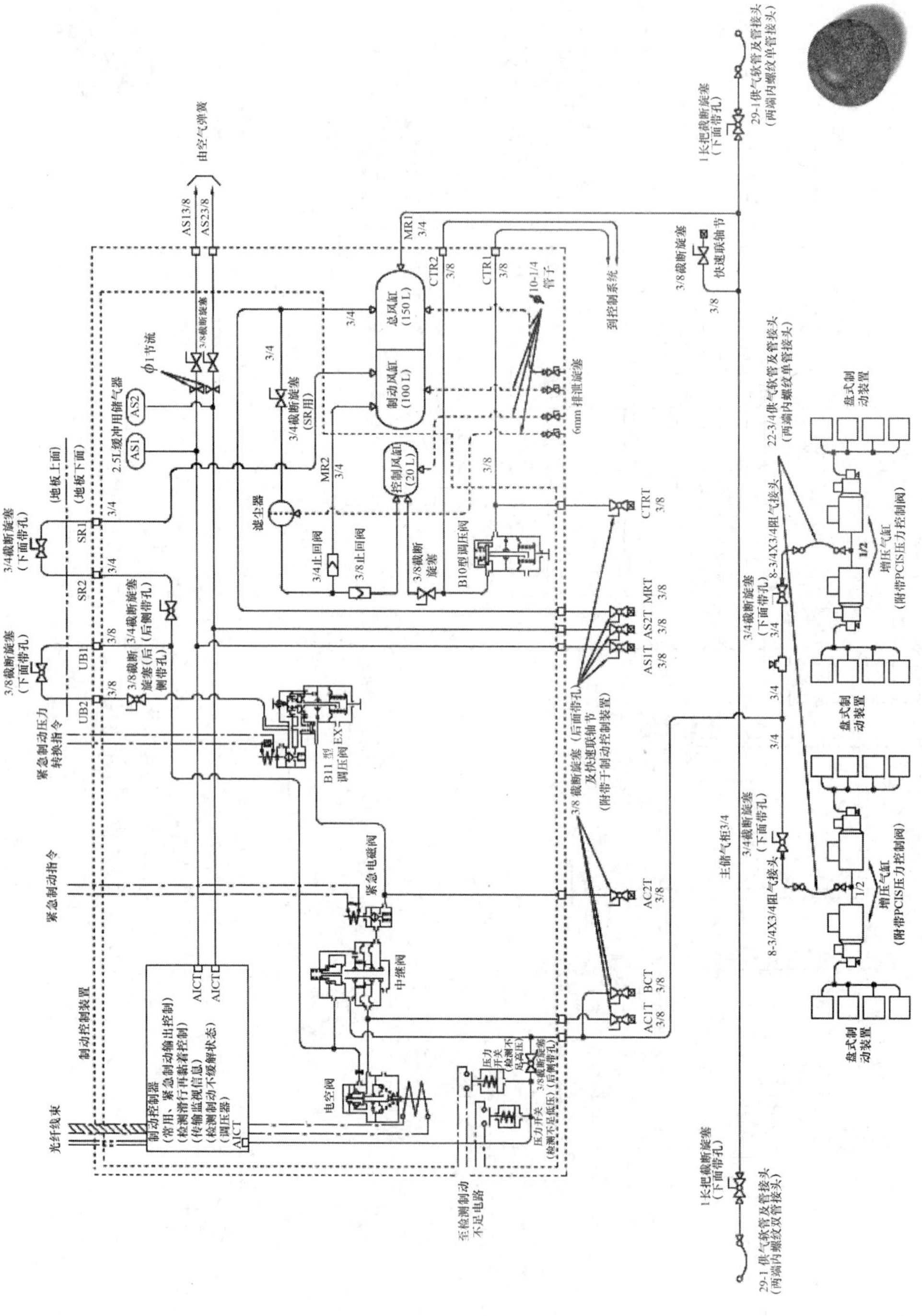

图 4-30 CRH₂型动车组制动气路图（仅适用于 4 车）

4.3.2　常用制动电气控制

常用制动的制动力指令由制动指令线（61~67 线）经由中央装置、终端装置送到 BCU，并且通过 10 线，发出指令决定再生制动是否可用。为提高制动指令的安全程度，还用硬线贯穿方式将 67 线（常用最大制动）连接到 BCU。

常用制动指令的发生装置为司机制动控制器、ATP、制动指令转换器。根据司机制动控制器的操作位置，B1 非 R~B7 非 R 励磁，通过其常开触点使 61~67 线得电。在超过限制速度后，通过 ATP 实施常用制动，释放 NBR，通过 NBR 的常闭触点来励磁 ATCBR。由此，ATCBR 的常开触点闭合，61、66、67 线得电，发出最大常用制动指令。若通过 ATP、判断制动力为 B1 或 B4 已经足够时，单独励磁 ATCKB1R 或励磁 ATCKB1R 和 ATCKB4R，使 61 线或 64 线得电，使 B1 或 B4 指令发出。

有再生制动指令时，电空协调控制将由以下步骤进行：各车的 BCU 识别制动指令，根据速度和车辆重量进行计算，输出所需的制动力。若再生制动指令线（10 线）得电，则牵引控制单元将根据 BCU 的再生制动模式电压（制动力指令值）进行再生制动力控制，将所得到的再生制动力的结果反馈到 BCU。BCU 接受从牵引控制单元反馈（再生反馈电压和电流检测信号（CDR））的再生制动力，将不足部分的制动力由空气制动补足。

在司机制动控制器上有 7 个"常用制动"位，用数字 1~7 来表示，分别对应了 7 个级别的常用制动力。常用制动时，司机通过操纵制动控制器向车辆信息控制装置（中央装置）发送制动信号，之后经过列车网络到达各个车辆信息控制装置（终端装置），使制动控制单元（BCU）控制电制动和空气制动实施。

司机驾驶台上的制动控制器是司机和制动控制电路之间的媒介，制动手柄的不同位置也就决定了各制动定位继电器的得失电，得电线路如下：

电源变换装置—103Y—动车电源用短路开关（LMPN）—103—第二个主控制器用断路器开关（MCN2）—2—司机制动控制器—（ B1FR ∪ B2FR ∪ B3FR ∪ B4FR ∪ B5FR ∪ B6FR ∪ B7FR ）—100A2—GS—100。

制动手柄在不同位置时， B1FR ~ B7FR 的得电情况如表 4-6 所示。

表 4-6　定位继电器线圈得电情况

位置 线圈	运转	1	2	3	4	5	6	7	快速	拔取
B1FR		√	√	√	√	√	√	√	√	
B2FR			√	√	√	√	√	√	√	
B3FR				√	√	√	√	√	√	
B4FR					√	√	√	√	√	
B5FR						√	√	√	√	
B6FR							√	√	√	
B7FR								√	√	

注："√"表示得电。

当常用制动各定位继电器线圈得电，其常开触点闭合，使常用制动指令线 61～67 得电，得电线路如下：

电源变换装置—103Y—动车电源用短路开关（LMPN）—103—第二个主控制器用断路器开关（MCN2）—2—[（B1FR—61）∪（B2FR—62）∪（B3FR—63）∪（B4FR—64）∪（B5FR—65）∪（B6FR—66）∪（B7FR—67）]—（首车车辆信息控制装置＜中央装置＞∪首车车端救援连接器∪首车车端连接切换器∪尾车车端救援连接器∪尾车车端连接切换器）。

在制动的操纵和控制过程中，车端救援连接器用于同型号动车组救援，车端连接切换器用于同型号动车组混合编组，车辆信息装置（中央装置）则通过信息传输网络向各节车车辆信息装置（终端装置）发送制动指令。

通过分析制动电路图，可以发现最大常用制动指令线（67 号线）还直接通向 1～8 号车的制动控制器。这种电路设计，主要是为了提高制动指令的安全程度，防止动车组的信息网络出现传输故障时无法实施常用制动。

将动车组制动电路图中多余部分线路去除，并进一步简化，可以得到制动指令到达操纵端车辆信息控制装置（中央装置）后的传输网络，如图 4-31 所示。

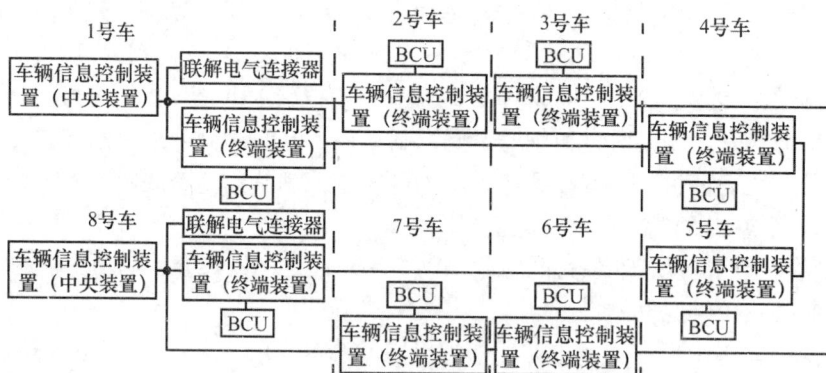

图 4-31　制动指令传输网络

通过传输网络，制动指令到达每节车的车辆信息控制装置（终端装置），并使每节车的制动控制器（BCU）接收到制动指令，进而根据动车组列车的运行状态协调电制动和空气制动的实施。

当同型号动车组之间救援时，救援动车组的 61～67 号线的制动指令会直接通过尾车救援连接器传递给被救援动车组首车的救援连接器，使被救援动车组 X61～X67 号线得电，励磁 B1FR～B7FR，实现救援动车组控制被救援动车组的常用制动的目的。若是机车救援动车组，因为机车上没有对应的救援连接器，因此不能直接实现制动电信号的传递和控制。救援时，机车的制动管与制动信息转移指令器连接，将机车制动管压力变化信号转换成相应的电信号，直接控制 B1FR～B7FR 线圈的励磁，产生相应的常用制动指令，实现对动车组常用制动的操纵和控制。

当运行速度超过限制速度时，ATP 装置会使正常制动继电器（NBR）的线圈失电，从而使其常闭触点闭合，接通 ATC 制动指令继电器（ATCBR）线圈的得电线路：

电源变换装置—103Y—动车电源用短路开关（LMPN）—103—切断控制开关（COSN）—

MCR—2A—2A1—（$\overline{\text{NBR} \cup \text{JTR}}$）—2C—$\boxed{\text{ATCBR}}$—100A2—GS—100。

ATCBR 的线圈励磁后，其常开触点闭合，使 61、66 和 67 三条制动指令线同时得电，发出最大常用制动指令。此时三条制动指令线同时得电的电路设计，主要是提高制动指令的安全程度：高一级制动无法实施时，保证次一级制动力可以正常施加。

若通过 ATP 判断 1 级常用制动力或 4 级常用制动力已经足够时，ATP 系统会单独励磁缓解制动 1 级继电器（KBA1R）或缓解制动 4 级继电器（KBA4R），从而使其常开触点闭合，接通 ATC 缓和制动 1 级继电器（ATCKB1R）或 ATC 缓和制动 4 级继电器（ATCKB4R）的得电线路，使制动指令线 61 或 64 号线得电，发出 1 级常用制动或 4 级常用制动指令。两个缓和制动继电器的得电电路为：

电源变换装置—103Y—动车电源用短路开关（LMPN）—103—切断控制开关（COSN）—MCR—2U—［（KBA1R ∪ 2U2 ∪ ATCKB1R）∪（KBA4R ∪ 2U3 ∪ ATCKB4R）］100A2—GS—100。

CRH$_2$ 型动车组常用制动的启动有三种情况：操纵司机制动控制器实施制动、动车组超过规定速度后列车自动保护系统动作及救援车启动。CRH$_2$ 型动车组各车制动电路图见图 4 – 32 ~ 4 – 35。

任务实施与评价

（1）下发任务单，明确学习任务、主要内容、知识目标、能力目标、素质目标要求；

（2）学生按任务单要求制订学习计划，完成预习任务及相关知识准备；

（3）CRH$_2$ 型动车组空气制动气路图及电气控制线路图引入；

（4）学生查阅相关资料分析常用制动压缩空气通路；

（5）利用动车组电气控制线路图完成常用制动电气控制图的绘制；

（6）教师组织各小组对常用制动电气控制过程进行分析；

（7）学生进行学习自我评价及学习小组成员互评，教师及小组长（副组长）进行学习他人评价并检查任务完成情况。

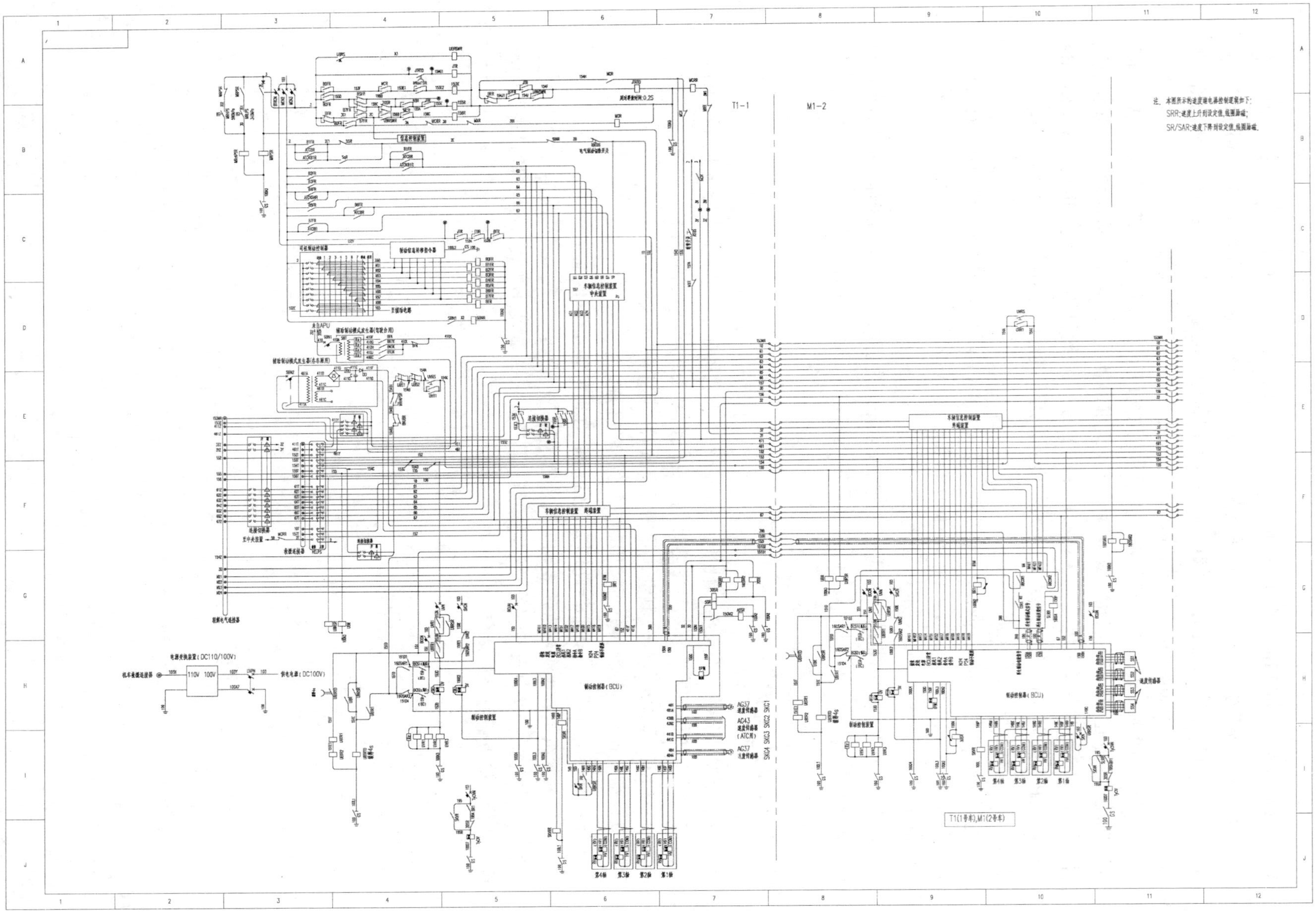

图 4-32　制动电路图（1 车和 2 车）

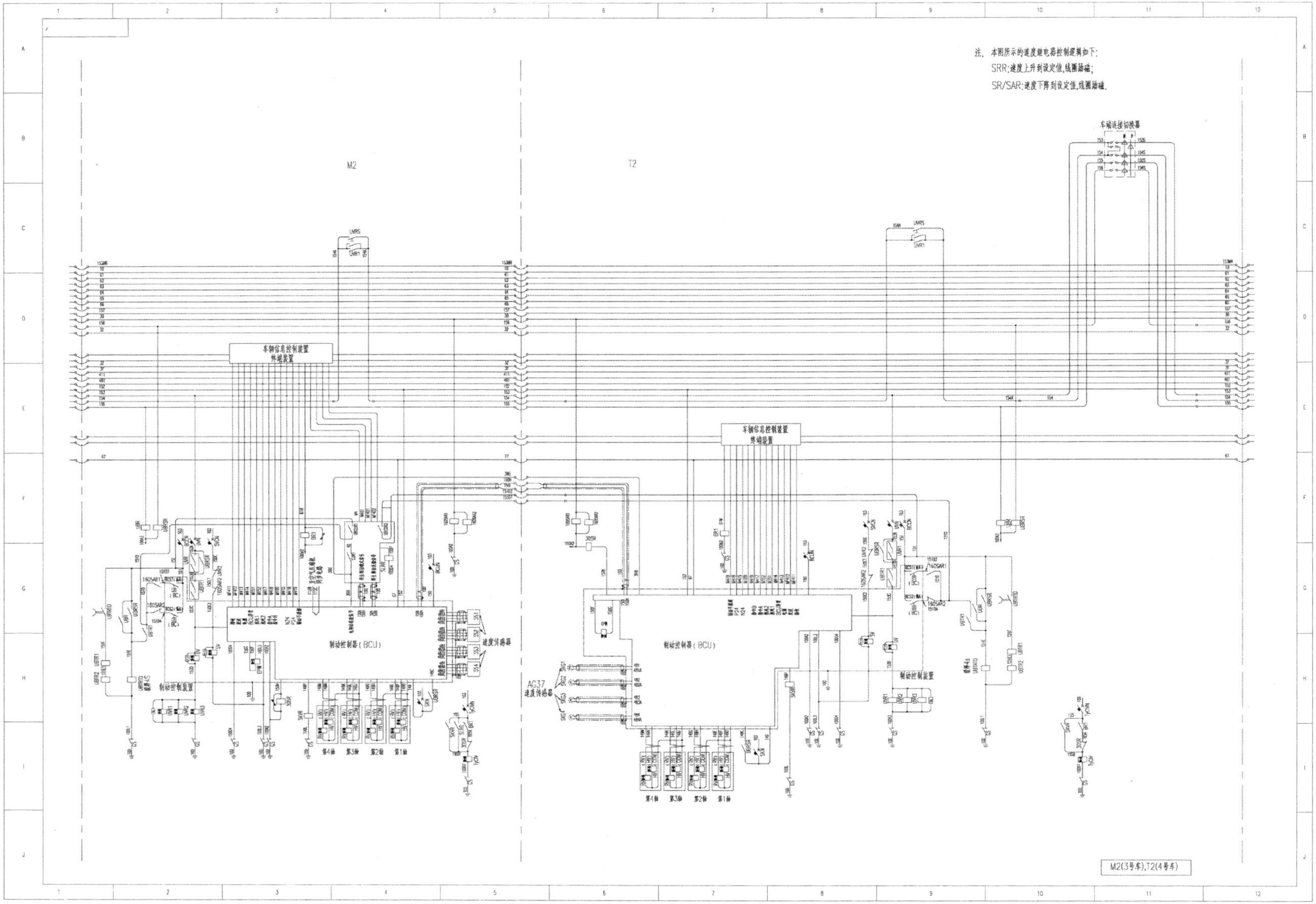

图 4 - 33　制动电路图（3 车和 4 车）

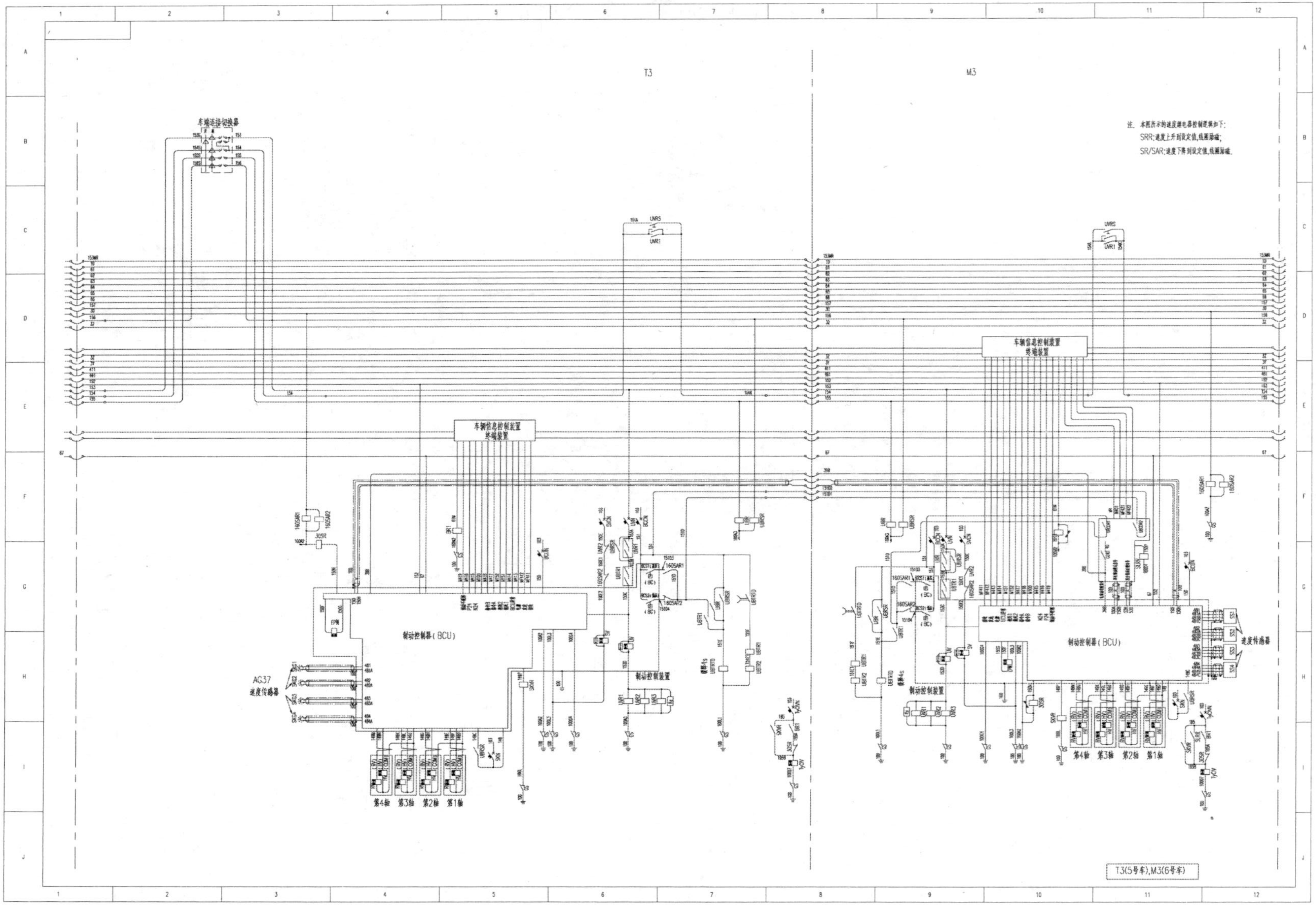

图 4-34 制动电路图（5 车和 6 车）

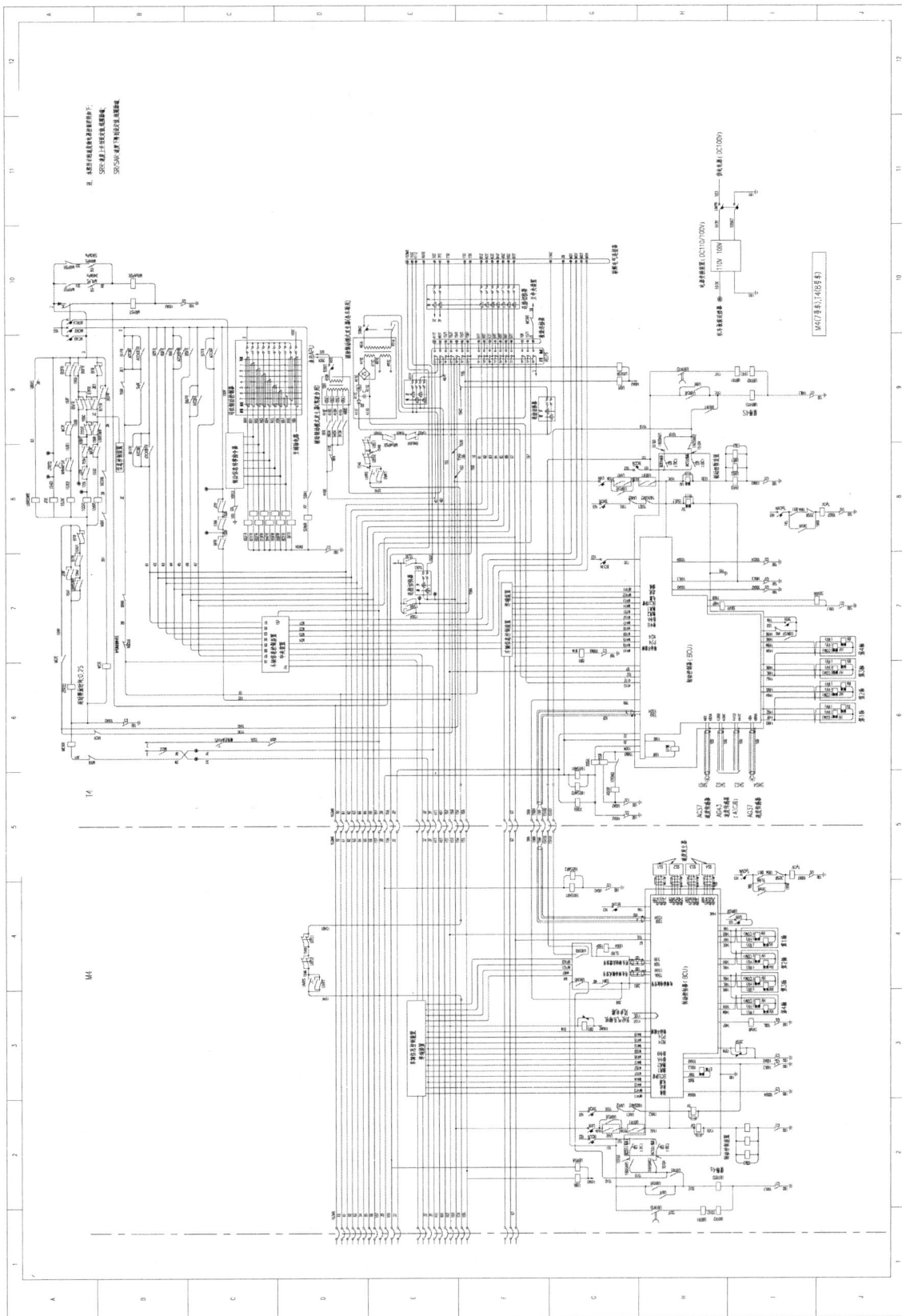

图 4 -35　制动电路图（7 车和 8 车）

【任务4】 辅助制动

任务单

任务名称	辅助制动
任务描述	根据动车组电气线路图完成动车组辅助制动控制过程分析。
任务分析	在制动装置异常、制动指令线路断线及传输异常时可启用电气指令式的辅助制动，能产生相当于3级、5级、7级常用制动及快速制动的空气制动。操作司机控制台上的辅助制动模式发生器（SBT）开关和头车配电盘内辅助制动模式发生器（ASBT）开关可以产生辅助制动。
学习任务	根据CRH$_2$型动车组电气线路，画出辅助制动控制电路，并根据分析总结辅助制动的特点。
劳动组合	各组讨论交流，根据任务单画出辅助制动控制电路并根据分析写出辅助制动的特点。布置任务制作辅助制动电气控制示教板。各组评判小组成员学习情况，并作出小组评价。
成果展示	辅助制动电气控制过程图示。
学习小结	

自我评价	项目	A—优	B—良	C—中	D—及格	E—不及格	综合
	安全纪律（15%）						
	学习态度（15%）						
	专业知识（30%）						
	专业技能（30%）						
	团队合作（10%）						

教师评价	简要评价	
	教师签名	

学习引导文

使用辅助制动时，动车组列车正常运行时被打开的辅助制动断路器SBN1（司机台）和SBN2（配电盘）关闭，辅助制动继电器（SBNR）励磁。在操纵端使用司机制动控制器时，根据手柄位置，接触器B1－3K、B4－5K、B6－7K、B非K之一得电励磁，从辅助制动模式发生器（司机台用）向贯穿线（411线、461线）输出交流电压。辅助制动模式发生器（各车用）将411线、461线的交流电经过变压、整流后，供给制动控制单元BCU，直接控制电空阀（EP 阀）。由此构成不经由列车信息控制装置的制动控制指令通路。由于辅助制动继电器（SBNR）的常闭触点变为断开状态，指令线（10 号线）变为非加压状态，再生制动不会发挥作用。

启用辅助制动模式，当动车组驾驶人员操纵制动手柄施加制动时，首车的辅助制动模式发生器（驾驶台用）根据制动手柄不同的位置会向首车和尾车辅助制动模式发生器（各车厢用）发送不同的制动指令。当首车和尾车的制动控制单元（BCU）收到来自辅助制动模式发生器（各车厢用）的制动指令后，会控制首车和尾车的电空阀（EP 阀）将制动电指令转换成一定比例的压缩空气压力信号，从而控制中继阀动作，打开制动风缸向带防滑装置的增压缸的充气气路，从而实施空气制动。控制过程如图 4 - 36 所示。

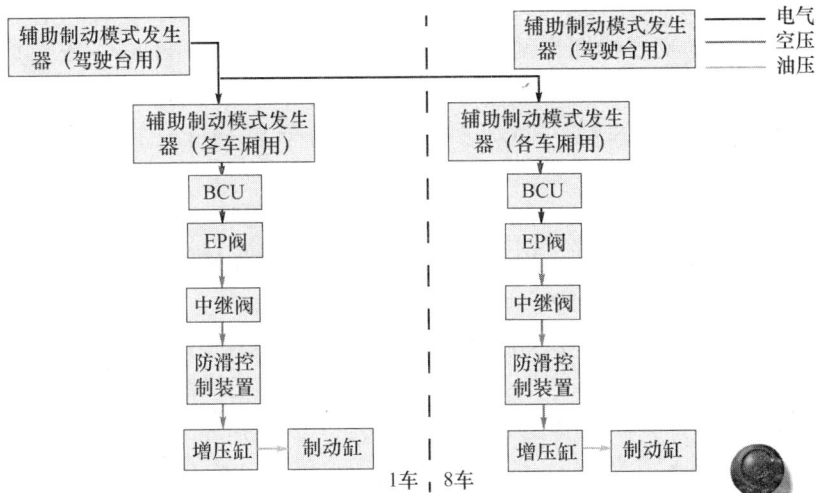

图 4 - 36　辅助制动控制过程

4.4.1　电制动指令分析

当制动装置出现异常，需要启用辅助制动时，要同时闭合正常运行时被打开的辅助制动断路器 SBN1（司机台）和 SBN2（配电盘），此时辅助制动继电器 SBRN 将会得电励磁，其得电线路为：

电源变换装置—103Y—动车电源用短路开关（LMPN）—103—第二个主控制器用断路器开关（MCN2）—2—SBN1—SBNR—100A2—GS—100。

电制动指令线 10 号线被加压时，电制动启用；电制动指令线 10 号线处于非加压状态时，电制动被切除。10 号指令线的得电线路为：

电源变换装置—103Y—动车电源用短路开关（LMPN）—103—第二个主控制器用断路器开关（MCN2）—2—(B1FR ∪ ATCBR ∪ ATCKB1R)—(5SR ∪ SqR)—SBNR—RBCOS—(首车车辆信息控制装置<中央装置> ∪ 首车车端救援连接器 ∪ 尾车车端救援连接器)。

当辅助制动断路器 SBN1（司机台）闭合时，辅助制动继电器 SBRN 将会得电励磁，其常闭触点打开。此时 10 号线中的辅助制动继电器 SBRN 的常闭触点SBNR打开，使得电气制动指令线 10 号线处于非加压状态，电气制动不可用。相关电路参考图 4 - 32。

4.4.2 空气制动指令分析

当辅助制动断路器 SBN1（司机台）闭合时，辅助制动变压器 SBT 从辅助供电单元（APU）获得单相交流电，其得电线路为：

202—410—SBN1—410A—SBT＜辅助变压器一次侧＞—202A。

辅助制动变压器 SBT 的二次侧通过首车和尾车车厢内的两个断路器 SBN2 向辅助制动模式发生器（各车厢用）提供电信号，其线路如下。

（1）辅助制动变压器 SBT 的二次侧 410 出线端子线路。

①首车 SBT＜辅助变压器二次侧＞—｛（410F—BFK）∪［（410G—B67K）∪（410H—B45K）∪（410J—B13K）—410L—$\overline{BFK}$］｝—首车车端救援连接器—411T。

②首车 SBT＜辅助变压器二次侧＞—｛（410F—BFK）∪［（410G—B67K）∪（410H—B45K）∪（410J—B13K）—410L—$\overline{BFK}$］｝—首车车端救援连接器—411Y—首车车端连接切换器—［（首车联解电气连接器—411Z）∪（SBN2＜首车＞—411A—首车辅助制动模式发生器＜一次侧＞）］。

③首车 SBT＜辅助变压器二次侧＞—｛（410F—BFK）∪［（410G—B67K）∪（410H—B45K）∪（410J—B13K）—410L—$\overline{BFK}$］｝—首车车端救援连接器—411Y—首车车端连接切换器—首车联解电气连接器—411Z。

④首车 SBT＜辅助变压器二次侧＞—｛（410F—BFK）∪［（410G—B67K）∪（410H—B45K）∪（410J—B13K）—410L—$\overline{BFK}$］｝—首车车端救援连接器—411Y—首车车端连接切换器—411—SBN2＜尾车＞—411A—尾车辅助制动模式发生器＜一次侧＞。

⑤首车 SBT＜辅助变压器二次侧＞—｛（410F—BFK）∪［（410G—B67K）∪（410H—B45K）∪（410J—B13K）—410L—$\overline{BFK}$］｝—首车车端救援连接器—411Y—首车车端连接切换器—411—尾车车端联接切换器—尾车联解电气连接器—411Z。

⑥首车 SBT＜辅助变压器二次侧＞—｛（410F—BFK）∪［（410G—B67K）∪（410H—B45K）∪（410J—B13K）—410L—$\overline{BFK}$］｝—首车车端救援连接器—411Y—首车车端连接切换器—411—尾车车端联接切换器—411Y—尾车车端救援连接器—411T。

⑦首车 SBT＜辅助变压器二次侧＞—｛（410F—BFK）∪［（410G—B67K）∪（410H—B45K）∪（410J—B13K）—410L—$\overline{BFK}$］｝—首车车端救援连接器—411Y—首车车端连接切换器—411　尾车车端联接切换器—411Y—尾车车端救援连接器—$\overline{BFK}$—410L—［（B67K—410G）∪（B45K—410H）∪（B13K—410J）］—尾车 SBT＜辅助变压器二次侧＞。

⑧首车 SBT＜辅助变压器二次侧＞—｛（410F—BFK）∪［（410G—B67K）∪（410H—B45K）∪（410J—B13K）—410L—$\overline{BFK}$］｝—首车车端救援连接器—411Y—首车车端连接切换器—411—尾车车端联接切换器—411Y—尾车车端救援连接器—BFK—410F。

（2）辅助制动变压器 SBT 的二次侧 460C 出线端子线路。

①首车 SBT＜辅助变压器二次侧＞—460C—首车车端救援连接器—411T。

②首车 SBT＜辅助变压器二次侧＞—460C—首车车端救援连接器—411—首车车端连接切换器—SBN2＜首车＞—461A—首车辅助制动模式发生器＜一次侧＞。

③首车 SBT＜辅助变压器二次侧＞—460C—首车车端救援连接器—411—首车车端连接切换器—首车车端联解电气连接器—461Z。

④首车 SBT＜辅助变压器二次侧＞—460C—首车车端救援连接器—411—首车车端连接切换器—461—SBN2＜尾车＞—461A—尾车辅助制动模式发生器＜一次侧＞。

⑤首车 SBT＜辅助变压器二次侧＞—460C—首车车端救援连接器—411—首车车端连接切换器—461—尾车车端连接切换器—尾车车端联解电气连接器—461Z。

⑥首车 SBT＜辅助变压器二次侧＞—460C—首车车端救援连接器—411—首车车端连接切换器—461—尾车车端连接切换器—461Y—尾车车端救援连接器—461C—尾车 SBT＜辅助变压器二次侧＞。

通过以上分析可知，四个接触器 BFK、B13K、B45K、B67K 控制辅助制动变压器 SBT 二次侧电信号的输出。不同的接触器得电，首车和尾车辅助制动模式发生器（各车厢用）将会得到不同大小的电信号。

接触器 BFK、B13K、B45K、B67K 的控制线路如下：

①103—MCN2—2—SBNR—410V—B6FR—410M—BFR—410N—$\boxed{\text{B67K}}$—100A2—GS—100。

②103—MCN2—2—SBNR—410V—B4FR—410P—$\boxed{\text{B6FR}}$—410Q—B45K—100A2—GS—100。

③103—MCN2—2—SBNR—410V—B1FR—410R—$\boxed{\text{B4FR}}$—410S—B13K—100A2—GS—100。

④103—MCN2—2—SBNR—410V—MCR—410U—（$\overline{\text{B6FR}}$ ∪ $\overline{\text{JTR}}$）—410T—$\boxed{\text{BFK}}$—100A2—GS—100。

制动逻辑控制图见图 4-37。

由其得电线路可知，接触器 BFK、B13K、B45K、B67K 受定位继电器 BFR、B1FR、B4FR、BF6R 控制。当司机操纵制动手柄时，制动手柄位于不同位置，定位继电器 BFR、B1FR、B4FR、BF6R 的励磁情况也会变化。根据定位继电器线圈得电情况，通过分析可以得到制动手柄处于不同位置时，接触器 BFK、B13K、B45K、B67K 线圈的电情况如表 4-7 所示。

表 4-7　接触器线圈得电情况

线圈＼位置	运转	1	2	3	4	5	6	7	快速	拔取
B13K		√	√	√						
B45K					√	√				
B67K							√	√		
BFK									√	

注："√"表示得电。

首车和尾车的辅助制动模式发生器（各车厢用）接收到来自辅助制动变压器 SBT 二次侧电信号后，其副边单向交流信号经过整流单元后给制动控制单元（BCU）提供制动指令，其电气线路为：

首车＜或尾车＞辅助制动模式发生器二次侧＜各车厢用＞—（411B ∪ 411C）—桥式整

流单元—（411D∪411G）—阻容吸收电路—〔（411F—二极管—411F）∪411G〕—首车＜或尾车＞制动控制单元BCU。

通过以上分析，可以得到以下结论：

①启用备用制动时，只有首车和尾车两辆车上的制动装置动作产生制动力；其他6辆车上的制动装置不会动作。

②备用制动的操控依然是由动车组司机通过转动制动手柄来实现，和常用制动实施方法是相同的。不同的是常用制动时，制动手柄处于不同位置时列车制动装置所产生的制动力是不一致的，即常用制动有7级制动力。辅助制动时，制动手柄位于1、2、3三个位置时，制动力是相同的，相当于常用制动时的第3级空气制动力；制动手柄位于4、5两个位置时，制动力是相同的，相当于常用制动时的第5级空气制动力；制动手柄位于6、7两个位置时，制动力是相同的，相当于常用制动时的第7级空气制动力；当制动手柄位于非常位时，首车和尾车非常制动施加；因此，非常制动只有四级制动力〔常用制动的第3、5、7级空气制动力及非常制动的空气制动力（仅首车和尾车有空气制动力）〕。

③启用辅助制动时，因SBN1的闭合导致电制动指令线（10号线）处于非加压状态。所以，辅助制动模式下电气制动不可用，这也是辅助制动区别于电制动的一个特点。

④辅助制动模式下，制动指令的传递是由首车辅助制动变压器SBT、首车和尾车辅助制动模式发生器（各车厢用）直接传递给制动控制单元（BCU）的，没有经过列车信息网络传输。常用制动模式下，制动指令的传递是通过首车车辆信息控制装置（中央装置）及各车厢车辆信息控制装置（终端装置）所在的列车信息网络传递给制动控制单元（BCU）的。因此，相对于常用制动，辅助制动指令的传递速度要低，首车和尾车制动的一致性要差，但辅助制动的可靠性要高。

任务实施与评价

（1）下发任务单，明确学习任务、主要内容、知识目标、能力目标、素质目标要求；

（2）学生按任务单要求制订学习计划，完成预习任务及相关知识准备；

（3）CRH$_2$型动车组电气控制线路图引入；

（4）利用动车组电气控制线路图完成辅助制动电气控制图的绘制；

（5）教师组织各小组对辅助制动电气控制过程进行分析；

（6）学生进行学习自我评价及学习小组成员互评，教师及小组长（副组长）进行学习他人评价并检查任务完成情况。

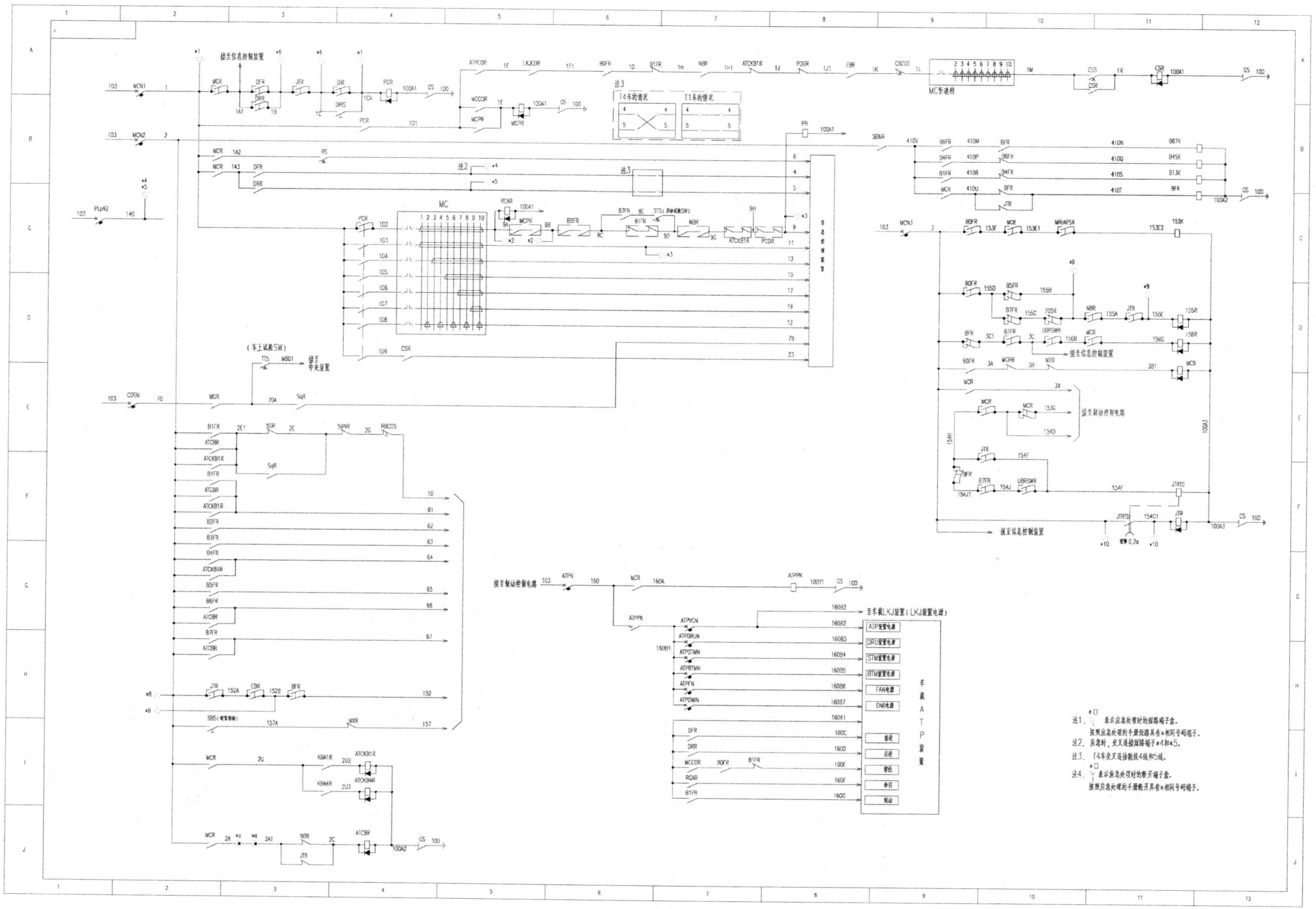

图 4 - 37　制动逻辑控制图

【任务5】 紧急制动

任务单

任务名称	紧急制动					
任务描述	根据动车组电气线路图完成动车组紧急制动控制过程分析。					
任务分析	按安全回路失电而启动的制动模式进行设置，下列任何一种情况均可导致全回路失电而引起紧急制动指令的产生： 　　①总风压力下降到规定值以下； 　　②列车分离； 　　③检测到制动力不足； 　　④换端操纵，手柄置于（钥匙）拔取位。 　　以上的紧急制动使各车按不同速度范围产生纯空气制动作用：在列车速度处于160～200 km/h 范围内实施相对较低的减速度；在160 km/h 以下速度范围内实施相对较高的减速度，但紧急制动不具有空重车载荷调整功能。					
学习任务	根据 CRH₂ 型动车组电气线路，画出紧急制动控制电路，并根据分析写出紧急制动的特点。					
劳动组合	各组讨论交流，根据任务单画出紧急制动控制电路并根据分析写出紧急制动的特点。布置任务制作紧急制动电气控制示教板。各组评判小组成员学习情况，并作出小组评价。					
成果展示	紧急制动电气控制过程图示。					
学习小结						
自我评价	项目	A—优	B—良	C—中	D—及格	E—不及格	综合
	安全纪律（15%）						
	学习态度（15%）						
	专业知识（30%）						
	专业技能（30%）						
	团队合作（10%）						
教师评价	简要评价						
	教师签名						

学习引导文

为了进一步提高动车组列车的安全性和可控性，防止依赖于计算机控制的列车信息网络系统故障造成的灾难性后果，动车组列车都配备有基于传统控制系统的继电器、接触器等硬线电路组成的安全回路控制的紧急制动。紧急制动的安全回路以"故障导向安全"为设计原则，将所有会影响动车组列车安全运行的不安全因素都纳入紧急制动安全回路，并组成串联的形式。当动车组紧急制动安全回路中的任何一个影响列车安全行车的因素发生时，都会将列车紧急制动安全回路断开，直接切断紧急制动电磁阀，施加紧急制动，使列车紧急停车，确保乘客及列车的安全。

引起列车实施紧急制动的因素很多，如动车组列车乘务人员发现紧急情况，通过操纵乘务员室中的紧急制动手柄施加紧急制动，或列车运行过程中发生分离导致安全回路失电引起的紧急制动。不管是哪种因素导致的紧急制动，其控制过程是相同的。当引起紧急制动的一个或几个因素发生时，都会导致安全回路一处或多处断开，使得安全回路失电。控制紧急制动的紧急制动电磁阀就串接在安全回路中，当安全回路失电时，紧急电磁阀处于非励磁状态。此时，由制动风缸通向中继阀紧急制动预控压力室的通路被打开。随着中继阀紧急制动预控压力室压力的快速提升，中继阀控制的制动风缸通向带防滑装置的增压缸的充气气路被打开，制动风缸向制动缸快速充风，导致紧急制动施加。控制过程如图 4 - 38 所示。

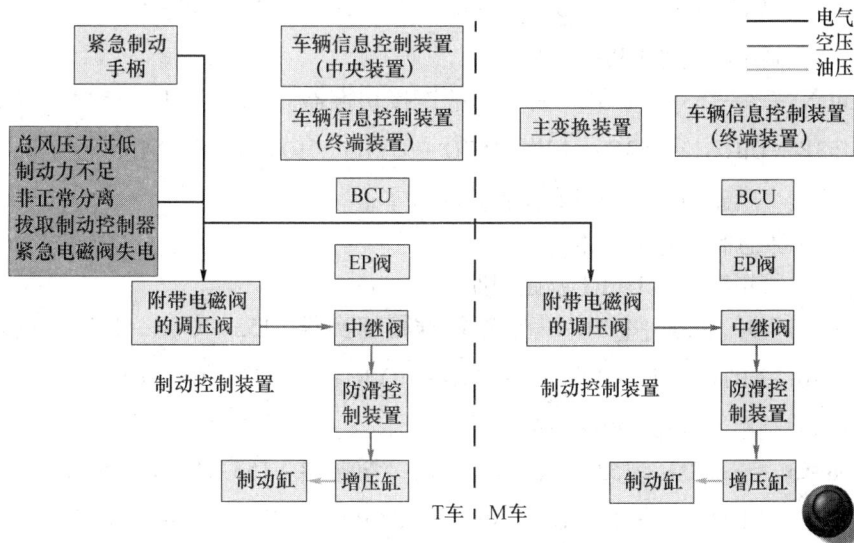

图 4 - 38　紧急制动控制过程

4.5.1　紧急制动安全环路构成

制动电路图见图 4 - 32 ～ 4 - 35。

紧急制动安全环路由电源线 103 的 3 号线供电。在首车和尾车上有两条电源线 103 的 3 号线，但同一时刻只能由首车或尾车的 103 的 3 号线供电。安全环路由哪个车 103 的 3 号线供电是由主控器继电器（MCR）决定的，MCR 的控制线路如下：

103—MCN3—3—B0FR—3A—$\overline{\text{MCRR}}$—3B—MXR—3B1—$\boxed{\text{MCR}}$—100A3—GS—100。

注：

①两列动车组联挂时，联挂在一起的两个端车的混编继电器 MXR 线圈励磁；

②一列车中，当制动手柄位于一个端车且在运转位时，该车的主控器继电器 MCR 得电，且主控器继电器预留继电器 MCRR 失电；另一端车的主控器继电器 MCR 失电，且主控器继电器预留继电器 MCRR 得电。MCRR 和 MCR 构成互锁关系，从而来保证同一时刻只有一个控制端。

紧急制动安全环路的负极端共有 10 个，两个端车上各有两个，其他车上各有一个。两个端车的其中一个负极端同一时刻只能有一个负极端闭合，这也是受主控器继电器 MCR 控制。闭合的负极端和给紧急制动安全环路供电的 103 的 3 号线位于同一端车上。

各车紧急制动安全环路如下：

（1）首车（1 号车）紧急制动安全环路。

①紧急制动阀用继电器 UVR1 励磁回路。

103—MCN3—3—153K—153E—首车车端连接切换器—153—UVN—153A—（UBRSR ∪ UVR1）—153B—UBTR1—153C—$\boxed{\text{UV}}$—153D—$\boxed{\text{UVR1}}$—100A3—GS—100。

②紧急制动阀用继电器 UVR2 励磁回路。

103—MCN3—3—153K—153E—首车车端连接切换器—153—UVN—153A—（UBRSR ∪ UVR1）—153B—UBTR1—153C—$\boxed{\text{UV}}$—153D—$\boxed{\text{UVR2}}$—100A3—GS—100。

③紧急制动阀用继电器 UVR3 励磁回路。

103—MCN3—3—153K—153E—首车车端连接切换器—153—UVN—153A—（UBRSR ∪ UVR1）—153B—UBTR1—153C—$\boxed{\text{UV}}$—153D—$\boxed{\text{UVR3}}$—100A3—GS—100。

注：上述三个励磁回路中的所有设备均在首车上。

（2）2 号车紧急制动安全环路。

①紧急制动阀用继电器 UVR1 励磁回路。

103—MCN3—3—153K—153E—首车车端连接切换器—153—UVN—153A—（UBRSR ∪ UVR1）—153B—UBTR1—153C—$\boxed{\text{UV}}$—153D—$\boxed{\text{UVR1}}$—100A3—GS—100。

②紧急制动阀用继电器 UVR2 励磁回路。

103—MCN3—3—153K—153E—首车车端连接切换器—153—UVN—153A—（UBRSR ∪ UVR1）—153B—UBTR1—153C—$\boxed{\text{UV}}$—153D—$\boxed{\text{UVR2}}$—100A3—GS—100。

③紧急制动阀用继电器 UVR3 励磁回路。

103—MCN3—3—153K—153E—首车车端连接切换器—153—UVN—153A—（UBRSR ∪ UVR1）—153B—UBTR1—153C—$\boxed{\text{UV}}$—153D—$\boxed{\text{UVR3}}$—100A3—GS—100。

注：

①上述 3 个励磁回路中的阴影部分设备在首车上，153 线是动车组列车贯穿线，非阴影部分设备在 2 号车上。

②3~8 车的紧急制动安全环路和 2 号车类似，只是上述安全环路非阴影部分的设备在 3 号车或 4 号车或 5 号车或 6 号车或 7 号车或 8 号车。

4.5.2　紧急制动安全环路分析

（1）由以上8辆车的紧急制动安全环路可以看出，153线紧急用接触器153K控制着8辆车的紧急制动环路。当153K失电处于非励磁状态下，8辆车的紧急制动回路都会同时断电，紧急制动也会同时施加。153线紧急用接触器153K的控制线路如下：

103—MCN3—3—B0FR—153F—MCR—153E1—MRrAPSR—153E2—153K—100A3—GS—100。

由153K的控制线路，可知当以下条件中：

①制动手柄"零位"定位继电器（B0FR）处于非励磁状态：制动手柄处于拔取位或制动系统断电；

②主控器继电器（MCR）处于非励磁状态：制动手柄处于拔取位或本列车与其他列车联挂；

③总风管用气压开关继电器（MRrAPSR）处于非励磁状态：总风管用气压开关（MRHPS）对两头车机罩内的总风管压力进行检测，低于设定值（590±10 kPa）。

只要任何一个条件满足，153线紧急用接触器153K就会失电，使得8辆车的紧急制动回路处于非加压状态，导致8辆车的紧急制动同时作用。

（2）由于153线贯穿整列车，当列车发生分离或由于其他情况导致153线断裂时，也会引起部分车辆实施紧急制动。列车分离处的前位一侧的车辆153线系统仍然被加压，列车紧急制动不起作用。在列车分离的后位一侧的车辆，153线变为非加压状态，紧急制动电磁阀（UV）消磁，紧急制动施加。值得注意的是，列车分离的后位一侧的车辆154线一起变为非加压状态，JTR消磁引起152线非加压，快速制动得到指令，触发快速制动。中继阀将根据快速制动控制压力信号和紧急制动控制压力信号以紧急制动和快速制动的"高位优先"原则进行处理。

（3）车辆的紧急制动安全环路通过紧急制动电磁阀UVR1的常开触点进行自持，排除以上两种情况。可以看出，当紧急制动限时继电器（UBTR1）失电处于非励磁状态时，车辆的紧急制动环路会失电处于非加压状态，导致紧急制动的施加。紧急制动限时继电器（UBTR1）控制线路如下：

①103—BCCN—151—UBR—151E—UBTR1—100L1—GS—100。

②103—BCCN—151—UBRSWR—151E—UBTR1—100L1—GS—100。

当紧急制动限时继电器UBTR1得电时，用以下电路进行自持：

①103—BCCN—151—UBCDR2—151D—UBTR1—151E—UBTR1—100L1—GS—100。

②103—BCCN—151—BCS1（高压）—160SAR1—151D—UBTR1—151E—UBTR1—100L1—GS—100。

③103—BCCN—151—BCS2（低压）—$\overline{160SAR2}$—151D—UBTR1—151E—UBTR1—100L1—GS—100。

紧急制动继电器复位开关继电器（UBRSWR）用于紧急制动后的复位，其线圈的控制电路为：

103—MCN3—3—UBRS—X3—UBRSWR—100A3—GS—100。

由上述控制电路可知，紧急制动继电器复位开关（UBRS）为常开型开关。在不操纵UBRS的情况下，紧急制动继电器复位开关继电器（UBRSWR）处于失电状态，其常开触点打开。

由紧急制动限时继电器（UBTR1）控制线路，可以得出结论：用于检测各车辆的制动力不足的继电器（UBR）在非励磁状态时，检测制动不足功能开始启动；当 UBR 励磁时，检测制动不足功能被切除。根据 UBR 的控制电路：

103—MCN3—3—155R—155—$\boxed{\text{UBR}}$—100A3—GS—100

当 155 线紧急用继电器 155R 失电时，UBR 处于非励磁状态。

根据动车组制动电气控制线路图，可以写出 155 线紧急用继电器 155R 所在的控制线路：

① 103—MCN3—3—B0FR—155D—B5FR—155B—NBR—155A—JTR—155E—$\boxed{\text{155R}}$—100A3—GS—100。

② 103—MCN3—3—B0FR—155D—B7FR—155C—70SR—NBR—155A—JTR—155E—$\boxed{\text{155R}}$—100A3—GS—100。

通过对其控制线路进行分析，可知当以下条件中：

① 制动手柄"零位"定位继电器 B0FR 处于非励磁状态：制动手柄处于拔取位置；

② 70 km/h 速度继电器 70SR 处于励磁状态且制动手柄"5 级"定位继电器 B5FR 处于励磁状态：列车速度在 70 km/h 以下且制动手柄处于"5 级""快速"位置之间的区域（含"5 级"及"快速"位）；

③ 制动手柄"7 级"定位继电器 B7FR 处于励磁状态：制动手柄处于"7 级"或"快速"位；

④ 正常制动继电器 NBR 为非励磁：列车自动保护系统（ATP）启动 ATP 常用制动；

⑤ 连接时限继电器 JTR 为非励磁：快速制动启动。

至少一个条件满足时，155 线紧急用继电器 155R 就会失电。

当 UBR 为非励磁时，UBR 的常开触点打开，UBTR1 在其控制电路中呈自持状态。此状态时，检测制动不足的功能启动：

① 当速度达到 160 km/h 以上时，制动管压力开关 BCS2（低压）起控制作用，制动管压力开关被隔离，BCS1（高压）不起作用。当牵引变流器检测到电制动力不足（即 UBCDR2 变为非励磁）且此时空气制动的制动力也不足（即 BCS2 处于断开状态）。那么 UBTR1 所在的自持电路会断开，导致 UBTR1 失电。从而引起紧急制动的实施。

② 当速度达到 160 km/h 以下时，制动管压力开关 BCS1（高压）起控制作用，制动管压力开关被隔离，BCS2（低压）不起作用。当牵引变流器检测到电制动力不足（即 UBCDR2 变为非励磁）且此时空气制动的制动力也不足（即 BCS1 处于断开状态）。那么 UBTR1 所在的自持电路会断开，导致 UBTR1 失电。从而引起紧急制动的实施。

在 UBR 和 UBRSWR 处于非励磁状态时，即使制动力恢复了，满足了列车的制动需求，UBTR1 仍处于失电状态。当 UBR 励磁或 UBRSWR 励磁时，UBTR1 的自持电路才会重新加压。

综上，分析了引起列车紧急制动的 4 种情况，现归结如下：

① 制动手柄处于拔取位或由于其他原因导致的制动控制系统断电：列车中的所有车辆均施加紧急制动；

②列车由于分离或其他原因导致的 153 线断开：列车分离处的后位一侧的车辆施加紧急制动，列车分离处的前位一侧的车辆不施加紧急制动；

③总风管压力低于设定值 [(590±10) kPa]：列车中的所有车辆均施加紧急制动；

④列车实施制动过程中，制动力不足时：制动时，1 个制动单元中电气制动和空气制动所产生的制动力不能满足制动要求，此时紧急制动实施。

一旦紧急制动实施，随着引起列车紧急制动因素的消失，紧急制动是不会自动缓解的，只有通过操纵制动手柄和紧急制动继电器复位开关才能缓解紧急制动。不管是哪种情况引起的紧急制动，只要紧急制动电磁阀重新得电，就可以缓解紧急制动。要重新建立紧急制动电磁阀 UV 的自持电路，必须借助紧急制动继电器用复位继电器 UBRSR，2 号车紧急制动继电器用复位继电器控制回路如下：

103—MCN3—3—156R—156A—首车救援连接器—│UBRSR│—100A3—GS—100。

注：

①上述励磁回路中的阴影部分设备在首车上，非阴影部分设备在 2 号车上。

②3~8 车的紧急制动继电器用复位继电器 UBRSR 的励磁回路和 2 号车类似，只是安全环路中非阴影部分的设备在 3 号车或 4 号车或 5 号车或 6 号车或 7 号车或 8 号车。

由 UBRSR 的控制电路可知，当 156R 励磁时，UBRSR 会得电使得紧急制动缓解。

156 线紧急用继电器（156R）受制动手柄"快速"位定位继电器（BFR）、"7 级"位定位继电器（B7FR）、紧急制动继电器复位开关继电器（UBRSWR）和主控器继电器（MCR）的控制，如下：

103—MCN3—3—$\overline{\text{BFR}}$—3C1—B7FR—3C—UBRSWR—156B—MCR—156C—│156R│—100A3—GS—100。

要使 156R 线圈得电，以下条件必须同时成立：

① 制动手柄"快速"位定位继电器（BFR）处于非励磁状态：制动手柄处于"快速"位或"拔取"位；

② 制动手柄"7 级"位定位继电器（B7FR）处于励磁状态：制动手柄处于"7 级"位或"快速"位；

③ 紧急制动继电器复位开关继电器（UBRSWR）处于励磁状态：按压紧急制动继电器复位开关 UBRS；

④ 主控器继电器（MCR）处于励磁状态：制动手柄位于"非拔取"位。

总结以上 156 线紧急用继电器（156R）得电的四个条件，可以得出缓解紧急制动的方法：将制动手柄打到"快速"位，按压紧急制动继电器复位开关（UBRS）一次。此时，紧急制动电磁阀（UV）重新得电，其自持电路建立，紧急制动缓解。

☑ 任务实施与评价

（1）下发任务单，明确学习任务、主要内容、知识目标、能力目标、素质目标要求；

（2）学生按任务单要求制订学习计划，完成预习任务及相关知识准备；

（3）CRH₂ 型动车组电气控制线路图引入；

（4）利用动车组电气控制线路图完成紧急制动电气控制图的绘制；

（5）教师组织各小组对紧急制动电气控制过程进行分析；

（6）学生进行学习自我评价及学习小组成员互评，教师及小组长（副组长）进行学习他人评价并检查任务完成情况。

【任务6】 快速制动

📋 任务单

任务名称	快速制动（或非常制动）					
任务描述	根据动车组电气线路图完成动车组快速制动控制过程分析。					
任务分析	快速制动采用与常用制动相同的复合制动模式，但具有最大常用制动（7级）1.5倍的制动力，操作司控器的制动手柄，当未能减速到在闭塞区间设定的速度而使ATP或LKJ2000响应，均可发出快速制动指令。					
学习任务	根据CRH$_2$型动车组电气线路，画出快速制动控制电路，并根据分析总结快速制动的特点。					
劳动组合	各组讨论交流，根据任务单画出快速制动控制电路并根据分析写出快速制动的特点。布置任务制作快速制动电气控制示教板。各组评判小组成员学习情况，并作出小组评价。					
成果展示	快速制动电气控制过程图示。					
学习小结						
自我评价	项目	A—优	B—良	C—中	D—及格	E—不及格	综合
	安全纪律（15%）						
	学习态度（15%）						
	专业知识（30%）						
	专业技能（30%）						
	团队合作（10%）						
教师评价	简要评价						
	教师签名						

🔧 学习引导文

动车组列车在运行过程中，引发快速制动施加的因素很多，如动车组驾驶人员通过操纵制动手柄施加快速制动；或列车运行过程中，乘客或乘务员发现紧急情况，通过操纵车厢中乘务员室里的快速制动手柄实施快速制动。不管是哪一种或同时多种因素导致的快速制动，其控制过程是相同的。当任何引起快速制动的一个或几个因素发生时，都会导致快速制动指令线 152 线一处或多处断开，使 152 线失电，处于非加压状态。控制快速制动的 152 线直接向各辆车的制动控制单元（BCU）发送快速制动指令，而不经过由车辆信息控制装置（中央装置）和车辆信息控制装置（终端装置）组成的列车信息网络。因此，相对于常用制动，快速制动的安全性要更高。当快速制动指令线 152 处于非加压状态时，各车辆制动控制单元（BCU）直接控制电空阀打开制动风缸通向中继阀常用制动预控压力室的通路。随着中继阀常用制动预控压力室压力的快速提升，中继阀打开制动风缸通向带防滑装置的增压缸的充气气路，制动风缸向制动缸快速充风，导致快速制动施加。控制过程如图 4-39 所示。

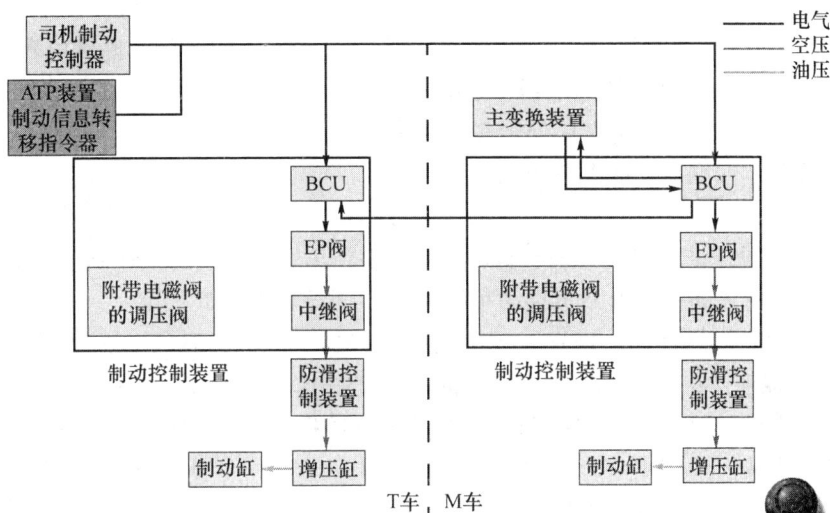

图 4-39　快速制动控制过程

贯穿整理车的快速制动指令线（152 线）向 BCU 传输电信号：当 152 线加压时，保持快速制动为关闭状态（缓解状态）；当 152 线处于非加压状态时，BCU 启动快速制动。控制线路如下：

103—MCN2—2—JTR—152A—EBR—152B—BFR—152—［（首车连接切换器—首车联解电气连接器）∪（尾车连接切换器—尾车联解电气连接器）∪ 制动控制单元 BCU <1 车至 8 车的 8 个制动控制单元>］—100A2—GS—100。

由上可知：152 线是否加压取决于制动手柄"快速"位定位继电器（BFR）、ATP 紧急制动继电器（EBR）及连接时限继电器（JTR）的励磁状态，当满足以下条件中至少一个条件时，152 线就会失电，导致快速制动施加：

①制动手柄"快速"位定位继电器（BFR）处于非励磁状态；

②ATP 紧急制动继电器（EBR）处于非励磁状态；

③连接时限继电器（JTR）处于非励磁状态。

（1）制动手柄"快速"位定位继电器（BFR）处于非励磁状态。

BFR 由制动手柄控制，不同位置时，BFR 的得失电情况如表 4-8 所示。

表 4 – 8　"快速"位定位继电器（BFR）得电情况

线圈＼位置	运转	1	2	3	4	5	6	7	快速	拔取
BFR	√	√	√	√	√	√	√	√		

注："√"表示得电。

由表 4 – 8 可知：当制动手柄处于"快速"位或"拔取"位时，整列车所有车辆会同时施加快速制动。

（2）ATP 紧急制动继电器（EBR）处于非励磁状态。

通过 ATP 的动作，释放总配电盘中用于 ATP 快速制动的继电器（EBR）。由此，开放其常开接点，关闭通向快速制动指令线的电信号。但是，如果列车自动保护系统（ATP）的开放开关（ATPCOS）处在断开的位置，列车自动保护系统（ATP）的切断继电器（ATPCOR）励磁时，用于 ATP 快速制动的继电器（EBR）将不再起作用。

（3）连接时限继电器（JTR）处于非励磁状态。

通过分析 JTR 线圈所在的控制电路：

103—MCN2—2—JTRTD—154G1—JTR—100A3—GS—100

可知：当 JTRTD 处于非励磁状态时，JTR 失电，整列车所有车辆的快速制动施加。

JTRTD 线圈所在的控制电路贯穿动车组列车，其安全环路如下所示：

＜103—MCN2—3—153K—153E3—车端连接切换器＞1 车—153—＜救援连接器—153G—MCR—154—救援连接器—154C—连接切换器—154B3—BNUBR—154B2—MRrAPSR—154B1—USB1—154B—USB2—154A—（UVRS ∪ UVR1）—154K＞8 车—154—＜154B1—USB1—154B—USB2—154A—（UVRS ∪ UVR1）—154K＞7 车—154—＜154K—（UVRS ∪ UVR1）—154A＞6 车—＜154K—（UVRS ∪ UVR1）—154A—154—车端连接切换器—154S＞5 车—154—＜154S—车端连接切换器—154—154K—（UVRS ∪ UVR1）—154A＞4 车—154—＜154K—（UVRS ∪ UVR1）—154A＞3 车—154—＜154K—（UVRS ∪ UVR1）—154A＞2 车—154—＜154K—（UVRS ∪ UVR1）—154A—USB2—154B—USB1—154B1—MRrAPSR—154B2—BNUBR—154B3—车端连接切换器—154C—救援连接器—154D—154H—MCR—[（JTR—154F）∪（BFR—154J1—B7FR—UBRSWR）—JTRTD—100A3—GS—100]＞1 车。

通过对 JTRTD 安全环路的分析，当以下条件中：

①首车 153 线紧急用接触器（153K）处于非励磁状态；

②尾车主控器继电器（MCR）处于励磁状态；

③首车或尾车分割紧急制动指令继电器（BNUBR）处于励磁状态；

④首车或尾车主风缸空压开关继电器（MRrAPSR）处于非励磁状态；

⑤首车或尾车或 7 号车的常闭型乘务员用快速制动开关 USB1 或 USB2 的任何一个处于闭合状态；

⑥列车中任何一个车辆的紧急电磁阀继电器（UVR1）处于非励磁状态且紧急电磁阀继电器短路开关（UVRS）处于断开状态；

⑦首车主控器继电器（MCR）处于非励磁状态；

⑧列车发生分离或其他原因导致的 154 线断裂；

至少一个满足时，JTRTD 就会失电，所有车辆的快速制动就会施加。

首车 153 线紧急用接触器（153K）控制线路如下：

103—MCN3—3—B0FR—153F—MCR—153E1—MRrAPSR—153E2—153K—100A3—GS—100。

由 153K 的控制回路可知，引起 153 线紧急用接触器（153K）处于非励磁状态有以下几种情况：

①制动手柄"零位"定位继电器（B0FR）处于非励磁状态：制动手柄处于拔取位或制动系统断电；

②主控器继电器（MCR）处于非励磁状态：制动手柄处于拔取位或本列车与其他列车联挂；

③总风管用气压开关继电器（MRrAPSR）处于非励磁状态：总风管用气压开关（MRHPS）对两头车机罩内的总风管压力进行检测，低于设定值 [（590±10）kPa]。

只要任何一个条件满足，153 线紧急用接触器 153K 就会失电，使得 JTRTD 失电，启动所有车辆的快速制动。

当首车的主控器继电器（MCR）处于励磁状态时，尾车主控器继电器（MCR）必定处于非励磁状态。所以，第二种情况（②）不可能发生，因为首车和尾车的主控器继电器存在互锁关系。

当动车组列车的两个牵引单元 T1（1~4 车）和 T2（5~8 车）进行分割时。首车和尾车的分割紧急制动指令继电器（BNUBR）会同时得电处于励磁状态，使得分开后的两个牵引单元同时施加快速制动。该种情况可以和第 8 种情况（⑧）列车分离合并。

当首车或尾车总风管用气压开关（MRHPS）对两头车机罩内的总风管压力进行检测，低于总风管压力设定值 [（590±10）kPa] 时，总风管用气压开关继电器（MRrAPSR）会失电，导致 JTRTD 环路断开且 153K 失电，启动所有车辆的快速制动。

在首车（1 号车）、7 号车及尾车（8 号车）三辆车中，每一辆车的乘务员室设有两个乘务员用的快速制动手柄。当列车乘务员发现紧急情况时，通过操纵快速制动开关 USB1 或 USB2 来断开 JTRTD 的回路，启动快速制动。

紧急电磁阀继电器短路开关（UVRS）是常开型开关，通常情况下处于打开状态。当任何一辆车发生紧急制动导致 UVR1 失电时，列车中所有的车辆同时启动快速制动。

当制动手柄处于"拔取"位或其他原因导致制动控制系统失电（如断开司机电钥匙）时，会使首车主控器继电器（MCR）处于非励磁状态，引发所有车辆的快速制动。

当列车发生分离或其他原因使得 154 线断裂，或导致 JTRTD 失电，会引发全列车的快速制动。

通过对快速制动指令线 152 的分析，可以归纳出触发动车组列车实施快速制动的 6 种情况：

①动车组司机或检修人员操纵制动手柄位于"快速"位或"拔取"位；

②动车组列车总风管压力低于设定值 [（590±10）kPa]；

③动车组列车自动保护系统（ATP）检测到紧急情况，从而控制快速制动启动；

④动车组列车中任何车辆出现紧急情况触发紧急制动；

⑤动车组列车发生人为或非正常分离或其他原因导致的快速制动指令线 152 断裂；

⑥动车组列车乘务员发现紧急情况操纵首车、尾车或 7 号车厢中的快速制动手柄。

当第 6 种情况发生时，如果动车组司机判定确实出现紧急情况，需要启动快速制动，可以通过快速制动施加请求；如果动车组司机判定是乘务员或乘客误操作触发的快速制动指令，可以解除快速制动施加请求。

当动车组司机通过操纵制动手柄启动快速制动，处理完紧急情况后，将制动手柄转离"快速"位即可缓解快速制动；当列车自动保护系统（ATP）检测到紧急情况启动快速制动，紧急情况处理完毕后，ATP 系统可以使紧急制动继电器（EBR）重新励磁来解除快速制动。

如果是由于 JTR 失电导致的快速制动施加，动车组司机必须将制动手柄转至"快速"位，然后按压紧急制动继电器复位开关（UBRS）一次，使得紧急制动继电器复位开关继电器（UBRSWR）得电。此时 JTRTD 的自持电路才能建立，JTR 才会得电。最后，动车组司机将制动手柄转离"快速"位即可缓解快速制动。

若将制动设定器置于快速位置时，由于 B1FR 处于励磁状态，因此，电气制动指令线 10 线也处于被加压的状态。由 ATP 引起快速制动时，由于释放 EBR 的同时也释放 NBR，所以 ATCBR 被励磁。JTR 落下时 ATCBR 也会被励磁。由于 ATCBR 被励磁，ATCBR 的常开接点变为关闭状态，10 线被加压。所以在发出快速制动指令时，在牵引变流器输入 10 线加压的指令。与此同时，从制动控制装置（BCU）输入再生制动模式电压，再生制动控制如常用制动时一样起作用。

任务实施与评价

（1）下发任务单，明确学习任务、主要内容、知识目标、能力目标、素质目标要求；

（2）学生按任务单要求制订学习计划，完成预习任务及相关知识准备；

（3）CRH$_2$ 型动车组电气控制线路图引入；

（4）利用动车组电气控制线路图完成快速制动电气控制图的绘制；

（5）教师组织各小组对快速制动电气控制过程进行分析；

（6）学生进行学习自我评价及学习小组成员互评，教师及小组长（副组长）进行学习他人评价并检查任务完成情况。

【任务 7】　停放制动及耐雪制动

任务单

任务名称	停放制动及耐雪制动					
任务描述	根据动车组电气线路图完成动车组停放制动及耐雪制动控制过程分析。					
任务分析	设置停放制动的目的是在列车停放（无压缩供气）时，保证列车安全停靠，停靠设计的最大下坡斜度为 30‰。 　　设置耐雪制动的目的是防止降雪时雪块进入制动盘和闸片之间。耐雪制动动作时，制动油缸会轻轻地推出闸片以消除闸片和制动盘面之间的空隙，防止雪的进入。					
学习任务	根据动车组电气线路，画出耐雪制动控制电路，并根据分析总结停放制动及耐雪制动的特点。					
劳动组合	各组讨论交流，根据任务单画出停放制动及耐雪制动控制电路并根据分析写出停放制动及耐雪制动的特点。布置任务制作快速制动电气控制示教板。各组评判小组成员学习情况，并作出小组评价。					
成果展示	停放制动及耐雪制动电气控制过程图示。					
学习小结						
自我评价	项目	A—优	B—良	C—中	D—及格	E—不及格	综合
	安全纪律（15%）						
	学习态度（15%）						
	专业知识（30%）						
	专业技能（30%）						
	团队合作（10%）						
教师评价	简要评价						
	教师签名						

学习引导文

4.7.1 停放制动

在停放制动单元缸里，制动通过弹簧力实施，无须任何空气压力。缓解停放制动，可采用压缩空气来抵消机械弹簧力。为了允许停放制动的紧急缓解，在非动力转向架的两侧提供了金属绳索。通过每车的紧急缓解装置和独立、易控的空气截断塞门能够中断故障停放制动。

停放制动的控制指令通过监控器输出，M280、M296 间得到加压，停放指令辅助继电器 AMLpR2 动作，控制线路如下所示：

首车监控装置—M296— AMLpR2 —M280—P24 - 1。

停放指令辅助继电器 AMLpR2 的电气图如图 4 - 40 所示。

使用 AMLpR2 的常开触点接点控制首车停放指令辅助继电器 AMLpR1 线圈，控制线路如下：

103—COSN—70—AMLpR2—173Z2— AMLpR1 —100Z2—GS—100。

停放指令辅助继电器 AMLpR1 的电气图如图 4 - 41 所示。

通过 AMLpR1 常开触点向车辆信息控制装置（中央装置）发送停放制动指令，如图 4 - 42 所示。

当车辆信息控制装置（中央装置）接收到停放制动施加或缓解的指令时，会通过列车信息网络控制列车停放制动的施加或缓解。

CRH_2 型动车组没有专门的停放制动装置。在坡道上停放时，通过在最前方 3 个轮对的车轮下放置 6 个铁鞋，来防止列车因重力或风力作用而溜逸。

4.7.2 耐雪制动

耐雪制动于行驶速度 110 km/h 以下，在耐雪制动开关置于作用位并且操纵制动手柄时动作。耐雪制动对应的制动缸（BC）压力设定值为（60 ± 20）kPa，这是使制动缸产生有效制动力最小的工作压力，在 BCU 输出实际空气制动控制信号时，制动缸则依然按照所需的空气制动力的大小充气到相应的压力。耐雪制动对应的制动缸（BC）压力设定值可通过调整 BCU 面板上的开关来改变。耐雪制动的指令是通过耐雪制动开关（ASBS）发出的，其控制过程与常用制动控制过程相同。

动车组司机操纵司机台的耐雪制动开关（ASBS），157 线被加压，经由首车车辆信息控制装置（中央装置）及各车辆的车辆信息控制装置（终端装置）组成的列车信息网络，将指令输送到各车辆的制动控制单元（BCU）。列车速度在 110 km/h 以下时，BCU 启动耐雪制动，如下所示：

103—MCN2—3—ASBS—157A—MXR—（首车救援连接器 ∪ 车辆信息控制装置＜中央装置＞∪ 尾车救援切换器）。

任务实施与评价

（1）下发任务单，明确学习任务、主要内容、知识目标、能力目标、素质目标要求；

（2）学生按任务单要求制订学习计划，完成预习任务及相关知识准备；

（3）CRH_2 型动车组电气控制线路图引入；

（4）利用动车组电气控制线路图完成停放制动及耐雪制动电气控制图的绘制；

（5）教师组织各小组对停放制动及耐雪制动电气控制过程进行分析；

（6）学生进行学习自我评价及学习小组成员互评，教师及小组长（副组长）进行学习他人评价并检查任务完成情况。

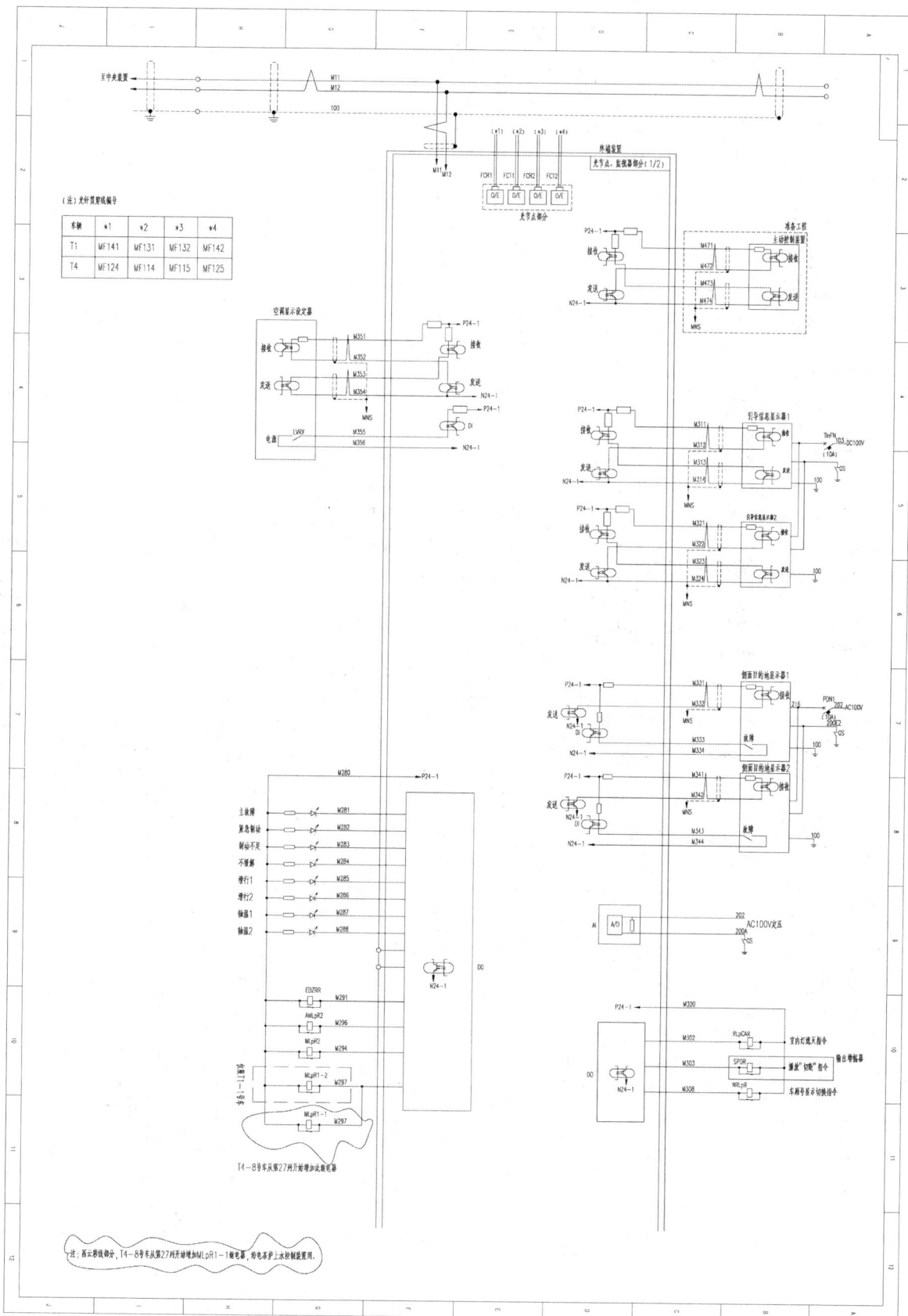

图 4-40 停放指令辅助继电器 2 电气图

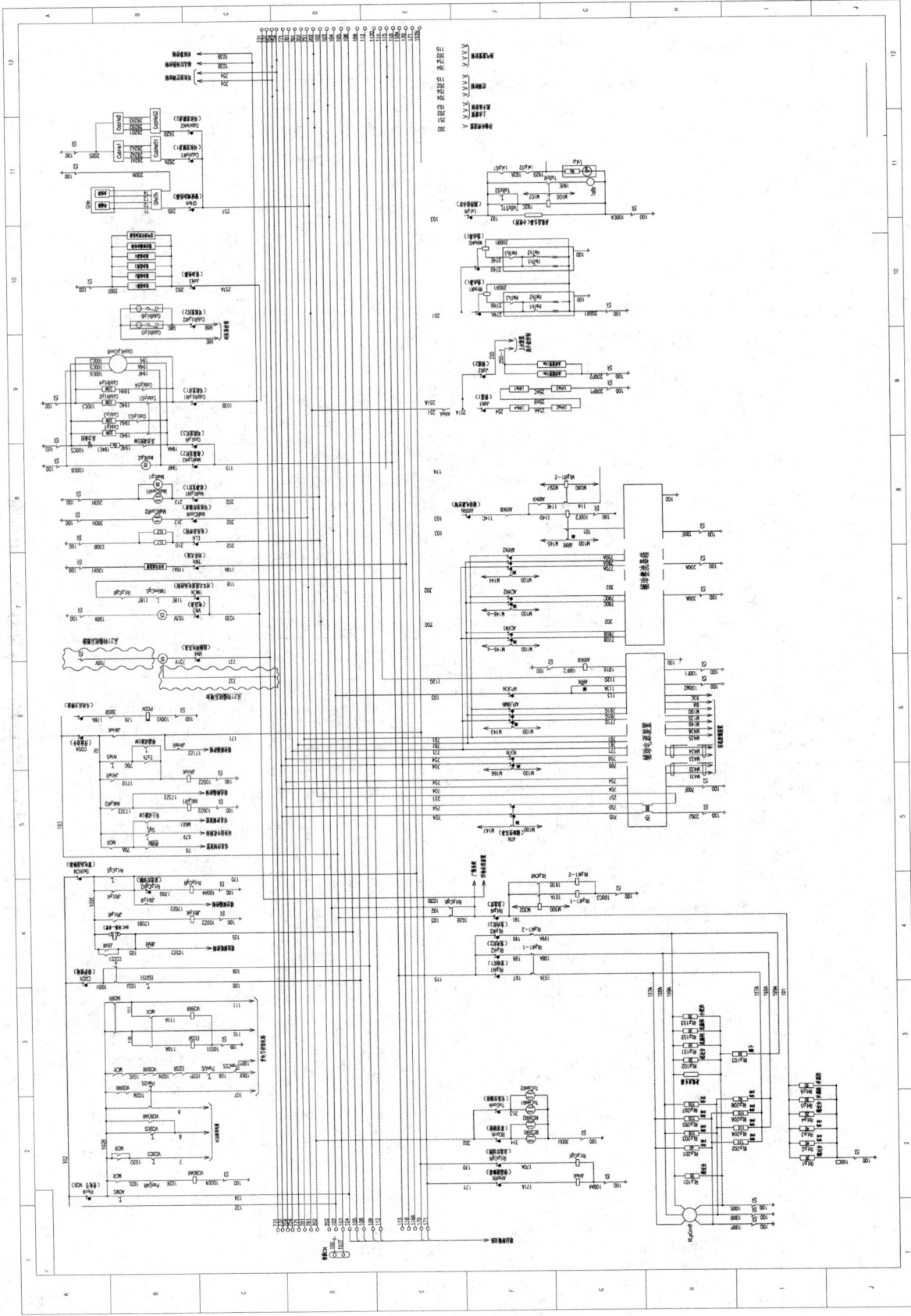

图 4－41　停放消省令辅助继电器 1 电气图

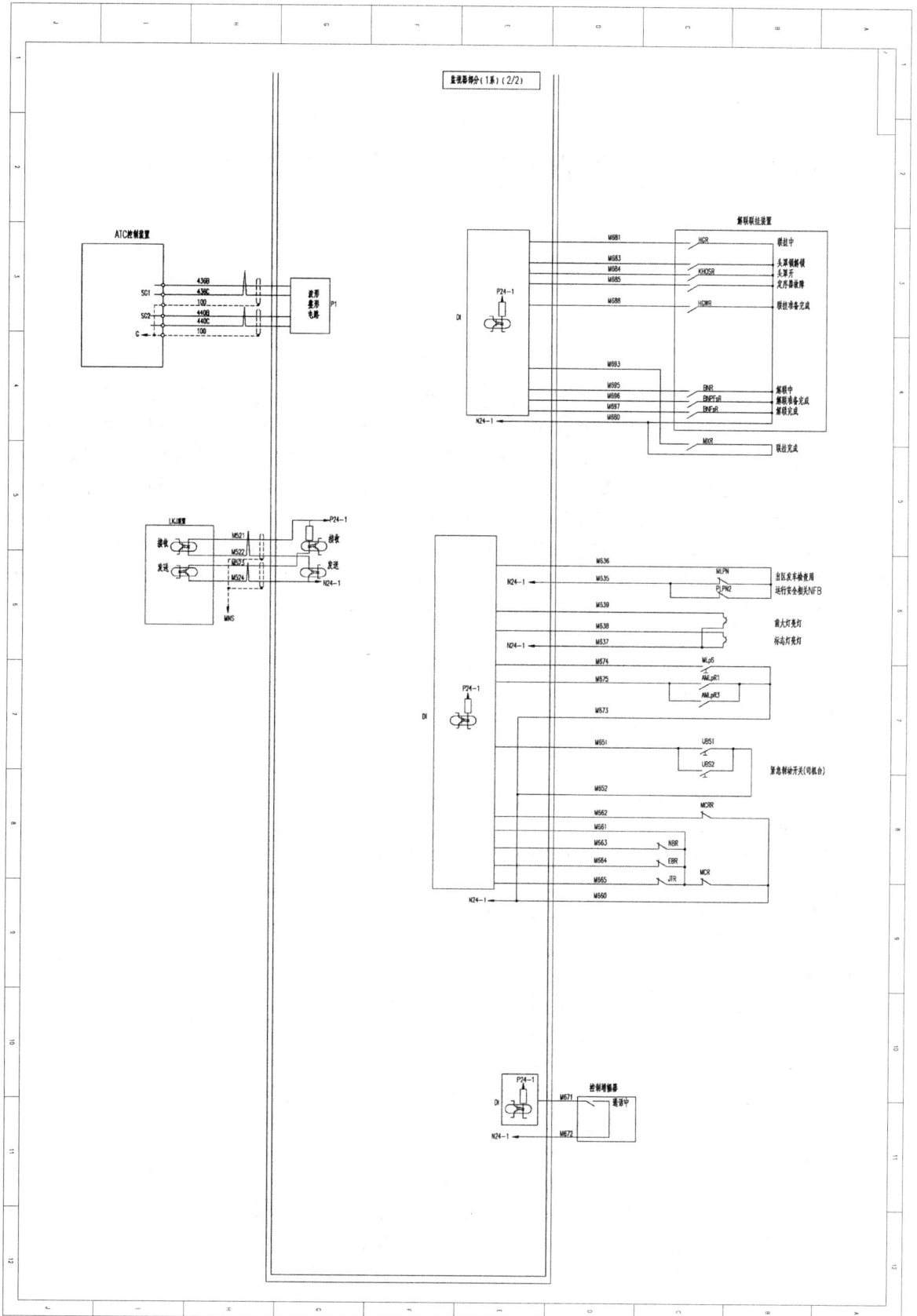

图 4 - 42 车辆信息控制装置（中央装置）电气图

项目 5　制动系统检修操纵与故障处理

项目描述

　　高速动车组制动系统是动车组列车的重要组成系统，负责全列车的正常及紧急制动。保障动车组制动系统的正常工作状态，对列车运行的安全有着至关重要的意义。对于动车组制动系统功能性保障主要有两个方面。一是动车组正常的检修、试验；二是在制动系统出现异常时的紧急故障处理。了解动车组制动系统检修规程、办法，掌握制动系统故障分析方法与处理办法，是对动车组检修、驾驶从业人员的基本职业能力要求。

　　本项目要依据制动系统基本机构与理论知识，结合部分车型现场资料，重点对制动系统试验、检修、联挂与回送、故障分析与处理等方面进行介绍，并要求学生掌握相关知识点。

　　本项目任务：

　　任务1　动车组制动系统制动试验

　　任务2　动车组联挂、回送气路连接

　　任务3　动车组制动系统检修

　　任务4　动车组制动系统故障分析与处理

教学目标

1. 知识目标

（1）掌握制动系统制动试验的内容与部分车型的操作办法；

（2）掌握制动系统的检修内容与方法；

（3）理解动车组联挂与回送的操作办法；

（4）了解动车组制动系统常见故障与通用处理办法。

2. 能力目标

依据介绍的动车组制动系统检修操纵与故障分析处理材料：

（1）明晰制动试验流程并能操作部分车型制动试验；

（2）演练制动系统关键结构的检修操作；

（3）配合完成动车组的联挂与回送；

（4）分析设定的故障情境并做出处理。

3. 素质目标

（1）培养学生对难点知识的分析、接受能力；

（2）在项目完成过程中培养学生敢于动手，亲身实践，富于创新的动手能力；

（3）在项目完成过程中培养学生严谨认真、团结协作的学习态度；

（4）能客观、公正地进行学习自我评价及对小组成员的评价。

【任务1】　动车组制动系统制动试验

任务单

任务名称	动车组制动系统制动试验					
任务描述	为确保列车运行过程中，制动系统能随时正常、可靠地工作，在列车每次上线运行之前，必须进行制动试验，以确认制动系统各项功能是否正常。制动试验必须验证直接制动系统和备用制动系统的各项功能，确保列车能够有效执行紧急制动。为了保证列车运行的安全，掌握制动试验的原理与方法是对动车组驾驶及检修人员从业的基本要求。					
任务分析	了解制动试验的目的与重要性；掌握基本的制动试验理论；熟悉各种制动方式，了解参与制动试验的制动设备，明确各设备间信息传递层级关系、制动试验信息传递；了解各型车制动试验办法；对比不同车型平台制动试验操作的差异；具备几种车型制动试验的实际操作能力。					
学习任务	【子任务1】分析动车组进行制动试验分别在什么情况下使用自动制动试验、菜单引导的制动试验、短制动试验、手动制动试验。 【子任务2】说明各车上的BCU之间的层级结构。 【子任务3】利用CRH$_3$型动车组模拟驾驶系统分别完成自动制动试验及菜单引导的制动试验各项试验内容。					
劳动组合	各组在学习本课内容后交流讨论，根据任务单，完成相应任务。在任课教师指导下，利用模拟驾驶设备进行实践练习。各组评判小组成员学习情况，并作出小组评价。					
成果展示	(1) 制动试验原理知识的理解； (2) 学生完成本节任务单相关任务，掌握知识点； (3) 利用实训仿真设备现场感受制动试验的实际操作。					
学习小结						
自我评价	项目	A—优	B—良	C—中	D—及格	E—不及格	综合
	安全纪律（15%）						
	学习态度（15%）						
	专业知识（30%）						
	专业技能（30%）						
	团队合作（10%）						
教师评价	简要评价						
	教师签名						

学习引导文

5.1.1 制动试验的目的

随着我国高速列车技术的飞速发展，制动系统的制动负荷急剧增加，制动系统也愈加复杂，其运用可靠性直接关系到列车的运行安全。为了确保列车运行过程中，制动系统能随时正常、可靠地工作，在列车每次上线运行之前，必须进行制动试验，以确认制动系统各项功能是否正常。列车制动系统包括直接制动系统和间接制动系统。通常直接制动系统是一套由电气直接控制气动摩擦制动的制动系统。间接制动系统是一套自动式空气制动系统，在直接制动系统故障情况下提供紧急制动功能并作为备用模式。常用制动采用复合型的制动方式，使用电制动和直接制动联合作用。制动试验必须验证直接制动系统和备用制动系统的各项功能，确保列车能够有效执行紧急制动。

制动试验的目的是验证制动系统的可操作性，用以保证其安全性和可用性。制动系统的关键部件有风源系统、控制系统、基础制动装置、总风管、列车管、紧急制动环路等。其功能有直接制动功能、间接制动功能、防滑功能、紧急制动功能。制动试验必须验证上述关键部件的可用性和功能的可靠实施。而且，为了确保在紧急情况下，能够可靠施加紧急制动使列车安全停车，制动试验最重要的一项是确认列车紧急制动有效率。在紧急制动有效率低于100%的条件下，列车必须限速运行。

5.1.2 制动试验的实施方法

1. 自动制动试验（ABT）

动车组在每次上线之前必须进行一次自动制动试验。在下线之后，司机可通过司机屏（TD‐HMI）设定列车再次上线运行的时间，列车中央控制单元将计算制动试验的开始时间，并在那个时间启动制动试验，由制动控制单元执行试验。自动制动试验内容包括：

①总风管贯通性试验；②空压机试验；③列车管泄漏试验；④直接制动试验，包括高压力/低压力模式；⑤防滑试验；⑥列车管贯通性试验；⑦间接制动试验（间接制动的实施和缓解）；⑧各头车内间接制动的紧急制动阀试验；⑨由局部制动控制单元介入的停放制动监控环路试验；⑩由停放制动环路介入的紧急制动环路试验；⑪制动有效率的计算。

2. 菜单指导的制动试验（MBT）

如果不执行自动制动试验，司机可以通过司机屏进入菜单引导的制动试验，根据菜单提示，按步骤完成制动试验。在每一项试验过程中，司机屏都会显示试验进度和各阶段的结果。菜单指导的制动试验内容包括：

①总风管贯通性试验；②列车管泄漏试验；③间接制动试验，包括列车管连续性试验；④直接制动试验，通过扳动制动手柄在制动级位与缓解位置上进行直接制动施加与缓解；⑤紧急制动试验，通过扳动制动手柄至紧急制动位置上进行；⑥列车管连续性试验；⑦制动有效率的计算。

3. 短制动试验（SBT）

在自动制动试验后、司机换端操纵、列车联挂或解编后，需要执行短制动试验。短制动试验的步骤包括：

①通过扳动制动手柄在制动级位与缓解位置上进行直接制动施加与缓解试验；②通过扳动制动手柄至紧急制动位置上进行紧急制动试验；③在两列动车组联挂之后进行列车管贯通性试验。

4. 手动制动试验（HBT）

在没有司机屏和制动控制单元支持的时候，必须由司机进行手动制动试验。司机和乘务员通过观察压力表和机械指示仪表来检测手动制动试验的结果。手动制动试验的内容包括：

①在任意一个列车管相关试验失败时，用指针压力表测试列车管压力；②用指针压力表测试列车总风压力；③用指针压力表验证列车管充风；④通过机械制动状态指示器验证每一辆车的制动施加和缓解。

5.1.3 制动试验的相关接口

1. 制动试验期间 BCU 的功能层次

在制动试验期间，有三个主要的任务需要制动控制单元（BCU）执行，按照这些任务的层次等级，也将 BCU 分为三个层次。

①列车制动管理器（TBM），由本务头车主 BCU 承担；②分段制动管理器（SBM），由给牵引单元中的头车主 BCU 承担；③本地控制单元（LBCU），即各车本地的 BCU。

根据 BCU 所在的车辆的位置，BCU 承担的功能会有所叠加。表 5 – 1 列出了不同车辆的 BCU 的用途和承担的功能。

表 5 – 1   不同车辆的 BCU 的用途和功能

本务头车的主 BCU	非本务车的主 BCU	头车的从 BCU 及所有其他 BCU，不转轴检测（DNRA）BCU 除外
TBM	—	—
SBM	SBM	—
LBCU	LBCU	LBCU

根据上述三个层次分级，在制动试验期间，各相关设备之间通过多功能车辆总线（MVB）的通信也有严格的限制，只能在限定的两者之间发送/接受命令或检验结果。见表 5 – 2 及图 5 – 1。

表 5 – 2   允许互相通信的设备

设备 1	通信方向	设备 2
CCU	⇔	TBM，例如 ABT 的启动命令
TBM	⇔	SBM
SBM	⇔	本 MVB 分段的 LBCU
SBM	⇒	CCU，仅在间接制动和 BP 贯通性试验的紧急制动阀的制动试验
TBM	⇒	MMI，在 ABT 期间
TBM	⇔	MMI，在 MBT 和 SBT 期间
LBCU	⇐	MMI，仅在非本务头车内，向本务头车 MMI 提供上次 ABT 结果

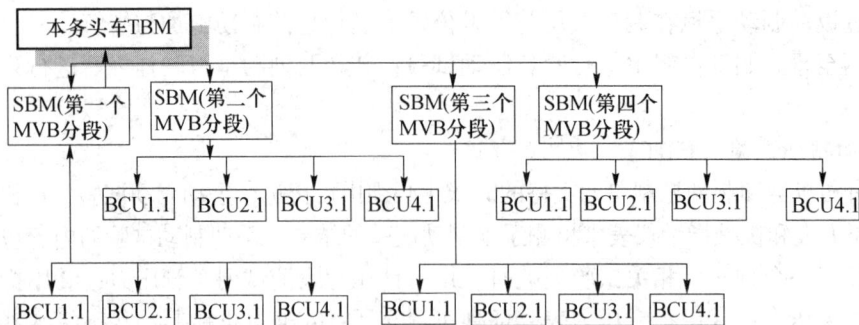

图 5-1 制动试验通信结构

2. 自动制动试验的信号流

自动制动试验的命令和试验结果的信号流如图 5-2 所示。

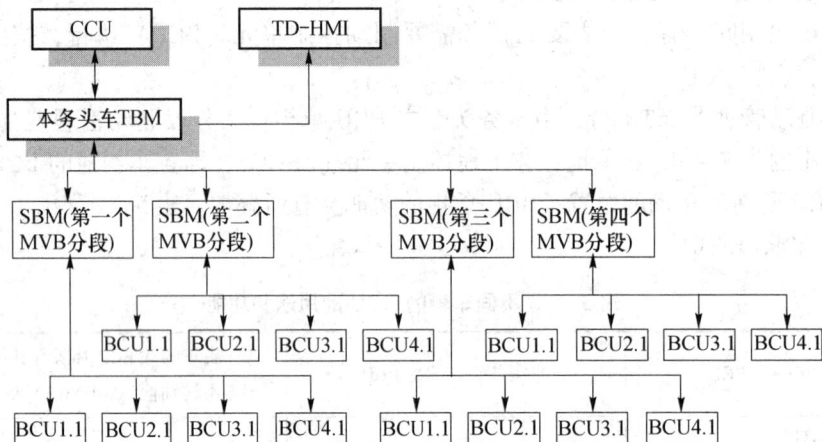

图 5-2 自动制动试验命令和试验结果信号流

列车中央控制单元（CCU）在司机设定时经由多功能车辆总线（MVB）向列车制动管理单元（TBM）发送自动制动试验请求。TBM 接收到请求后，按下列顺序开始执行自动制动试验（ABT）：TBM 通过 MVB 向列车内部全部 SBM 传输 ABT 命令，SBM 向其有关的 LBCU 发送 ABT 命令，LBCU 经由 MVB 向 SBM 报告每个局部制动试验的结果，TBM 根据各 MVB 分段的 SBM 发送过来的制动试验结果信息产生汇总的 ABT 结果，然后将该结果报告给 CCU 和 MMI。

3. 菜单引导的制动试验的信号流

菜单引导的制动试验的命令和试验结果的信号流如图 5-3 所示。

司机在 MMI 上选择的试验命令经由多功能车辆总线（MVB）向 TBM 发送自动制动试验请求，TBM 接收到请求后，按下列顺序开始执行制动试验：TBM 通过 MVB 向列车内的全部 SBM 传输 MBT 命令，SBM 向其有关的 LBCU 发送 MBT 命令，LBCU 经由 MVB 向 SBM 报告每个局部的制动试验结果，SBM 通过 MVB 向 TBM 报告局部制动试验结果，TBM 根据各 MVB 分段的 SBM 反馈过来的制动试验结果信息产生汇总的 MBT 结果，然后将该结果报告给 MMI。

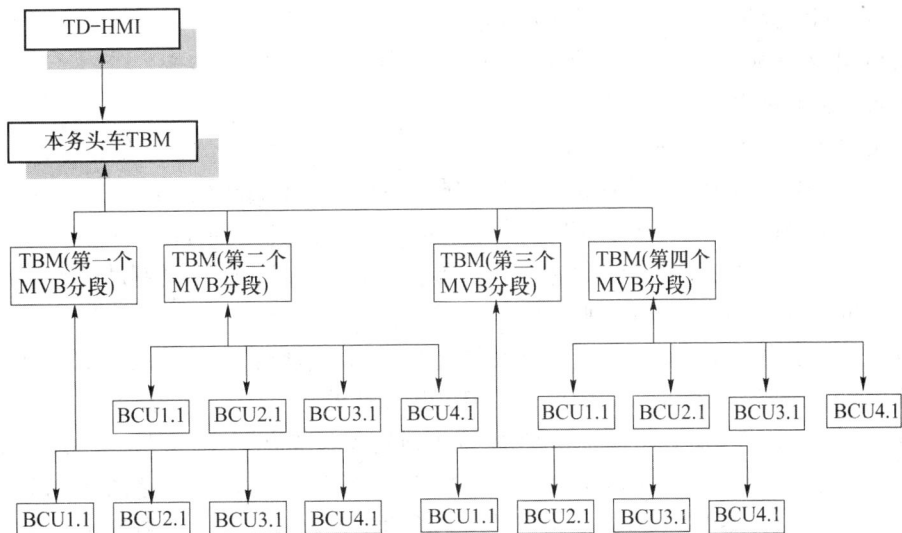

图 5 - 3   菜单引导的制动试验命令和试验结果信号流

5.1.4   制动试验的实施流程

制动试验由 TBM 接受 CCU 或 MMI 的指令，然后下发至各个 SBM，SBM 又命令自己网段内的 LBCU 来执行制动试验；LBCU 执行完毕，将其结果报告给 SBM，各个 SBM 将本网段内的试验结果报告给 TBM，TBM 根据由 LBCU 报告的摩擦制动有效的车辆的数量，计算当前紧急制动有效率值并经由 MVB 向 MMI 发送此值。

1. TBM 实施过程

TBM 控制整列动车组的制动试验。在制动试验开始阶段，列车的本务头车内的两个 BCU 进行主从配置，主 BCU 被配置为 TBM。TBM 执行以下功能：

在 ABT 期间：①接受和处理来自 CCU 的命令，以便执行 ABT；②向其下属的 SBM 发送 ABT 的启动和中止命令；③确定列车需要进行的局部试验并向去下属的 SBM 发送此信息；④从下属的 SBM 接收和处理中止 ABT 的请求；⑤收集其下属的 SBM 每个试验步骤的结果，并在 ABT 结束之时向 TD - HMI 发送汇总的结果。

在 MBT 期间：①接收和处理来自 TD - HMI 的命令，以便执行 MBT；②向下属的 SBM 发送 MBT 的启动和中止命令；③确定列车需要进行的局部试验并向下属的 SBM 发送此信息；④从其下属的 SBM 接收和处理中止 MBT 的请求；⑤收集其下属的 SBM 每个试验步骤的结果，并发送给 TD - HMI，以便 TD - HMI 提示司机下一步操作。

2. SBM 实施过程

SBM 从属于 TBM。由 4 辆车组成的每个 MVB 分段都有一个 SBM，它执行以下功能：

①接收和处理来自 TBM 的命令，以便开始和中止 ABT/MBT 并向其下属的局部 BCU 发送命令；②从 TBM 接收命令，以便进行实际的试验步骤并向其下属的局部 BCU 发送命令；③向 TBM 发送关于第一辆车、最后一辆车、联挂状态的信息；④收集来自下属的 BCU 的每个试验步骤结果并发送给 TBM。

3. LBCU 实施过程

LBCU 从属于本 MVB 分段的 SBM，每辆车的第一个 BCU（BCUx.1，x = 1，2，3，4）

在制动试验期间称为 LBCU，它执行下列功能：

①从 SBM 接受命令，以便开始和中止制动试验的实际试验步骤；②执行试验步骤；③将实际试验步骤结果发送给所属 SBM。

4. 试验结果及制动有效率的计算

如果完成 ABT，TBM 将向 TD – HMI 发送试验结果，显示给司机。

TBM 将汇总 ABT 的各部分的结果，并将下列任一结果及情况报告给 CCU：

①成功进行了自动制动试验；②未成功进行自动制动试验；③自动制动试验中止。

TBM 将通过 MVB 向列车内的所有头车 BCU 发送下列结果：

①成功进行了自动制动试验；②未成功进行自动制动试验；③自动制动试验中止；④成功进行课 MRP 贯通性试验；⑤未成功进行 MRP 贯通性试验。

局部 BCU1. 1 和 BCU1. 2 将储存从 TBM 接收到的 ABT 全部结果，以及从 MVB 接收到的数据和时间信息。全部 BCU1. 1 和 BCU1. 2 向 MVB 发送下列信息，包括数据和时间：

①成功进行了自动制动试验；②未成功进行自动制动试验；③自动制动试验中止；④成功进行了 MRP 贯通性试验；⑤未成功进行 MRP 贯通性试验。

在进行 MBT 过程中，TD – HMI 会在每项制动试验过程中提示司机操作并显示中间过程和结果。

制动试验结束之后，TBM 根据有局部 BCU 报告的摩擦制动有效的车辆数量，计算当前制动有效率值并经由 MVB 向 TD – HMI 发送此值。制动有效率的计算方法为：

$$\eta = (n/N) \times 100\%$$

其中，η 为列车紧急制动有效率；

n 为能有效执行紧急制动的车辆的数量；

N 为列车编组的车辆总数。

动车组制动试验对动车组的安全运行有着至关重要的保障作用，掌握制动试验方法也是对动车组驾驶及检修人员的基本要求。然而，国内各型动车组来自不同的技术平台，在进行制动试验时，虽然检修项目基本一致，但是操作方法各不相同。现以 CRH$_3$ 型及 CRH$_5$ 型动车组平台为例，介绍该平台车型的制动试验的操作办法。

5. 1. 5 CRH$_3$ 型动车组制动试验操作办法

1. CRH$_3$ 型动车组制动试验操作前提条件

CRH$_3$ 型动车组安装有可自动执行制动试验，以及通过右侧 MMI 由司机执行菜单引导制动试验的系统。该系统是车辆控制系统的组成部分。制动试验是启动动车组运行操作的前提条件，也参与到电空制动的制动力计算。CRH$_3$ 型动车组制动试验包括自动制动试验（ABT）、菜单指导的制动试验（MBT）、短制动试验（SBT）、手动制动试验（HBT）。

在开始制动试验前，必须满足下列前提条件：

①辅助供风装置没有向总风缸供风；

②通过关闭球阀切除辅助制动手柄；

③“停车制动监控回路”和“紧急制动回路”不设旁路，并在故障开关操作台分别将控制开关“PEBL”和“EBL”置于“关”的位置。

④必须实施全列的停放制动，检查辅助操作区的按钮"实施 PB"。当全部停车制动实施时，此按钮将会被点亮。或者可以选择通过在右侧 MMI 屏显示"停车制动"情况，检查停放制动。

⑤必须明确列车编组情况。如果在左侧 MMI 屏显示"确认列车配置"提示，意味着需要确认列车是单列运行还是重联运行。

⑥仅允许激活动车组的一个司机室。

在动车组进行自动制动试验（ABT）时，列车必须处于"停放操作"状态。在进行菜单指导的制动试验（MBT）／短制动试验（SBT）时，运行方向前部司机室必须有人，即列车不再处于"停放操作"状态。

2. 自动制动试验（ABT）

进行自动制动试验（ABT）的目的是验证制动系统的有效性，以保证安全和可用性。每个运行日必须进行一次自动制动试验（ABT）。在上一次运行日结束时，司机要通过左侧 MMI 屏（"启动停放操作"页面）确定列车再次投入运行的时间。CCU 将计算启动时间并开始 ABT。

但是在列车自动制动试验开始前，需要满足以下条件：

①总风缸管没有通过辅助装置充风；

②牵引系统已经被切除；

③列车制动管理器已经从 CCU 获得了开始启动自动制动试验（ABT）的指令。

自动制动试验将在条件满足的情况下自动进行制动试验，试验项目与 5.1.2 所介绍的内容一致。

3. 菜单指导的制动试验（MBT）

如果自动制动试验（ABT）失败、自动制动试验（ABT）结果无效或者结果没有**根据右侧 MMI 屏上显示的说明进行**，则必须进行菜单指导的制动试验（MBT）。具体的操作步骤如下。

（1）开始菜单引导的制动试验。

在显示页面"制动状态"中按下软键"制动试验"，选择显示页面"制动试验"，如果此时列车没有实施全列停放制动，将会在界面显示提示信息"施加停放制动！"，如图 5－4 所示。

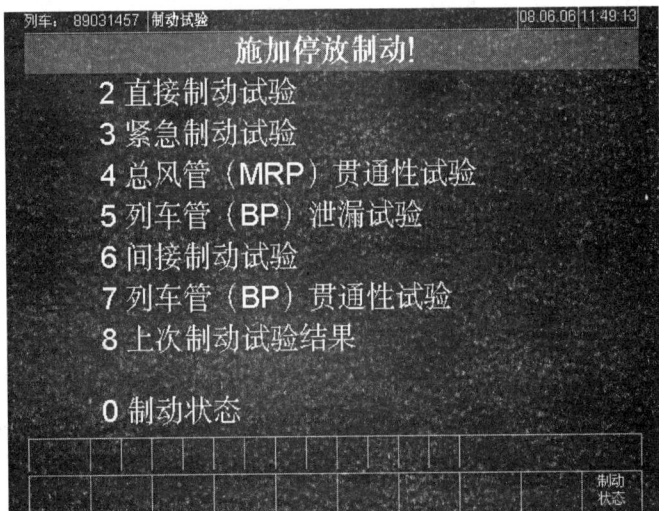

图 5－4　制动试验显示界面

（2）选择进行直接制动试验。

操作"制动试验"页面中对应直接制动试验的软键2进入"直接制动试验"界面。如图5-5所示，并进行直接制动试验，步骤如下：

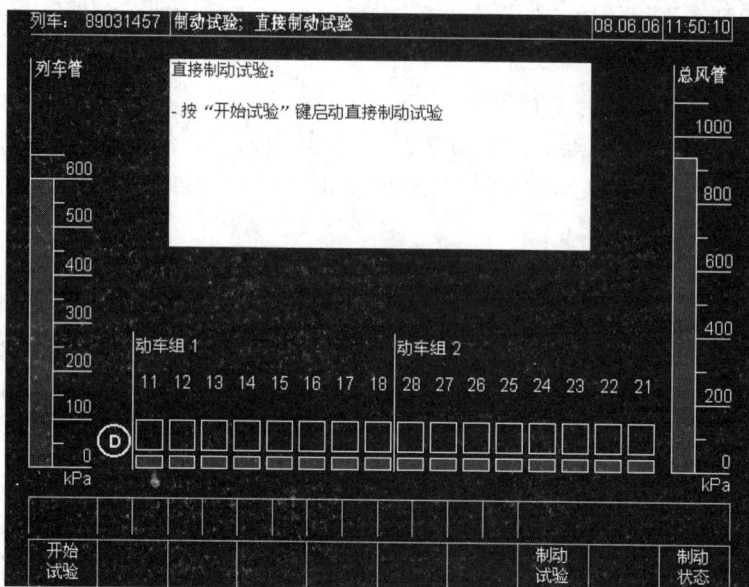

图5-5　直接制动试验显示界面

①通过按下直接制动试验显示界面中对应"开始试验"的软键1，开始直接制动试验；

②检查没有出现紧急制动请求；

③检查BP和MRP双针压力表（黄色指针）和显示界面上的列车管压力是否符合600 kPa的正常工作压力；

④操作"司机制动手柄"至"REL"位，并在显示界面上检查全部车辆中的空气制动机是否缓解；

⑤操作"司机制动手柄"至制动3挡位，并在显示界面上检查全部车辆中的空气制动机是否在10 s内实施制动；

⑥操作"司机制动手柄"至"REL"位并在显示界面上检查全部车辆中的空气制动机是否在10 s内缓解，全部车辆中的空气制动是否可用；

⑦完成试验，按下"制动试验"对应的软键8退出试验并返回到"制动试验"显示界面。

（3）选择进行紧急制动试验。

操作"制动试验"页面中对应紧急制动试验的软键3进入"紧急制动试验"界面。如图5-6所示，并进行紧急制动试验，步骤如下：

①通过按下紧急制动试验显示界面中对应"开始试验"的软键1，开始紧急制动试验；

②检查没有出现紧急制动请求；

③检查BP和MRP双针压力表（黄色指针）和显示界面上的列车管压力是否符合600 kPa的正常工作压力；

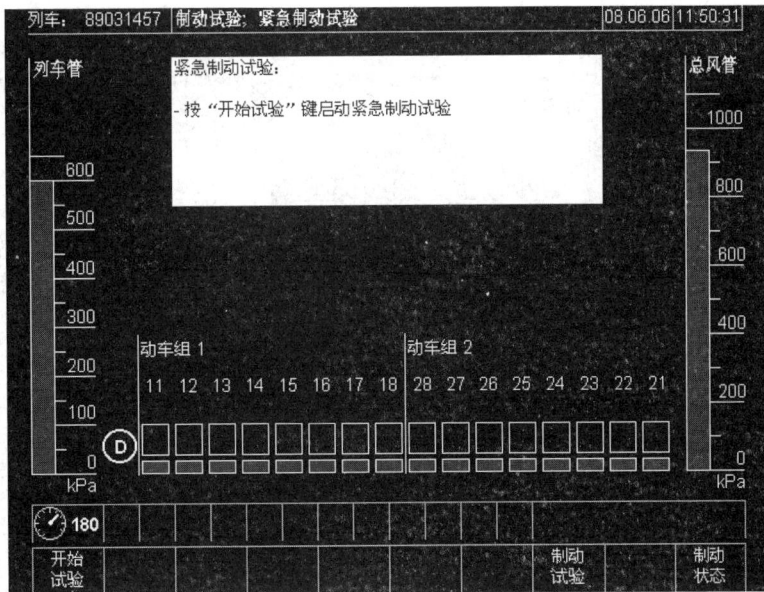

图 5-6　紧急制动试验显示界面

④操作"司机制动手柄"至"REL"位,并在显示界面上检查全部车辆中的空气制动机是否缓解;

⑤操作"司机制动手柄"至"EB"位,并检查 BP 和 MRP 双针压力表(黄色指针)和显示界面上列车管压力是否下降到 200 kPa 以下,检查全部车辆中是否实施空气制动;

⑥操作"司机制动手柄"至"REL"位,并检查 BP 和 MRP 双针压力表(黄色指针)和显示界面上列车管压力是否上升到正常工作压力,检查全部车辆中的空气制动是否缓解;

⑦完成试验,按下"制动试验"对应的软键 8 退出试验并返回到"制动试验"显示界面。

(4) 选择进行总风管(MRP)贯通性试验。

操作"制动试验"页面中对应紧急制动试验的软键 4 进入"总风管(MRP)贯通性试验"界面,如图 5-7 所示,并进行总风管(MRP)贯通性试验,步骤如下:

①通过按下总风管(MRP)贯通性试验显示界面中对应"开始试验"的软键 1,开始紧急制动试验;

②通过检查 BP 和 MRP 双针压力表(红色指针)和显示界面上总风管压力,如果总风管(MR)压力 >900 kPa,通过操作"司机制动手柄"施加几次全常用制动至制动 8 挡位,以此降低总风管(MR)压力。注意:施加制动后,等待 3 s,缓解制动后,再等待 3 s,不允许快速操作,此步试验中不允许将总风压力降至 850 kPa 以下。降低总风压力时,各车的压力下降应同步。

③通过检查 BP 和 MRP 双针压力表(红色指针)和显示界面上总风管压力,如果总风管(MR)压力 <900 kPa 时,检查全部 EC01/EC08 车中的 MR 压力是否在 1 min 后上升。注意:如果压力没有上升,则应立即检查尾部空压机是否工作。

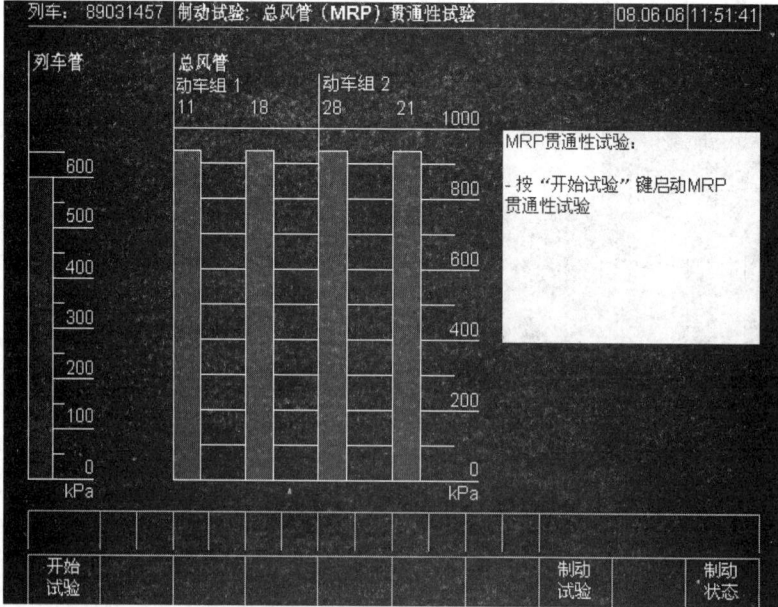

图 5-7　总风管（MRP）贯通性试验显示界面

④完成试验，按下"制动试验"对应的软键 8 退出试验并返回到"制动试验"显示界面。

（5）选择进行列车管（BP）泄漏试验。

操作"制动试验"页面中对应列车管（BP）泄漏试验的软键 5 进入"列车管（BP）泄漏试验"界面，如图 5-8 所示，并进行列车管（BP）泄漏试验，步骤如下：

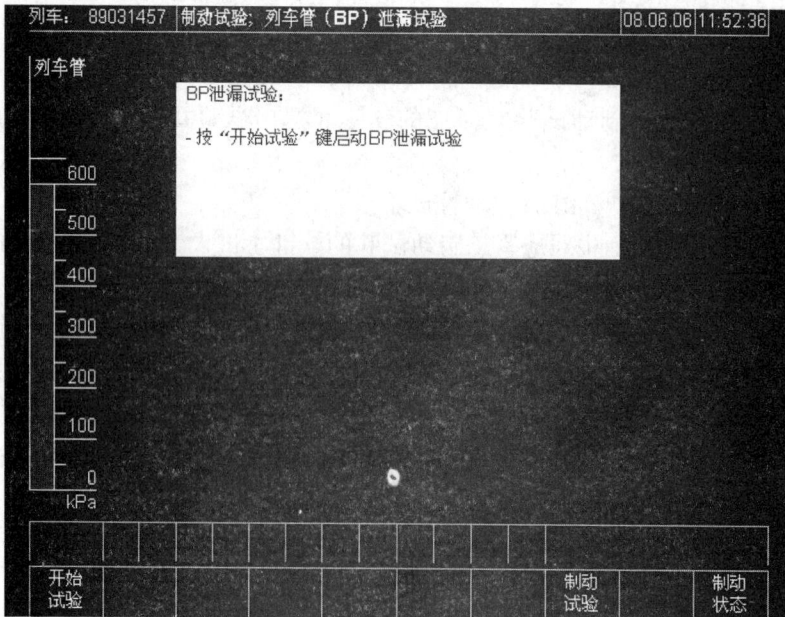

图 5-8　列车管（BP）泄漏试验显示界面

①通过按下列车管（BP）泄漏试验显示界面中对应"开始试验"的软键 1，开始列车管（BP）泄漏试验；

②检查没有出现紧急制动请求；

③检查 BP 和 MRP 双针压力表（黄色指针）和显示界面上的列车管压力是否符合 600 kPa 的正常工作压力；

④在列车管压力符合正常工作压力时，检查列车管压力在 30 s 内是否没有下降；

⑤完成试验，按下"制动试验"对应的软键 8 退出试验并返回到"制动试验"显示界面。

（6）选择进行间接制动试验。

操作"制动试验"页面中对应间接制动试验的软键 6 进入"间接制动试验"界面，如图 5-9 所示，并进行间接制动试验，步骤如下：

①通过按下间接制动试验显示界面中对应"开始试验"的软键 1，开始间接制动试验；

②检查没有出现紧急制动请求；

③检查 BP 和 MRP 双针压力表（黄色指针）和显示界面上的列车管压力是否符合 600 kPa 的正常工作压力；

④操作"司机制动手柄"至"REL"位，并在显示界面上检查全部车辆中的空气制动机是否缓解；

⑤按下软键 3"BP 排风"；

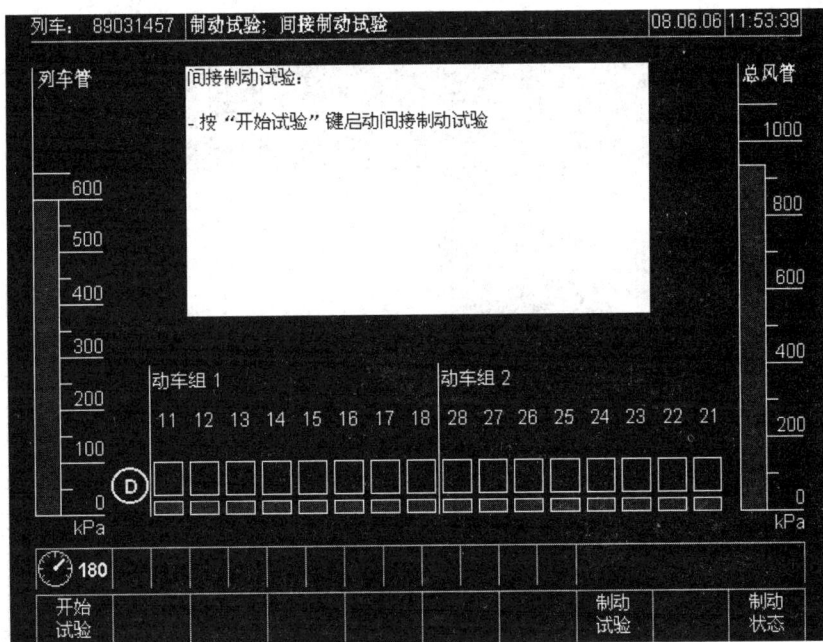

图 5-9 间接制动试验显示界面

⑥检查 BP 和 MRP 双针压力表（黄色指针）和显示界面上列车管压力是否下降到 200 kPa 以下，检查全部车辆中是否实施空气制动；

⑦在列车管压力已下降到 200 kPa 以下时，操作软键"停止排风"；

⑧检查 BP 和 MRP 双针压力表（黄色指针）和显示界面上头车 EC01／EC08 车中列车管压力是否上升回到正常工作压力，检查全部车辆中的空气制动是否缓解，全部车辆中的空气制动是否可用；

⑨完成试验，按下"制动试验"对应的软键 8 退出试验并返回到"制动试验"显示界面。

（7）选择进行列车管（BP）贯通性试验。

操作"制动试验"页面中对应列车管（BP）贯通性试验的软键 7 进入"列车管（BP）贯通性试验"界面，如图 5 - 10 所示，并进行列车管（BP）贯通性试验，步骤如下：

①通过按下列车管（BP）贯通性试验显示界面中对应"开始试验"的软键 1，开始列车管（BP）贯通性试验；

②在进行试验和列车管排风时，检查 BP 和 MRP 双针压力表（黄色指针）和显示界面上列车管压力是否下降到 200 kPa 以下；

③当列车管压力下降到 200 kPa 以下时，按下软键"停止放气"软键；

④当列车管再次充风时，检查 BP 和 MRP 双针压力表（黄色指针）和显示界面上头车 EC01／EC08 车中列车管压力是否上升到 600 kPa 的正常工作压力；

⑤完成试验，按下"制动试验"对应的软键 8 退出试验并返回到"制动试验"显示界面。

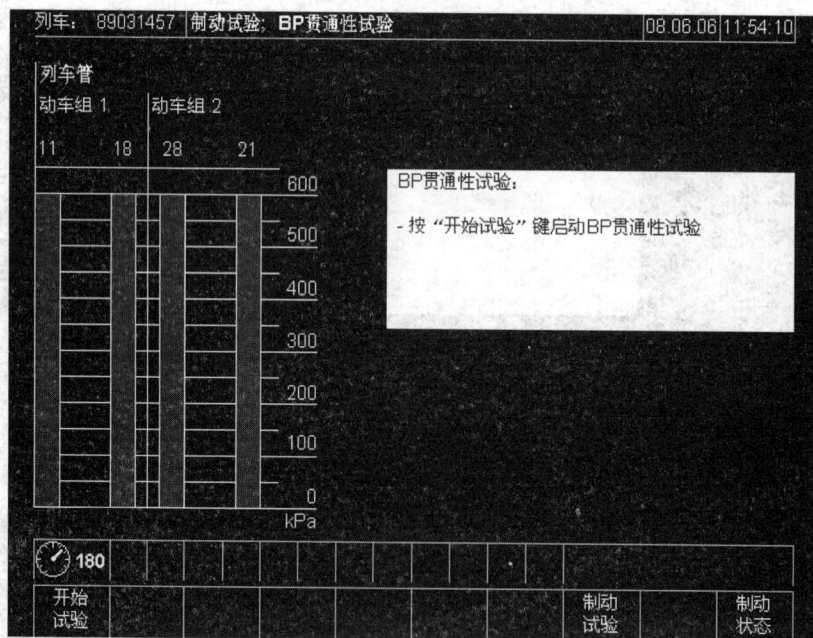

图 5 - 10　列车管（BP）贯通性试验显示界面

4. 短制动试验（SBT）

在自动制动试验后、司机换端操纵、列车联挂或解编后，需要执行短制动试验。在进行短制动试验时，司机必须通过右侧 MMI 屏开始短制动试验。根据在右侧 MMI 屏显示的说明进行试验。通过总风管压力和列车管压力的变化情况，司机可以获得短制动试验的结果。

短制动试验主要包括直接制动试验、紧急制动试验，以及在两车联挂后必须进行的列车管（BP）贯通性试验。其具体操作步骤与菜单指导的制动试验中相应的试验相同。

5. 手动制动试验（HBT）

如果存在某些故障，如 MMI 屏故障，不能进行短制动试验，则必须进行手动制动试验。此时进行试验完全由司机手动完成，BCU 无法参与。在没有右侧 MMI 屏和 BCU 的支持的情况下，司机只有通过目视 BP 和 MRP 双针压力表和外部制动指示器检查手动制动试验的结果。

手动制动试验主要的检测项目有：

①在不影响列车管压力的情况下，使用 BP 和 MRP 双针压力表（黄针）检测列车管压力。

②使用 BP 和 MRP 双针压力表（红针）检测总风管压力。

③使用 BP 和 MRP 双针压力表（黄针）检测列车管充风试验。

④使用外部制动指示器对每辆车的制动机手动实施制动和缓解。

6. 制动试验结果

在"制动试验"操作界面中按下"上次制动试验结果"对应的软键 8 之后，头车 EC01/ EC08 司机室中的右侧 MMI 屏分别在显示页面"制动有效率；上次制动试验结果"中对每个牵引单元显示自动、菜单引导的和短制动试验的结果，如图 5 - 11 所示。

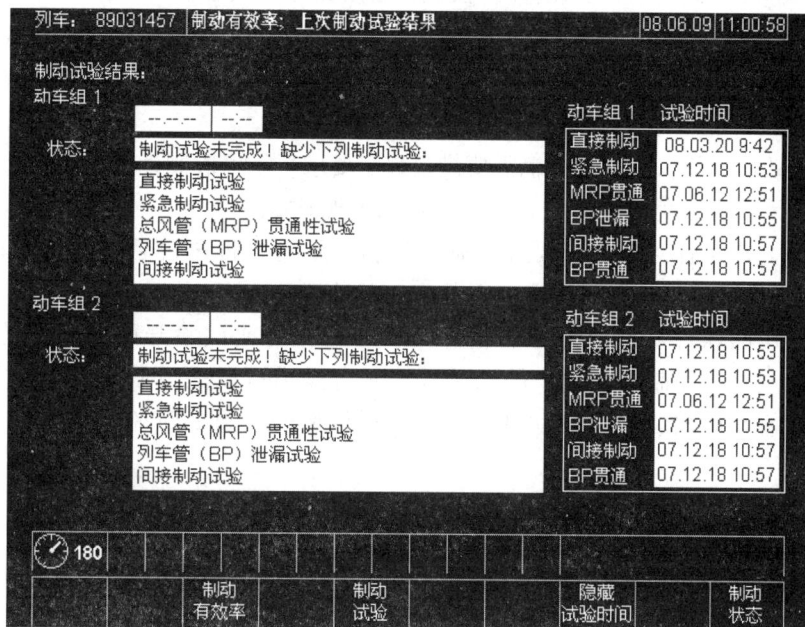

图 5 - 11　"制动有效率；上次制动试验结果"显示界面

7. CRH₃ 型动车组制动试验几点注意事项及常见情况处理

①做制动试验时，必须严格按照 MMI 屏提示进行操作，切忌不能抢屏操作。

②如果某项制动试验未通过，在此项试验结束后 MMI 将会显示"××试验失败…"，此时需根据 MMI 屏提示信息查看故障代码，根据故障代码排除故障，重做该项制动试验。并继续进行其他未完成的试验项目，无须重新进行全部制动试验。

③制动试验期间，不可进行其他影响制动试验的操作（例如：操作 ASC、ATP、切换 MMI、激活备用制动、意外触动制动手柄等）。如果某项制动试验中途因误操作终止或退出，需要重新进行该项制动试验，而无须重新进行全部制动试验。

④进行直通制动试验时，需要严格将手柄一次性置于 3 级制动级位，切勿将手柄置于 4 级制动后再回置于 3 级制动，同时必须要在 MMI 提示将制动手柄置于缓解位时才能缓解 3 级制动。

⑤如遇紧急情况，试验时间不足以完成全部试验时，可先做直接制动试验、紧急制动试验、间接制动试验。

⑥在进行试验时需在右侧 MMI 屏（制动系统默认显示屏）进行制动试验，并将左侧 MMI 屏调至制动试验显示时间界面进行查看。若每项制动试验完成时不显示最新试验时间或试验时间显示后自动消失，需将两侧 MMI 屏进行复位操作，并再次进行制动试验，如果复位后制动试验时间仍然不能正常显示，但制动有效率正常，此时动车组可以投入运营。

5.1.6 CRH$_5$ 型动车组制动试验操作办法

CRH$_5$ 型动车组的制动试验具有多种模式，采用交互方式进行试验，司机应发挥其最大效能按顺序执行特定的操作，并观察诊断监视器上不断激活的诊断代码。整个试验应根据制动系统的特定功能分阶段进行。如每个试验阶段均能顺利通过，面板上的制动试验正常信号则会点亮。

在进行制动试验前，动车组车辆需要满足以下要求：①停放制动已启用；②列车处于停止状态；③总风管压力大于 600 kPa；④BPCU 未出现故障。

在满足以上条件后，如果需要进行制动试验，则需要将司机后方低压面板上的开关设置为"SER"。司机可从监视器上查看状态，检查整个单元是否出现任何隔离状态。司机必须使用专用的软件确认所显示的信息与日志的报告或试验开始前确认的情况一致。之后可以开始进行顺序制动试验，司机通过控制台操纵可以完成制动杆的运行位置、主制动管压力、制动试验、停放制动试验、连续性试验等项目的试验。下面将介绍具体的试验方法。

1. 检查后备制动杆的运行位置

①启用任一司机台，检查启用司机台上的 BCU（制动控制单元）切除红色信号灯是否熄灭。

②撤除停放制动。

③撤除列车杆 D02（制动系统控制面板后备制动杆）和牵引杆（牵引指令板 LC 杆）的制动。

④普通制动管压力为 600 kPa。查看工具面板上的压力表。

⑤提起脉冲制动杆 D02，向内（朝司机方向）拉至第一个槽口位置，以施加最大列

车制动。这时应观察到普通制动管压力逐渐下降——压力表中显示制动缸的压力逐渐上升。

⑥向下按压脉冲制动杆 D02 至第一个槽口位置，以完全撤除列车制动。这时应观察到普通制动管压力逐渐上升——压力表中显示制动缸压力逐渐下降。

⑦向下按压脉冲制动杆 D02 至"0"位置，检查制动管压力是否恢复为 600 kPa。

⑧提起脉冲制动杆 D02，向内（朝司机方向）拉至第二个槽口位置，以施加最大列车快速制动。该操作会导致制动管压力迅速下降。

⑨向下按压脉冲制动杆 D02 至第二个槽口位置，以迅速完全撤除列车快速制动。该操作会导致制动管压力迅速上升。

⑩向下按压脉冲制动杆 D02 至"0"位置，检查制动管压力是否恢复为 600 kPa。

⑪试验结束。

牵引指令板如图 5 – 12 所示。

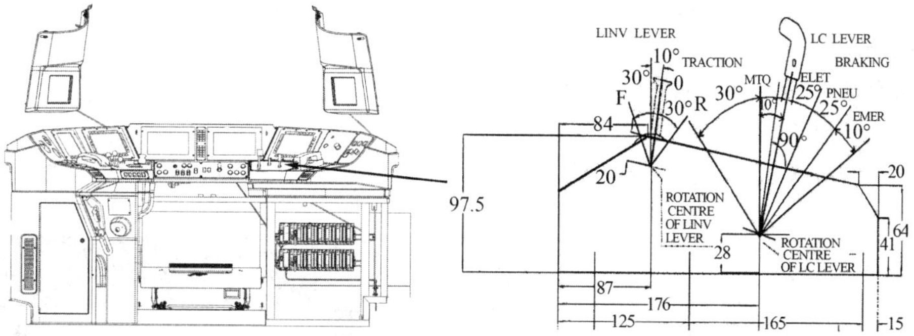

图 5 – 12　牵引指令板

2. 检查主制动管压力

①将司机台上的牵引制动杆 LC 移动至"0"位置。

②普通制动管压力为 600 kPa。查看工具面板上的压力表。

③通过手动指令，向下推 LC 杆，向上（朝司机方向）提至第一个槽口位置（MTQ）。普通制动管的压力为 600 kPa。

④将 LC 杆从 MTQ 位置移至牵引位置。普通制动管的压力仍保持 600 kPa。

⑤通过手动指令，提起 LC 杆，向内（朝司机方向）拉至第一个槽口电制动位置。列车制动施加，普通制动管内的压力下降。

⑥通过手动指令，提起 LC 杆，向内（朝司机方向）拉至第二个槽口空气制动位置。列车制动施加，普通制动管内的压力下降（低压电制动）。

⑦通过手动指令，提起 LC 杆，向内（朝司机方向）拉至第一个槽口紧急制动位置。列车制动施加，普通制动管的压力为 0。

⑧将 LC 杆从紧急制动位置移至"0"位置（向下按压后朝司机方向向内向上提起），普通制动管的压力恢复为 600 kPa。

⑨试验结束。

3. 制动试验

①启用任一司机台。检查启用司机台上的 BCU（制动控制单元）切除红色信号灯是否

熄灭。

②撤除停放制动。

③按下启用司机台上的停车制动按钮，向列车施加制动。

④将 LC 杆移至牵引位置。施加牵引力时，列车制动撤除。

⑤按下启用司机台上的自动"制动试验"按钮。无须司机进行其他操作便可开始自动制动试验。

⑥试验结束后，试验结果将显示在诊断监视器上。

注：如试验失败，应检查诊断监视器上或直接连接至制动控制单元的 PC 上的故障。

4. 停放制动试验

①启用任一司机台。

②撤除停放制动，检查普通制动管压力是否为 600 kPa。查看工具面板上的压力表。

③按下启用司机台上的停放制动施加红色按钮，施加列车制动。检查报警灯面板上的红色指示灯是否点亮并从制动监视器的显示画面中查看是否所有的停放制动均已启用。注：T2 车无停放制动。

④所有车上的停放制动均已施加后，试验结束。

⑤撤除停放制动。

制动系统开关面板如图 5 – 13 所示。

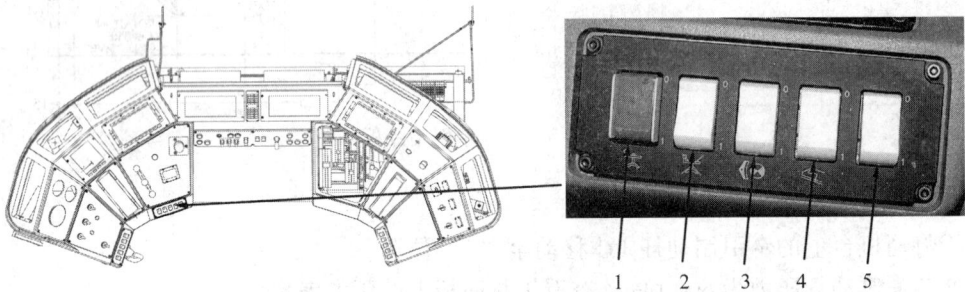

图 5 – 13　制动系统开关面板

1—停放制动施加；2—停放制动缓解；3—自动制动试验；4—停车制动施加；5—备用按钮

5. 连续性试验

检查普通制动管和主制动管是本试验的主要目的，具体步骤如下。

①启用任一司机台。

②打开阀门，使总风管为所有的用气设备供气。

③检查总风管中的压力是否在 850 ~ 1 000 kPa 之间。

④等待压力稳定后，开始进行目视检查。

⑤5 min 后，检查普通制动管中的气压是否在 200 kPa 以下。

⑥总风管中的压力为 600 kPa ± 10% 时，关闭所有的供风阀门并打开司机台旁走廊电气面板上的自动开关 30Q12。

⑦10 min 后，检查普通制动管中的压力是否在 400 kPa 以下。

⑧试验结束。

试验中压/低压柜的位置如图 5 – 14 所示。

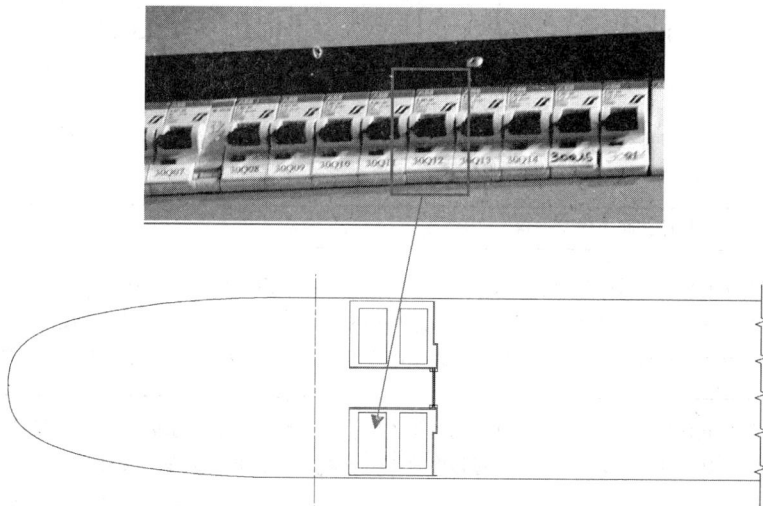

图 5 – 14　中压/低压柜的位置

任务实施与评价

（1）下发任务单，明确学习任务、主要内容、知识目标、能力目标、素质目标要求；

（2）学生按任务单要求制订学习计划，完成预习任务及相关知识准备；

（3）介绍制动试验的理论知识，了解各车 BCU 之间的层级关系及信息流传递；

（4）讲述 CRH₃ 型动车组菜单引导的制动试验的操作办法；

（5）教师组织对比说明 CRH₃ 型动车组、CRH₅ 型动车组制动试验间的异同；

（6）教师组织学生前往实训室，通过 CRH₃ 型动车组模拟驾驶系统，给定以下任务，考核同学操作过程；

任务	操作规范	任务完成	任务提问	总评
完成自动制动试验				
完成菜单引导的制动试验				
识读双针压力表				

（7）学生进行学习自我评价及学习小组成员互评，教师及小组长（副组长）进行学习他人评价并检查任务完成情况。

【任务2】 动车组联挂、回送气路连接

📋 任务单

任务名称	动车组联挂、回送气路连接					
任务描述	为了实现动车组列车的不同编组形式的运行，需要对不同列车进行编组作业，实现两列列车的气路联挂作业。对于部分修竣完成、处于紧急状况的动车组列车，通常需要进行回送作业，同样需要对制动管路进行连接。所以，对于以上联挂作业的理论及操作方法，动车从业人员应基本了解。					
任务分析	了解联挂的应用场合；掌握联挂的基本方法；注意联挂过程中的各项问题；了解回送的应用场合；掌握回送的基本方法，注意回送过程中的各项问题；掌握 CRH_2 型车无火回送作业办法。					
学习任务	【子任务1】列举在进行联挂作业时需要连接的各种管路。 【子任务2】小组配合，演练联挂作业操作，注意作业过程中的注意事项。 【子任务3】说明回送过程中制动信号如何转换并向被回送车辆传递。 【子任务4】小组配合演练回送作业过程，并在操作同时注意口呼注意事项。					
劳动组合	各组在学习本课内容后交流讨论，根据任务单，完成相应任务。在任课教师指导下，利用模拟驾驶设备进行实践练习。各组评判小组成员学习情况，并作出小组评价。					
成果展示	(1) 联挂、回送原理知识的理解； (2) 学生完成本节任务单相关任务，掌握知识点； (3) 利用现场操作视频感受联挂、回送的实际操作。					
学习小结						
自我评价	项目	A—优	B—良	C—中	D—及格	E—不及格	综合
	安全纪律（15%）						
	学习态度（15%）						
	专业知识（30%）						
	专业技能（30%）						
	团队合作（10%）						
教师评价	简要评价						
	教师签名						

学习引导文

5.2.1　列车重联（两列重联）

1. 概述

依据列车运量大小的不同，短编组动车组可单独运行，也可由两个短编组动车组构成一列长编组列车运营。

动车组两端设自动摘挂装置。自动摘挂装置由密接式车钩（含主风管）、电气连接器组成。前端导流罩在司机室操纵下打开，自动连接重联功能的车钩将两短编组动车组联挂运行。

2. 气路连接原理

为安装分并装置，特设置了车头前罩开闭机构，并铺设了配管、配线。其工作原理如图 5 – 15 所示。

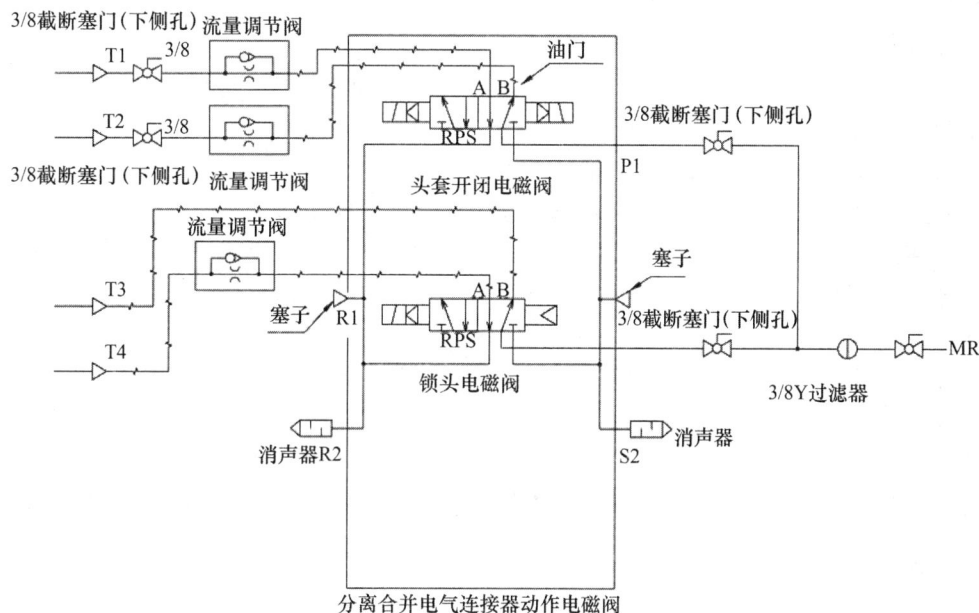

图 5 – 15　车头前罩开闭机构原理图

3. 空气关联设备

（1）空气管开关。

空气管开关是在编组分开前将断开 MR 回路的动作，或者连接后将"连接"动作在一系列的联挂分割动作中自动进行的装置。

空气管开关的结构为：由分并控制盘的继电器触点向 2 个电磁阀（VM13 – 1H）发出"释放""连接"的指令，由电磁阀的 ON/OFF 来使活塞左右动作，转动凸轮轴，再由与凸轮轴相连的凸轮转动来开闭空气阀，切断 MR 空气连通管的连通。"释放"的情况下，在切断连通管的连通后保持一定的机械延迟，向气缸送入空气，使连接器释放。

（2）连接切换器。

连接切换器是由空气气缸的操作来将电气触点在"分割""联挂"位置间切换的装置。

4. 分并控制盘

（1）规格。

分并控制盘的控制采用了程序无触点电路（一部分有触点）。控制对象如下：

①车头前罩盖的开闭；

②车头前罩盖的锁定、解锁；

③连接切换器的切换；

④空气管的开闭；

⑤分割指令输入；

⑥分割准备完毕输入。

（2）手动开关操作。

当需进行分并机器单独动作及紧急时的动作时，可使用分割联挂控制盘内的手动开关来进行操作。可进行单独动作的项目如下：

①车头前罩锁的解除；

②车头前罩的开、闭；

③空气管的开、闭。

另外，使用手动开关时须注意以下几点：

①进行手动开关操作的场合，必须切断程序器电源（MXRN2）。

②罩盖的打开顺序为：先将"锁定解除"开关置于"强制投入"，再将"罩盖打开"开关置于"强制投入"。待罩盖打开后，将"罩盖打开"开关置于"定位"，将"锁定解除"开关置于"定位"。

③罩盖的关闭顺序为：先将"锁定解除"开关置于"强制投入"，再将"罩盖关闭"开关置于"强制投入"。待罩盖关闭后，将"罩盖关闭"开关置于"定位"，将"锁定解除"开关置于"定位"。

④不可将"空气管打开"开关和"空气管关闭"开关全都置于"强制投入"的状态。

5.2.2 回送

回送是指在为修竣出厂、转移配属、新造和新购置或故障等原因本身无法启动时转移交接无火（蒸汽机车为落火、内燃机车为停机、电力机车为降弓）停留的机车，为将其拖离现场时，回送拖车列车管给故障车辆列车管充风。

1. 回送方式及对风源的要求

动车组的回送采用回送车与动车组固定连接，而后由客运机车牵引回送的方式。要求机车具有双管供风，供风压力 600 kPa。

由于动车组两头车采用密接式车钩，其高度为 1 000 mm，而回送车车钩距轨面高度为 880 mm，为 15 号车钩，所以回送车与动车组通过过渡车钩联挂，联挂方式见图 5-16。

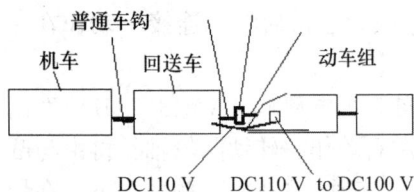

图 5-16　回送联挂方式简图

2. 回送运行时制动指令转换器的连接

当牵引机车发出制动指令时，制动指令转换器将列车管压力信号转换成常用制动用的电气指令，向动车组输出。动车组随着制动指令转换器发出的常用制动 1N～7N 挡的指令进行制动。回送运行空气管路连接示意图如图 5-17 所示，回送运行制动指令转换器与电气系统连接示意图如图 5-18 所示。

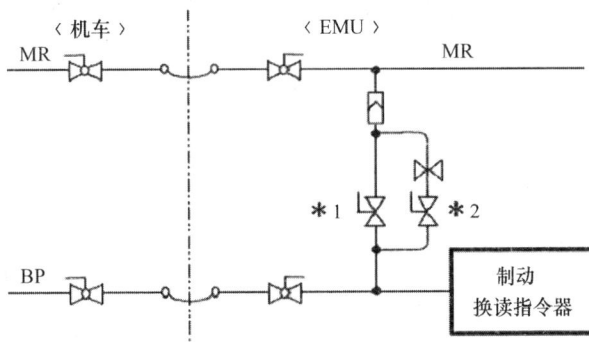

图 5-17　回送运行空气管路连接示意图

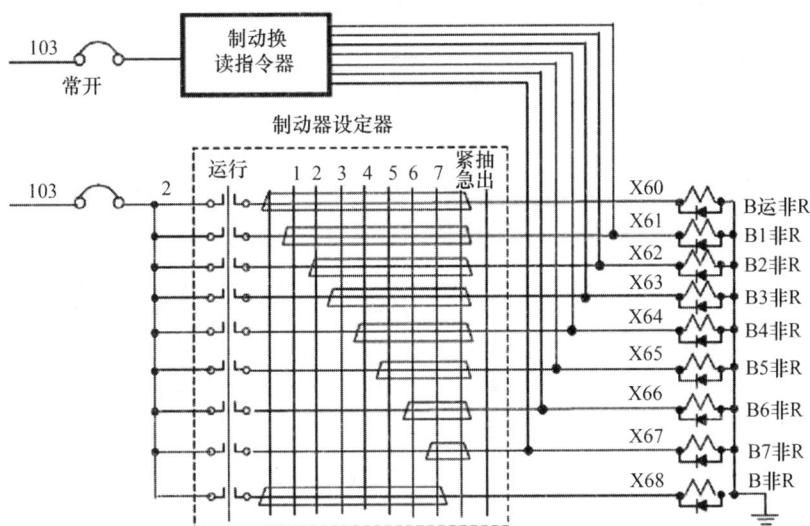

图 5-18　回送运行制动指令转换器与电气系统连接示意图

3. 一列（8 辆编组）动车组回送程序

动车组与回送车联挂前应确认并保证：

①动车组 MR 压力须在 600 kPa 以上（必要时起动空气压缩机）。

②空气弹簧需充气至正常高度。

③（在插入钥匙之前的状态下）BC 压力须在 290 kPa 以上。

④（插入钥匙）操作制动手柄（运转位置）时，确认全车的 BC 压力为零。

⑤制动手柄须保持在 7N 的位置，接通制动指令转换电源 BTRCN。确认设置在司机背后

191

设备箱内的制动指令转换器的设定（BP压力为600 kPa，制动挡位为7N）。

⑥安装两端头车BP及MR橡胶软管时，不与回送车联挂端头车的BP和MR管要捆扎牢固。

⑦为了保证回送充风迅速，BP橡胶软管和MR橡胶软管均需连接，通过拧入折角塞门的角度来调整软管连接器的朝向。

⑧钥匙必须只插在靠近牵引机车的司机控制台上，此控制台的制动手柄必须保持在7N位置上（如回送过程中机车需调头牵引，回送服务人员须负责拔取钥匙，插在靠近牵引机车的一端）。

⑨只接通靠近牵引机车一端的制动指令转换器的电源BTRCN。

⑩对两端头车拨动开关（DIP）分别按图5-19进行设定。

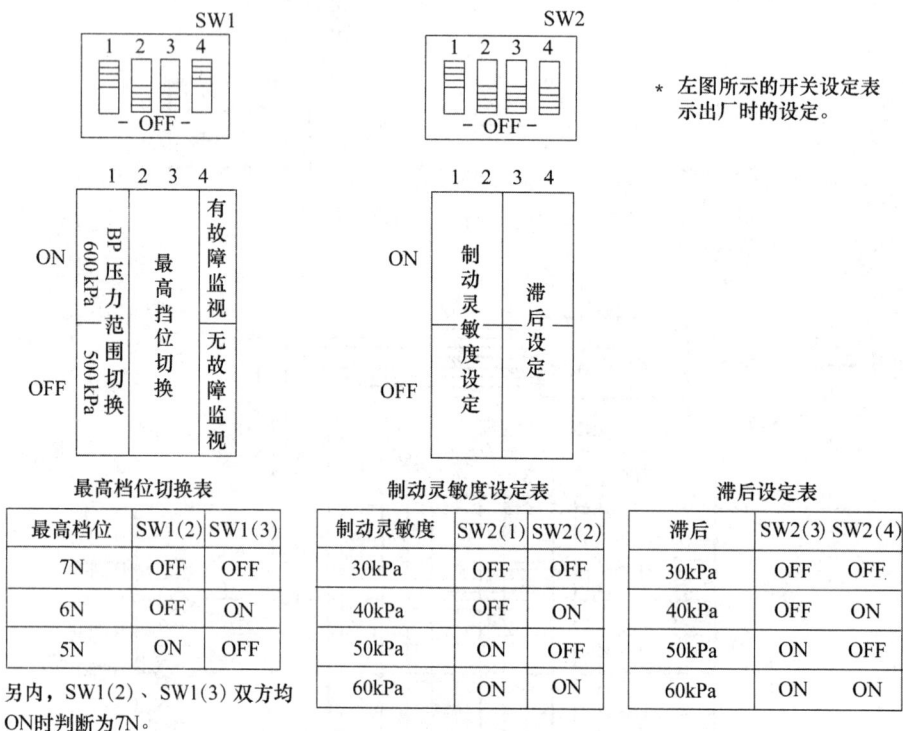

最高档位切换表

最高档位	SW1(2)	SW1(3)
7N	OFF	OFF
6N	OFF	ON
5N	ON	OFF

另内，SW1(2)、SW1(3)双方均ON时判断为7N。

制动灵敏度设定表

制动灵敏度	SW2(1)	SW2(2)
30kPa	OFF	OFF
40kPa	OFF	ON
50kPa	ON	OFF
60kPa	ON	ON

滞后设定表

滞后	SW2(3)	SW2(4)
30kPa	OFF	OFF
40kPa	OFF	ON
50kPa	ON	OFF
60kPa	ON	ON

图5-19 两端头车拨动开关设定

BP压力范围的设定：

通过SW1（1）进行设定（选择600 kPa）：

ON的情况下：作为600 kPa车辆进行控制。

OFF的情况下：作为500 kPa车辆进行控制。

最高挡位的设定（设定7N）：

通过SW1（2）及SW1（3）进行设定。将SW1（2）及SW1（3）按照如图5-20所示的最高挡位切换的设定，可以将最高挡位设定为5N~7N的某一个。

是否进行故障检测的设定：

通过SW1（4）进行设定（通常设定ON）：

ON 的情况下：要进行故障检测。

OFF 的情况下：不进行故障检测。

制动灵敏度的设定（设定 40 kPa）：

通过 SW2（1）及 SW2（2）进行设定。将 SW2（1）及 SW2（2）按照如图 5 - 20 所示的制动灵敏度设定，可以将制动灵敏度设定为 30 kPa、40 kPa、50 kPa、60 kPa 的某一个。

滞后的设定（设定 40 kPa）：

通过 SW2（3）及 SW2（4）进行设定。通过将 SW2（3）及 SW2（4）按照如图 5 - 20 所示的滞后设定，可以将滞后设定为 30 kPa、40 kPa、50 kPa、60 kPa 的某一个。

注：BP 压力范围的设定、最高挡位的设定、制动灵敏度的设定、滞后的设定只在电源开启时读入一次（在电源处于 ON 的状态下，即使切换拨动开关（DIP），设定也不会改变）。要切换设定时，请先关闭一次电源，然后操作直插式（DIP）开关，最后接通电源。

在进行回送作业过程中，拖车制动指令由制动指令转换器进行转换，其特性制动指令转换器的转换特性如图 5 - 20 所示（BP 压力 0 ~ 600 kPa、最大挡位 7N 的情况下）。对应 BP 压力值，以均等分配的挡位来输出制动电气指令。

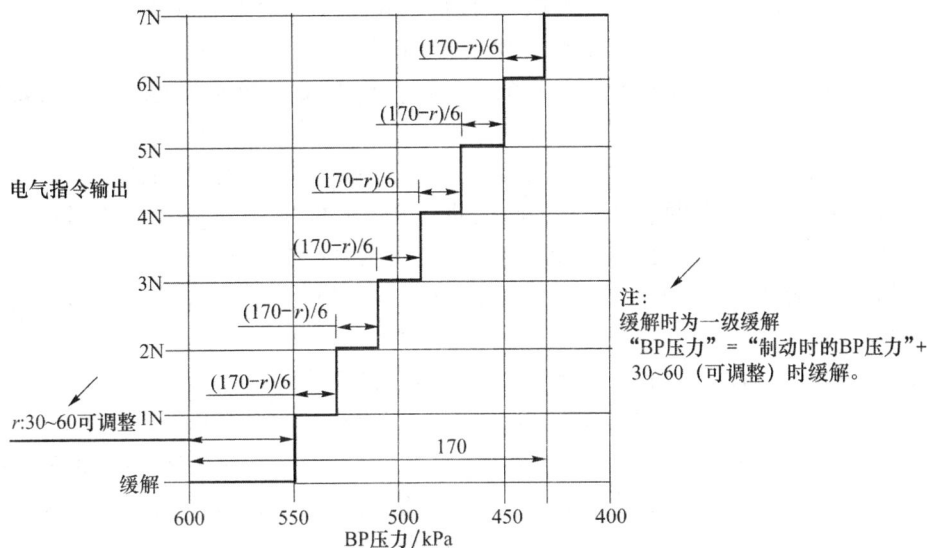

图 5 - 20　制动指令转换器原理图

动车组与回送车联挂时分别将回送车的制动和总风橡胶软管与动车组的 BP 和 MR 橡胶软管对应连接。释放回送车和动车组的 BP 压力及 MR 的折角塞门，关闭所有动车组头车 BP、MR 之间的塞门。

接着连接动车组与回送车间的 DC110V 电源线并固定。启动回送车发电机组，确认发电机组工作正常，并确认回送车供电正常。

注：如回送中只连接 BP 管，不连接 MR 管，在连接 BP 管后，只释放 BP 管折角塞门，并先打开 1 阀门，确认机车的 BP 压力达到 500 kPa 或者 600 kPa 时，关闭 1 阀门，打开 2 阀门（将动车组 BP→MR 转换为通过节流阀连接）。在动车组侧保留有足够的 MR 压力时，不需要进行打开 1 阀门的操作，只需连接 BP 管，打开 2 阀门即可。

牵引机车与动车组（加回送车）联挂时，首先以 5 km/h 以下的速度移动机车并与回送车联挂（或与动车组头车联挂），连接机车与回送车的车钩（或连接机车与动车组头车上的过渡车钩）。接着连接机车与回送车间的 BP 和 MR 软管（或连接机车与动车组头车的 BP 和 MR 软管）。释放机车和回送车的 BP 及 MR 的折角塞门（或释放机车和动车组头车的 BP 及 MR 的折角塞门）。最后启动回送车发电机组，联挂完成。动车组与回送车联挂示意如图 5 – 21 所示。

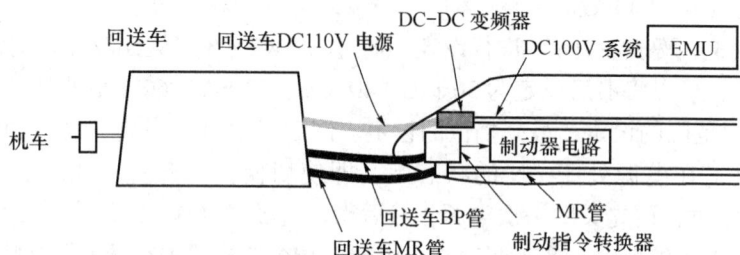

图 5 – 21　动车组与回送车联挂示意图

在完成车辆的联挂以后，需要进行制动有效性的确认，具体操作步骤如下：

①操作机车的制动阀，向动车组提供 BP（600 kPa）压力。

②操作 EMU 的制动手柄（从"7N"至"运转"位置），在车辆信息装置上确认全车的 BC 压力为零。

③将动车组的制动手柄保持在"运转"位置，操作机车的制动阀，使 BP 压力从 600 kPa 减至 430 kPa，在车辆信息装置上确认动车组全车的 BC 压力在 290 kPa 以上。

④闭合动车组制动指令转换器的断路器，使空气压力→电气的转换功能有效。

⑤操作机车的制动阀，使 BP 压力逐渐地从 430 kPa 上升至 600 kPa，确认动车组全车的 BC 压力下降（最终为 0 kPa）。

⑥将机车司机制动控制器置于"运转"位，确认制动缓解状态。

当列车回送开始后要求检查 110 VDC 电源线、BP 及 MR 空气软管连接是否正常，长度是否合适，电源线是否有固定措施。在回送过程中应注意：①动车组回送速度不得大于120 km/h。②动车组在回送中尽可能不实施紧急制动，尽可能避免突然加速，尽可能避免冲击。不得已实施紧急制动的情况下，应确认动车组与回送车间过渡车钩的连接状态（或动车组与机车过渡车钩的连接状态）。③回送过程中如有更换机车并折角联挂运行时，随车人员必须确认机车联挂并将司机制动控制器钥匙换插在靠近牵引机车的动车组头车上，并切换到运转位，将原制动指令转换器的电源 BTRCN 断开，只接通靠近牵引机车一端的制动指令转换器的电源 BTRCN，关闭原与机车联挂端的折角塞门，打开与机车联挂端及机车的折角塞门。确认各状态正常，尤其是制动指令正常。

5.2.3　CRH₂ 型动车组无火回送作业办法

列车的回送作业属于动车组从业技术人员应知应会的基本技能，铁路现场对于列车回送也有一整套完整的操作办法及作业指导书。各种车型的作业办法略有不同，但都基于回送的基本理论，大体相似，现以 CRH₂ 型车无火回送作业办法为例，展示现场操作的具体办法。本办法仅适用于第六次大提速拉通检查和牵引试验期间，机车与动车组直接联挂，且时间不超过 2 小时的无火回送及调车作业。

1. 无火回送对牵引机车的要求

动车组无火回送采用机车牵引，通过过渡车钩和列车管与动车组联挂，机车列车管风压 600 kPa。列车牵引制动操纵方式和要求与既有车一致。

2. 无火回送限制条件

无火回送限速 120 km/h，调车作业时按现行限速要求执行。

回送及调车不得通过半径小于 200 m 的曲线，不得侧向通过小于 9 号道岔，不得通过高站台（1.1 m 及以上）线路。

3. 动车组与机车联挂前的准备

（1）动车组司机作业步骤。

①操纵动车组停车。

②确认动车组总风缸压力在 600 kPa 以上。

③进行动车组制动系统试验：

将制动手柄移至"快速"位，确认制动缸压力大于 480 kPa；

制动手柄移至"B7"位，确认制动缸压力大于 330 kPa；

制动手柄移至"运行"位，确认制动缸压力为 0 kPa；

制动手柄移至"B7"位，保持动车组制动状态。

④断开主断路器，降下受电弓（无网区段，受电弓处于降下状态时，无此步操作）。

⑤确认动车组蓄电池的电压在 77 V 以上。电压不足时，动车组司机应升弓充电。动车组停留线路无充电条件时，动车组司机通知随车检修人员，由随车检修人员通知调车指挥人员，限速 5 km/h 回送。

⑥操作"联挂准备"开关打开头车的前端罩盖。如果无法正常打开，可以使用列车分合控制盘内的开关来打开头车罩盖。

⑦接通制动指令转换器的电源（将司机室后面板"救援转换装置"断路器闭合）。

⑧确认制动指令转换器的设定正确。

⑨通知随车检修人员准备工作完毕。

（2）随车检修人员作业步骤。

①下车目视确认动车组两受电弓均处于降下状态。

②确认头车罩盖打开状态，检查密接式车钩、电气连接器状态良好，确认救援、救援旁通阀门正位。

③将过渡车钩安装在头车的密接式车钩上，确认锁销相互咬合状况。

④安装制动（BP）软管。

⑤通知机车司机、动车组司机，准备工作完毕。

4. 动车组与机车联挂

（1）机车司机作业。

①将机车停在距离动车组 3 m 以上的位置。

②将机车的车钩（15 号车钩）置于全开位。

③确认机车的车钩处于轨道的中心位置。

④以 5 km/h 以下的速度移动机车并使机车与动车组联挂。

⑤进行试拉，确认连接是否正常。

（2）随车检修人员作业。

①检查机车车钩与动车组过渡车钩联挂状态。

②连接机车列车管与动车组制动（BP）管。

③打开动车组制动（BP）管和机车列车管的折角塞门。

④通知动车组司机、调车指挥人联挂完毕，进行制动试验。

5. 制动试验程序

①机车司机缓解机车自阀，向动车组制动（BP）管提供 600 kPa 的压力。

②动车组司机操作动车组的制动手柄从"B7"位移至"运行"位，通过列车信息控制系统显示屏确认全车的制动缸压力为零。通知随车检修人员实施制动。

③随车检修人员通知调车指挥人员实施制动。机车司机操作机车自阀，使列车管压力从 600 kPa 减至 430 kPa。

④动车组司机通过列车信息控制系统显示屏确认动车组全车的制动缸压力在 290 kPa 以上。通知随车检修人员实施缓解。

⑤随车检修人员通知调车指挥人员实施缓解。机车司机将机车自阀置于"运转"位，使列车管压力逐渐地从 430 kPa 上升至 600 kPa。

⑥动车组司机确认动车组全车的制动缸压力下降为零。通知随车检修人员并转告调车指挥人员制动试验完毕。

6. 回送途中需要确认的事项

（1）动车组无火回送途中动车组司机不得离开司机室，须确认以下事项：

①通过机车联挂侧的驾驶台的电压表来确认直流电压在 77 V 以上。

②通过制动指令转换器确认 BP 压力在 550 kPa 以下时，列车信息控制系统显示屏上制动缸压力必须有显示（即制动作用）。

③确认 BP 压力为 580 kPa 以上时，列车信息控制系统显示屏上制动缸压力必须为"0"（即缓解）。

（2）随车检修人员须确认途中没有异常声响和异常振动。

7. 动车组与机车解编作业

①机车司机操作列车停车。

②随车检修人员下车关闭机车列车管和动车组制动（BP）管折角塞门，摘解连接风管。

③机车司机下车扳动机车车钩解钩杆，移动机车离开动车组。

④随车检修人员拆下动车组连接软管及过渡车钩。

⑤动车组司机将动车组制动手柄置"B7"位，保持动车组制动状态。

⑥动车组司机关闭前端罩盖，断开制动指令转换器的电源（将司机室后面板"救援转换装置"断路器断开）。

任务实施与评价

（1）下发任务单，明确学习任务、主要内容、知识目标、能力目标、素质目标要求；

（2）学生按任务单要求制订学习计划，完成预习任务及相关知识准备；

（3）介绍动车组联挂及回送的总体概念、涉及的理论；

（4）重点强调联挂与回送的操作步骤，以及操作过程中需要注意的操作事项；

（5）教师组织学生学习 CRH$_2$ 型车无火回送作业标准，并要求小组配合进行演练；

（6）教师组织学生观看现场联挂、回送操作视频，提醒学生注意操作过程中的各项注意事项；

（7）学生进行学习自我评价及学习小组成员互评，教师及小组长（副组长）进行学习他人评价并检查任务完成情况。

【任务3】　动车组制动系统检修

📋 任务单

任务名称	动车组制动系统检修					
任务描述	动车组制动系统是动车组检修作业过程中的重要模块。动车组制动系统检修是最直接保证列车制动效果，关系列车运行安全的重点工作。制动系统的检修相关工作需要结合大量前期制动系统相关知识点，要求学生有较强的动手能力，熟悉现场对于该项工作的具体操作流程与标准。					
任务分析	了解 CRH380B 型车平台车辆制动盘检修限度；掌握动车组基础制动系统检修车下地沟作业操作办法；理解对于动车组检修质量等级评定与建立质量管理体系的重要意义。					
学习任务	【子任务1】熟悉 CRH380B 型车平台车辆制动盘检修限度，并查阅资料，分析表面龟裂、穿透裂纹、表面裂缝等几种不良形式可能会给制动盘带来的后果。 【子任务2】小组配合，利用实训室动车转向架进行基础制动装置车底地沟检修作业。 【子任务3】以小组为单位，考核其他组同学制动系统检修作业，找出相关问题并予认定检修故障类别。					
劳动组合	各组在学习本课内容后交流讨论，根据任务单，完成相应任务。在任课教师指导下，利用模拟驾驶设备进行实践练习。各组评判小组成员学习情况，并作出小组评价。					
成果展示	学生完成本节任务单相关任务，掌握基础制动装置车底地沟检修作业规范。					
学习小结						
自我评价	项目	A—优	B—良	C—中	D—及格	E—不及格	综合
	安全纪律（15%）						
	学习态度（15%）						
	专业知识（30%）						
	专业技能（30%）						
	团队合作（10%）						
教师评价	简要评价						
	教师签名						

🔲学习引导文

5.3.1 动车组制动系统检修概述

为保证动车组运行安全，动车组运用单位需要根据其运行时间及公里数依据不同型号动车组检修修程进行检修。常规的动车组检修一般可以分为一级至五级不同级别的修程，不同修程基本全部覆盖动车组全部关键组成部分，检修项目数量及检修难度由一级至五级逐级提升。日常动车组在动车段内经常接受的是一级、二级检修，主要是对动车组的重要组成部件，包括制动系统各器件在内的元器件进行状态检查、功能性试验、耗材更换和落尘部件清洁作业等。针对制动系统的一级、二级检修同时包括动车组制动试验的检修项目。

5.3.2 动车组制动系统检修限度

针对不同车型制动系统进行检修作业都需以各型车各部件的检修标准（即检修限度）为依据对制动系统部件进行检测并作出可用性判断，以此保证车辆部件功能良好或作为部件保修、更换的条件。在对制动系统进行检修时，作业人员应牢记制动系统检修项目、各项目部件检修限度，对各个部件逐一进行观察、检测才能够避免出现漏检、误检、误判等失误，才能保证制动系统功能良好，最终保证列车的运行安全。

在一、二级修程内，对于制动系统的检修项目主要包括了基础制动装置、制动控制模块、气路构成（包括风缸、管路等）检查等部分的检查，而作业形式主要包括车下地沟检查作业、车内检查作业等。检查的具体部件主要有制动盘、闸片、制动闸片托架、制动夹钳、制动管系、制动风缸、停放制动装置、制动杆及拉杆、安全阀和各制动模块等，并针对磨耗程度、外观状态、安装紧固程度、部件是否缺失、是否安装正确、是否出现裂纹、松脱、漏泄等现象进行逐一检查。因此，掌握每一个部件的安装位置、管路线路连接、失效形式、检修限度是进行制动系统检修的必然要求。

虽然各型车对于制动系统检修部件基本一致，但是，不同的车型对于各部件的检修限度要求各不相同，现仅以 CRH380B 型平台车辆为例，进行部分部件的检修限度介绍。如表 5-3 所示。

表 5-3 CRH380B（L）/CL 型动车组基础制动装置一、二级检修限度表

序号	项目	原型	一级修程	二级修程	适用车型	备注
1	制动盘摩擦环厚度	80 mm	≥66 mm	≥66 mm	CRH380B（L）/CL	
2	制动盘摩擦环表面刮痕		≤1 mm	≤1 mm	CRH380B（L）/CL	
3	制动盘摩擦环凹陷磨损		<1 mm	<1 mm	CRH380B（L）/CL	
4	制动盘摩擦环倾斜磨损		≤1 mm	≤1 mm	CRH380B（L）/CL	
5	制动盘两摩擦环厚度差		≤2 mm	≤2 mm	CRH380B（L）/CL	

序号	项目		原型	一级修程	二级修程	适用车型	备注
6	制动盘裂纹						
	轴盘	表面龟裂		任意位置的表面龟裂	任意位置的表面龟裂	CRH380B (L) /CL	对于运行没有影响
		表面裂缝		$b < 50$ mm 且两条裂缝之间的距离大于 100 mm 的多处裂缝	$b < 50$ mm 且两条裂缝之间的距离大于 100 mm 的多处裂缝		允许存在
				50 mm$\leqslant b < 70$ mm	50 mm$\leqslant b < 70$ mm		在一定条件下允许存在
				$b > 70$ mm	$b > 70$ mm		不允许存在
		表面裂纹		$a < 100$ mm，裂纹既未触及内径也未触及外径	$a < 100$ mm，裂纹既未触及内径也未触及外径		允许存在
				$b < 100$ mm，裂纹触及了内径或外径	$b < 100$ mm，裂纹触及了内径或外径		
				$a < 100$ mm，但到外径和内径的距离 $\geqslant$ 10 mm 且两条裂纹之间的距离 > 50 mm	$a < 100$ mm，但到外径和内径的距离 $\geqslant$ 10 mm 且两条裂纹之间的距离 > 50 mm		
				只允许出现一处彼此相对表面裂纹长度 $\leqslant 70$ mm 的裂纹	只允许出现一处彼此相对表面裂纹长度 $\leqslant 70$ mm 的裂纹		
		穿透裂纹		在连接处及制动盘的两侧摩擦带上出现从内径贯穿到外径以及贯穿散热通道的穿透裂纹	在连接处及制动盘的两侧摩擦带上出现从内径贯穿到外径以及贯穿散热通道的穿透裂纹		不允许存在
	轮盘	表面龟裂		任意位置的表面龟裂	任意位置的表面龟裂	CRH380B (L) /CL	对于运行没有影响
		表面裂缝		$a < 80$ mm，$b < 60$ mm，多个随机排布的裂缝	$a < 80$ mm，$b < 60$ mm，多个随机排布的裂缝		允许存在
				80 mm$\leqslant a < 100$ mm 60 mm$\leqslant b < 80$ mm	80 mm$\leqslant a < 100$ mm 60 mm$\leqslant b < 80$ mm		在一定条件下允许存在
				$a > 100$ mm $b > 80$ mm	$a > 100$ mm $b > 80$ mm		不允许存在
		穿透裂纹		制动盘的两条摩擦带上出现从内径贯穿到外径以及贯穿散热通道的穿透裂纹	制动盘的两条摩擦带上出现从内径贯穿到外径以及贯穿散热通道的穿透裂纹		不允许存在
7	闸片厚度		17 mm	闸片最薄处 $\geqslant 7$ mm（含钢背厚度）	闸片最薄处 $\geqslant 7$ mm（含钢背厚度）	CRH380B (L) /CL	同一制动夹钳任一闸片到限同时更换

　　由表5-3可以看出，在基础制动装置的检修过程中，轮盘、轴盘是检修的重点部件，因为夹钳直接作用在制动盘上产生制动力。一旦制动盘出现问题，制动力将无法有效保证，可能导致制动失效等不良后果。而制动盘经常出现的不良形式分别由表中 a、b 代表。其中，a 表示既未触及内径也未触及外径的裂纹和裂缝，b 表示触及内径或外径的裂纹或裂缝。在轮盘检修过程中，轮盘依据如下细节进行裂纹检测。裂纹分为表面龟裂、表面裂缝和穿透裂纹。

1. 表面龟裂

表面龟裂对于运行没有什么影响，允许在制动盘上任意位置出现。如图5-22所示。

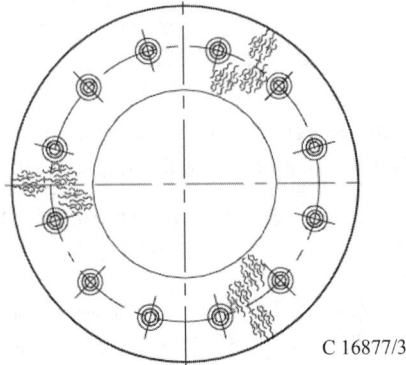

C 16877/3

图5-22　轮盘表面龟裂示意图

2. 表面裂缝

　　未从内径贯穿到外径，但深度已贯穿制动盘厚度的裂纹称为表面裂缝。如图5-23所示。

　　（1）如果 $a < 80$ mm，$b < 60$ mm，裂缝是允许存在的。制动盘可以允许有多个随机排布的裂缝。

　　（2）如果 80 mm $\leq a < 100$ mm，60 mm $\leq b < 80$ mm，裂缝在一定条件下允许存在。可以继续运行至下次检查。

　　（3）如果 $a > 100$ mm，$b > 80$ mm，裂缝不允许存在。有此类裂缝的制动盘须尽快加以更换。

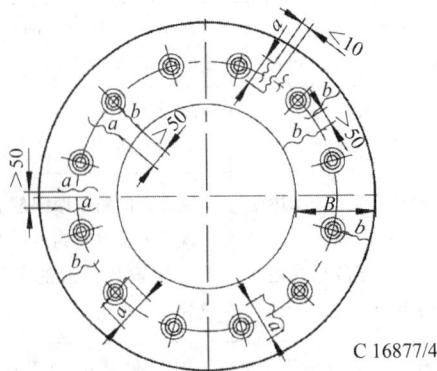

C 16877/4

图5-23　轮盘表面裂缝示意图

3. 穿透裂纹

制动盘的两条摩擦带上不允许出现从内径贯穿到外径以及贯穿散热通道的穿透裂纹，有此类裂纹的制动盘必须立刻更换，不能继续运行。如图 5 – 24 所示。

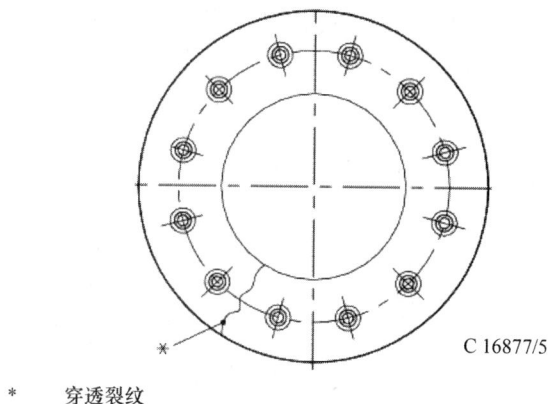

* 穿透裂纹

图 5 – 24 轮盘穿透裂纹示意图

在轴盘检修过程中，轴盘依据如下细节进行裂纹检测。裂纹分为表面龟裂、表面裂缝、表面裂纹和穿透裂纹。

1. 表面龟裂

表面龟裂对于运行没有什么影响，允许在制动盘上任意位置出现。如图 5 – 25 所示。

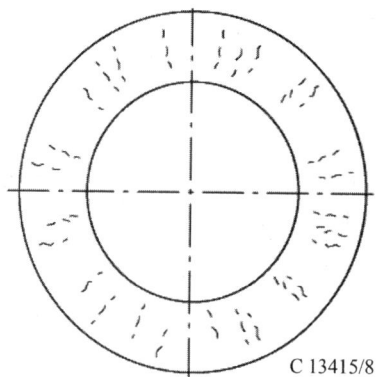

图 5 – 25 轴盘表面龟裂示意图

2. 表面裂缝

未从内径贯穿到外径，但深度已贯穿制动盘厚度的裂纹称为表面裂缝。如图 5 – 26 所示。

（1）如果 $b < 50$ mm 且两条裂缝之间的距离大于 100 mm 的多处裂缝，允许存在。

（2）如果 50 mm $\leqslant b < 70$ mm，裂缝在一定条件下允许存在，可以继续运行至下次检查。

（3）如果 $b > 70$ mm，裂缝不允许存在。有此类裂缝的制动盘须尽快加以更换。

3. 表面裂纹

表面裂纹是指裂开但未贯穿制动盘厚度的裂纹。如图 5 – 27 所示。

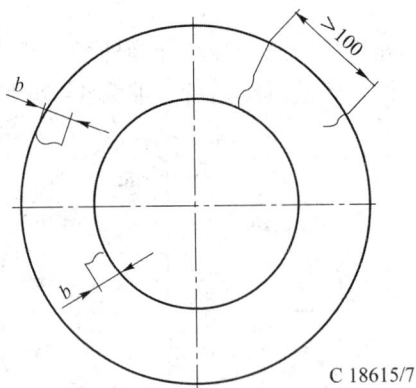

C 18615/7

图 5 – 26　轴盘表面裂缝示意图

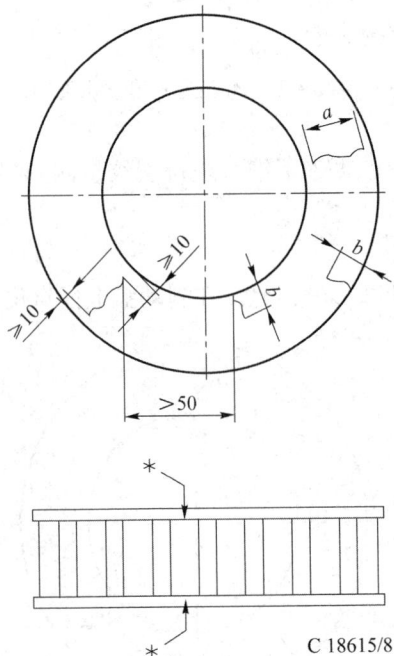

C 18615/8

* 彼此相对裂纹

图 5 – 27　轴盘表面裂纹示意图

在下列条件下允许存在多处表面裂纹：

（1）$a < 100$ mm，裂纹既未触及内径也未触及外径。

（2）$b < 100$ mm，裂纹触及了内径或外径。

（3）$a < 100$ mm，但到外径和内径的距离 $\geqslant 10$ mm 且两条裂纹之间的距离 > 50 mm。

（4）只允许出现一处彼此相对表面裂纹长度 $\leqslant 70$ mm 的裂纹。

4. 穿透裂纹

在连接处及制动盘的两侧摩擦带上不允许出现从内径贯穿到外径以及贯穿散热通道的穿透裂纹，有此类裂纹的制动盘必须立刻更换，不能继续运行。

5.3.3　动车组制动系统检修操作办法

制动系统检修同其他系统检修要求一致，作业人员必须做到"眼口手"一致，即眼看、口呼、手指（或手电指），细心观察，牢记安全责任，才能防止故障的漏检。制动系统的一、二级检修工作主要集中在车下作业、车下地沟作业过程中，作业空间局限、作业面光线不足、检修部件密集，使得检修作业难度较大，极易出现漏检现象，造成不良后果。因此，各局、段一般都会根据不同作业车辆制定针对性较强的作业指导书，只要严格按照作业指导书要求步骤、操作规程进行检修作业，即可避免常规性的漏检现象。

作业指导书中包括了检修部件、操作方法、应注意的典型故障及部分的检修限度。以基础制动装置为例，针对基础制动装置的作业指导书就将分别对悬吊部件、制动杆及拉杆、停放制动风缸、制动风缸、制动管系、制动夹钳、制动闸片托架、闸片 8 个部件的不同的常见问题分别制定检修作业具体要求。以 CRH380B 型平台车辆基础制动装置检修为例，可以具体看出检修作业过程中的检修要求。如表 5 - 4 所示。

表 5 - 4　CRH380B 型平台动车组基础制动装置检修作业方法（部分）

序号	作业项目	作业内容及标准	作业图示
1	基础制动装置	检查基础制动装置前，口呼："检查×车×位基础制动装置。"	
1.1	悬吊部件	①看并用手电指：外观状态良好，各零部件齐全、无缺失、松动、破损、裂纹等。 ②看并用手电指：安装螺栓紧固，无松动、脱出、缺失等，防松标记无错位。	
1.2	制动杆及拉杆	①看并用手电指：外观良好，表面无异物、变形、破损、裂纹等。 ②看并用手电指：安装状态良好，制动杆及拉杆与制动闸片托架、制动缸间安装螺栓紧固，垫圈完整，无松动、脱出、缺失等，防松标记清晰无错位。	
1.3	停放制动风缸（02、07 车）	①看：外观良好，缸体各零部件齐全、无异物、松动、破损、裂纹等。 ②看：制动风缸及制动钳杠杆各螺栓安装紧固，无松动、脱出、缺失等，防松标记无错位。 ③看：制动风管外观状态良好，安装螺母紧固，无松动、漏气。	

序号	作业项目	作业内容及标准	作业图示
1.4	制动风缸	①看并用手电指：外观良好，缸体各零部件齐全，无异物、松动破损、裂纹等。 ②看并用手电指：橡胶防尘罩外观良好，表面无变形、破损等。 ③看并用手电指：制动风缸及制动钳杠杆各螺栓安装紧固，无松动、脱出、缺失等，防松标记无错位。 ④看并用手电指：制动风管外观良好，安装螺母紧固，无松动、漏气。	
1.5	制动管系	①看并用手电指：外观状态良好，表面无异物、变形、破损等。 ②看并用手电指：安装状态良好，管接头无松动、错位、漏气，防松标记清晰无错位。	
1.6	制动夹钳	①看并用手电指：制动夹钳装置配件齐全，与转向架间安装螺栓紧固，无松动等。 ②看并用手电指：外观良好，表面无异物、破损、裂纹等。 ③看并用手电指：各部安装螺栓紧固、垫圈完整，无变形、破损、缺失等，防松标记清晰无错位。 ④看并用手电指：制动盘与闸片间隙符合3～6 mm限度规定。	
1.7	制动闸片托架	①看并用手电指：外观良好，表面无异物、变形、破损、裂纹等。 ②看并用手电指：制动闸片托架吊耳螺纹销及安装螺栓紧固，无松动、脱出、缺失等，防松标记清晰无错位。 ③看并用手电指：制动闸片托架防翻转机构安装牢固，表面无异物、变形、折断、破损、裂纹等。 ④看并用手电指：锁簧、防护帽、固定开口销等各部件牢固，无松动、脱出、缺失、破损、裂纹等。	

序号	作业项目	作业内容及标准	作业图示
1.8	闸片	①看并用手电指：外观状态良好，无偏磨等；表面无异物、破损、裂纹等。 ②看并用手电指：闸片元件无破损、缺失、脱落等，用钢板尺测量闸片厚度不超限。 〔表〕项目：闸片厚度；原型尺寸：17 mm；检修标准：闸片最薄处 ≥7 mm（含钢背厚度）	
		基础制动装置检查结束后，口呼："×车×位基础制动装置状态良好，各部位限度符合要求。"	

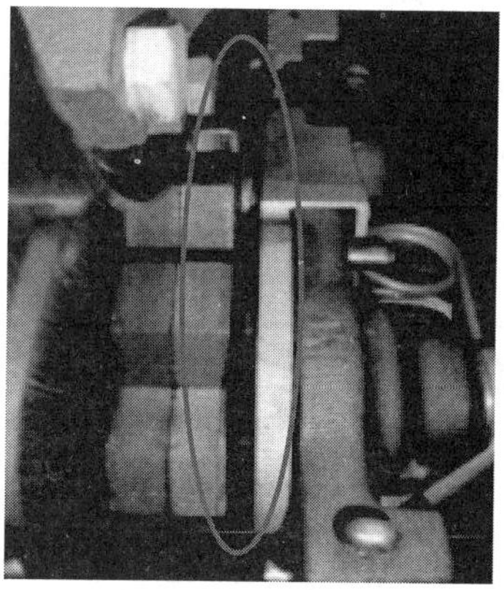

5.3.4　动车组制动系统检修质量考评体系

对动车组制动系统检修工作进行质量考评是对制动检修人员工作的最直观反馈。在动车组运用现场，铁路局将会每半年、动车（客车）段将会每个月对车辆的检修工作进行质量鉴定，最终会对每列编组动车组建立成套的质量管理体系。这不仅是为了保证列车日常运用的安全，提升质量管理效率，同时也是对动车组从业人员的更高要求。

在动车组检修质量考核体系中，对于供风及制动系统检修质量的考核是十分重要的内容，因为本模块的检修质量好坏将直接影响列车运行的安全。对于本模块主要面向三个系统进行考核：

①供风装置：对于供风装置要求主空压机、辅助空压机运行状态良好，安装牢固，电气连接器连接牢固，油位、油色正常、无漏泄；各风缸、供风管路、各阀、滤尘器等安装牢固，无损伤、无漏泄；橡胶管路无老化、无鼓泡。

②制动控制装置：对于制动控制装置要求各部配件齐全、安装牢固、状态良好。

③基础制动装置：对于基础制动装置要求制动夹钳装置配件齐全、安装牢固、无漏泄；踏面清扫装置、闸片无裂损，安装正确，限度符合规定；停放制动手缓装置安装牢固、作用良好；增压缸安装牢固、无变形，悬吊部件无裂纹，管路无漏泄，行程杆符合限度要求；防滑阀状态良好。

如果达不到以上的检修要求，将会根据出现的检修不足进行 A、B、C、D 四类故障的认定，认定标准如表 5-5 所示。

表 5 - 5 动车组制动系统检修故障认定标准

系统名称	故障类别			
	A	B	C	D
供风装置	各风缸、供风管路、各阀、滤尘器等安装松动 1 处	主空压机、辅助空压机、电气连接器安装松动 1 处；油位、油色异常，渗油 1 处；橡胶管路老化、鼓泡 1 处；漏泄 1 处	主空压机、辅助空压机运行状态不良 1 处；安全阀失效 1 处	
制动控制装置	配件安装松动 1 处	漏泄 1 处	状态不良 1 处	
基础制动装置	松动、变形 1 处	踏面清扫装置、闸片裂损、超限 1 处；停放制动手缓装置作用不良 1 处；漏泄 1 处；增压缸行程杆超限 1 处	制动夹钳作用不良 1 处；闸片开口销缺失 1 处；增压缸悬吊部件裂纹 1 处；防滑阀作用不良 1 处	踏面清扫装置、闸片错装、缺失 1 处

检修故障认定后，不同类别的故障将相应扣除不同分值的分数，其中 A 类每处每件扣 5 分，B 类每处每件扣 10 分，C 类每处每件扣 20 分，D 类每处每件扣 100 分。而整列编组动车组最终评分计算方法为：每列动车组满分为 1 000 分，实际得分 = 1 000 - 鉴定辆均扣分 × 8，成绩不得出现负分。根据每列动车组不同得分，评定本列动车组等级，实际得分 900 ~ 1 000 分为 A 级动车组，800 ~ 899 分为 B 级动车组，700 ~ 799 分为 C 级动车组，700 分以下为 D 级动车组。

所以，以动车组制动系统检修为代表的动车检修工作有着一套完整的操作指导与评价体系，建立动车组检修质量管理体系是借助现代管理理论引进动车组运用现场的一套行之有效的考核评价体系，能够对列车检修故障进行预判、预处理，客观反映工作人员检修工作效果，最根本的目的是保证列车检修质量从而保证列车运行的安全。

任务实施与评价

（1）下发任务单，明确学习任务、主要内容、知识目标、能力目标、素质目标要求；

（2）学生按任务单要求制订学习计划，完成预习任务及相关知识准备；

（3）介绍动车组制动系统检修限度含义、检修作业的操作要求、质量评价体系重要意义；

（4）教师组织学生观看制动系统检修操作视频，了解现场操作情况；

（5）教师组织学生小组进行制动系统检修的操作；

（6）学生进行学习自我评价及学习小组成员互评，教师及小组长（副组长）进行学习他人评价并检查任务完成情况。

【任务 4】　动车组制动系统故障分析与处理

任务单

任务名称	动车组制动系统故障分析与处理					
任务描述	动车组制动系统是动车组中有较大磨耗的构成系统，同时自身有着较多的组成部件。因某个部件功能不良或检修不严格都有可能导致制动系统故障。作为动车组从业人员，能够分析出制动系统故障原因并作出正确的处理，是保证列车安全运行所应具备的基本素质。					
任务分析	了解集中典型的制动系统故障形式；掌握集中典型故障形式分析办法；掌握集中典型故障形式处理方法并动手实操。					
学习任务	【子任务 1】请根据本部分内容介绍的 5 种典型制动系统故障，总结归纳处理制动系统故障的原则。 【子任务 2】小组配合，利用实训室动车转向架设置典型制动系统故障，并说明可能导致的后果，并由其他组同学给出解决方案，并进行修复。					
劳动组合	在学习集中典型制动系统故障后，总结处理故障基本准则，并利用实训用转向架模型进行实地演练。					
成果展示	学生完成本节任务单相关任务，进行制动系统故障处理实地演练。					
学习小结						
自我评价	项目	A—优	B—良	C—中	D—及格	E—不及格	综合
	安全纪律（15%）						
	学习态度（15%）						
	专业知识（30%）						
	专业技能（30%）						
	团队合作（10%）						
教师评价	简要评价						
	教师签名						

学习引导文

　　动车组较好的制造质量与检修质量虽然能够有效地降低制动系统故障，但是动车组制动系统是一个由较多元器件构成的大系统，不可避免地存在制造质量不足或运用不规范、检修不到位等原因导致的故障发生的系统性风险。作为动车组从业人员，无论是从事动车组司机、机械师、检修人员岗位都应掌握一些动车组典型制动系统故障形式，并能够在故障发生现场进行分析处理，按照故障处理流程进行反馈、上报。

动车组制动系统故障的出现根据车型、运用情况会有极大的随机性，很难对故障的产生进行预测和判断。但是根据现场运用情况进行总结，一般动车组制动故障会较为集中地出现在基础制动装置、BCU 单元、管路连接、司控器等部件，针对以上可能集中出现故障的部件进行典型故障形式了解、掌握分析故障方法、积累故障排除经验将会对日后的相关工作有较大帮助。以下，将会借鉴几例现场出现过的典型故障进行展示分析。

5.4.1　制动盘与制动闸片出现火花造成途停

某局担当 Dxxx（A 站—B 站）5056 号动车组，通过 C 站时，车站通知机后 2 位 2 车车下有火星，司机停车检查。检查 LT 屏各车制动均显示正常，电子仪器显示全列制动缸压力为 0。停车后下车检查 1、2、3 位走行部，并探身检查各制动闸片和制动盘均未发现异常，做制动缓解试验正常开车，停车 7 min。

列车继续前行通过 D 站时，车站通知 2 位车下有火星，停车检查。BPS 面板无故障显示，TD 屏显示全列制动缸压力均为 0。停车后下车检查 06、07、00 车走行部，并探身检查各制动闸片和制动盘，发现 07 车 1 位轴 3 位闸盘 1 位侧闸片与闸盘间有夹渣，闸盘有划伤，3 位闸盘 2 位侧正常。手动将 505607 车制动与停放制动切除，做制动缓解试验正常后开车，停车 26 min。

车辆回段后进行库内检查处理，下载 BCU 和 TCMS 记录均未发现与制动相关的故障信息。检查 505607 车基础制动装置，发现一位轴 3 位闸盘 1 位侧面与闸片间夹有闸盘被硬物刨刮下的片层状堆积物，闸盘有圆周状刮痕，2 位侧面与闸片未见异常。故障图片如图 5-28 所示。该车其他部件未见异常。卸下 1 位侧闸片，发现堆积物为长条形，边缘不规则，尺寸约为 300 mm×90 mm，闸片存在多处缺损。更换新闸片后，恢复该车制动，进行了 3 次制动试验，制动缓解正常。

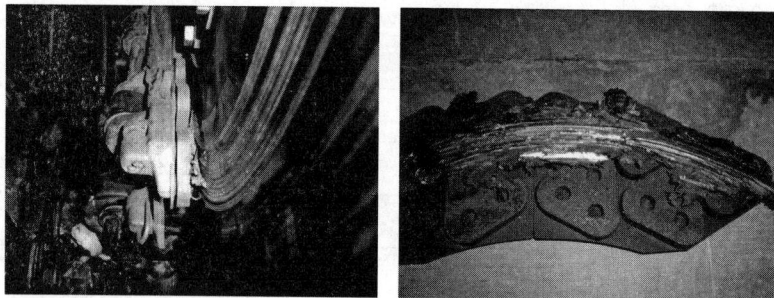

图 5-28　制动盘与闸片划伤

后经分析，本次故障产生的原因是闸片局部剥落，剥落体挤在闸片与制动盘间，在运行中刨刮制动盘。由于制动盘和闸片间隙较小，刨刮下的片状屑不能掉落到轨道上，逐步堆积挤压在制动盘与闸片间，即使制动不施加也会与制动盘摩擦产生火花。

在本次故障处理过程中，由于司机错传行车指令信息，致使第一次停车未能准确查找到故障点，同一故障造成二次停车，耽误故障处理。在处理类似故障时，停车检查，应先切除故障车制动和停放制动，使闸片和闸盘离开缝隙，再进行制动缓解试验。

5.4.2　BCU 报重大故障

某局担当 Dxxx 次（A 站—B 站）5062 号动车组及其循环交路。11:15，A 站正点开车；

11:16，BPS 屏闪现停放制动施加，动车组起紧急制动停车。TD 屏显示 03 车 BCU 故障，停放制动缓解状态不正常。全列 BCU 报重大故障。经大、小复位后故障未消除。机械师下车检查 03 车是否处于制动状态，车下是否有管路漏风，确认后无漏风处所。

车辆回库后进行库内检查处理，下载 TCMS 故障记录和 BCU 故障代码，并对 BCU 软件版本进行了检查，发现 506203 车 BCU 故障代码中存在 28（指 MB04B 内部通信故障）代码，并且 CB09A 板的软件版本显示为"?"号。在更换 CB09A 故障电路板后，制动恢复正常。

后经分析，本次故障由于 506203 车 BCU 的 CB09A 板卡软件信息检测不到，导致整列车的制动 MVB 线断开，出现 BCU 重大故障报警，并在 BPS 屏和 TD 屏显示最终在 TCMS 中记录。

在检测不到 CB09A 软件信息后，BCU 的 MB04B 板无法将检测到的停放制动状态传送给 TCMS，系统误认为停放制动施加，断开安全环路，导致列车施加紧急制动。

在处理本次事故类似的情况时，应注意：

①查看 TD 屏相关故障信息，如发现头尾车信号受干扰的信息，则进行复位操作，恢复正常后正常运行。

②查看 TD 屏是否弹出 BCU 故障信息，如果有，断开故障车 QEL 柜中 30Q02 空开，查看 BPS 屏 BCU 重大故障指示灯是否熄灭，如熄灭，TD 屏仅显示该车制动控制单元故障，其他车均恢复正常，则继续运行；如重大故障指示灯不熄灭，恢复 30Q02，断开 30Q01，将该车做关门车处理，按铁路部门限速规定运行。

5.4.3　管路泄漏导致停放制动非正常施加

某局担当 Dxxx 次（A 站—B 站）5026 号动车组，运行至 C 站—D 站间，BPS 屏显示停放制动施加，动车组紧急制动停车，TD 屏显示 01 车停放制动施加，将该车制动切除，制动缓解正常后开车，停车 5 min。

车辆回库后进行库内检查处理，发现 502601 车 1 轴停放制动缸三通连接软管存在外物击打破损痕迹，故障图片如图 5-29 所示。更换软管后恢复正常。所以本次故障是由于停放制动缸连接软管被外物击打漏泄，导致停放制动非正常施加，列车起紧急制动。

图 5-29　管路发生破损

本次故障处理过程中，司机仅需将502601车的停放制动切除即可，不需切除整辆车的空气制动。类似的故障处理要点为：车上确认停放制动所施加的车辆后，下车切除该车停放制动，制动缓解试验正常后开车。如车上不能确认施加停放制动的车辆，则施加常用制动，缓解停放制动，随车机械师下车确定泄漏点。

5.4.4 列车管脱开导致途中停车

某局担当Dxxx次（A站—B站）重联动车组5004A＋5002A号，14：30，在C站—D站间，全列制动施加（BPS显示常用制动施加，查看TD屏显示常用制动为红色）；14：32停车，安全环路正常，总风表800 kPa、制动管600 kPa，常用制动缓解试验时制动不缓解。分别进行TCMS复位、断蓄电池复位、断30系列空开复位操作，故障均未消除。机械师下车检查，未发现有漏风现象，再次询问司机仪表压力是否正常，制动是否缓解。司机回复，仪表无异常，全列制动不缓解。又对30系列空开复位操作，故障仍然未消除。做备用制动试验，并打开（500401车）D03手柄，同时后组机械师迅速赶到500400车、500201车、500200车依次打开D03。15：21，司机通知机械师列车管压力表压力迅速归零，总风压力有波动开始下降。机械师下车检查，发现500200车2位转向架2位侧列车管有严重漏风现象，将500200、500207车之间列车管折角塞门关闭，并对500200车做制动关门车处理。通知司机进行制动缓解试验，制动缓解正常，进行牵引试验，全列无牵引。15：38，开始对故障进行修复处理。15：53，列车管修复完毕，制动和牵引试验正常。前行2 m后风管再次脱开。15：58，切除5002A全列制动，分解气车钩，以5004A车带动5002A车运行，限速120 km/h。20：36到达E站，将500200车D08压力开关接线插头拔下，连接电气车钩，做牵引试验正常。机械师对500201至07车常用制动和停放制动进行恢复后，制动、缓解试验正常。终到晚点4 h 29 min。

车辆进行库内检查处理，发现500200车2位转向架2位侧列车管未安装固定管卡子。现有两管卡子间距1 470 mm，距右侧800 mm，距左侧670 mm处应安装固定管卡子。同时通过现场检查发现，活节两侧列车管差位30 mm，产生别劲。故障图片如图5-30所示。

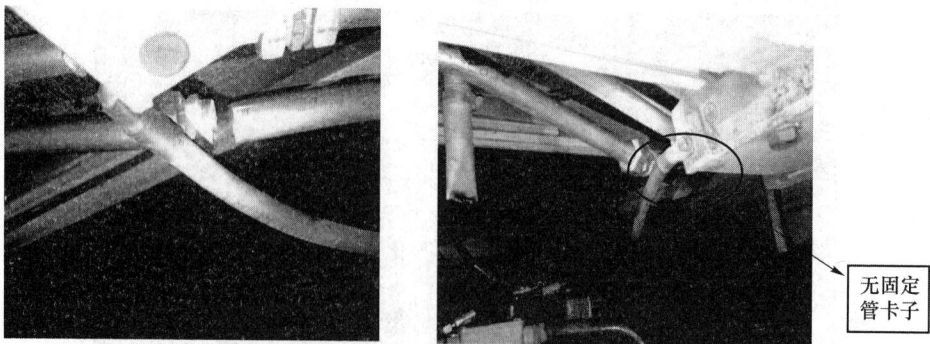

图5-30　固定卡子缺失，列车管脱开

导致本次列车停车的主要原因如下：

①列车管脱开原因：该处列车管活节两侧主管差位30 mm，组装后已产生别劲，并且由于未安装固定管卡子，运行中产生振动导致列车管活节松动、漏泄及脱开。

②牵引封锁原因：D08 压力开关用来采集列车管压力，在列车管无风时为闭合状态，给 TCU 反馈接地信号，牵引封锁。当时 500200 车列车管活节脱开，TCU 接到接地信号，造成牵引封锁。

显然司机及机械师在处理故障的过程中，对原理及结构掌握不清楚，导致故障处理时间过长。正确处理此类事故的方法是：停车后施加保持制动，缓解停放制动，同时观察司机室的总风表和列车管风表压力是否正常。下车检查，应该能听到漏风的声音，根据压力表情况确定漏风的位置，并查看漏风处是否能够现场修复。

如能修复，执行以下操作：将脱管处的风排净，将松脱管处的管卡松开（如果有管卡），将管件的六角螺母、卡环、平垫圈、橡胶圈拆下，察看橡胶圈是否损坏，如果损坏或丢失，进行更换。安装时，先将六角螺母套在管上，其次将卡环套在管上（平端头朝向管子端头），然后将平垫圈套在管上，最后将橡胶圈套在管上，将管子端头插入固定的管件，扭紧六角螺母。恢复关闭的塞门，如无漏风，动车组可继续运行。

如不能修复，执行以下操作：如果总风管泄漏，将该车每端的两个总风折角塞门关闭，并将该车进行关门车处理。如果该车两侧均有风源系统，则通知司机进行间断性的强迫泵风，以保证整列车（除故障车外）的总风用风。如果该故障车的一侧没有风源，则这一侧所有车辆（包括故障车）的卫生间不能使用，并将头车的 Z30 阀打开，如为主控端头车还需将总风压力开关 D15 的插头拔下。此时限速 160 km/h 运行。如果是列车管泄漏，将该车每端的两个列车管塞门关闭，做制动关门车操作；打开尾部司机室的 D03 阀，并将尾部司机室的备用制动手柄推至完全缓解位，继续运行。

5.4.5　轴抱死

由某局担当的 Dxxx 次（A 站—B 站）5050A 号动车组，BPS 屏轴抱死指示灯瞬间闪亮报警，TD 屏弹出 505002 车 4 轴抱死，TD 屏制动缓解指示栏并无制动显示，电子仪器栏制动缸压力为零。检查 02 车 4 轴制动单元闸片缓解良好，未见异常，运行回库。

车辆进行库内检查处理：①下载 BCU 故障记录，发现 505002 车 BCU 存在 17 的故障代码（代码含义为 4 轴速度传感器信号故障），通过克诺尔调试软件查出 4 轴速度传感器输出电压为 15 V，超出正常范围。②打开 4 轴 7 位端轴箱前盖，发现速度传感器有破损。③更换新的速度传感器后，故障消除。所以，造成本次故障的原因是速度传感器线路破损导致传输信息错误，造成误报。如图 5 - 31 所示。

在处理类似事故过程中，应查看 TD 屏轴抱死车轴的制动缸压力，并下车确认是否是实故障，若是实故障则将单轴制动切除。

5.4.6　司控器故障导致限速晚点

某局担当 Dxxx 次（A 站—B 站）5013A 号动车组，9:48 因 501300 车主控手柄置制动第一扇区、第二扇区时电制动、空气制动均不起作用，全列无制动力，用备用制动停于 C 站内 1 176 km 处。

停车后司机两次做断蓄电池大复位，故障现象仍未消除，主手柄制动力时有时无，使用备用制动继续运行。进行备用制动试验时，发现备用制动不缓解。10:16 再次做断蓄电池大复位操作。10:23 复位操作完毕后试验备用制动正常。10:30 车次限速 120 km/h，启用备用制动于 C 站开车，在 D 站换车处理，晚点 2 h 2 min。

图 5 – 31　速度传感器线路破损

车辆进行库内检查处理，发现 501301 车做牵引制动试验正常，对 501300 车做牵引制动试验时，发现全列无制动。首先检测司控器对制动电子控制单元 BCU1 和 BCU2 的角度值输出信号，通过检测发现司控器对 BCU1 的角度值输出信号没有变化；当司控器手柄无论在制动的哪一个位置，所得到的角度值信号都为 56°。而司控器对 BCU2 的角度值输出信号有变化，但是与实际的司控器手柄位置对不上：司控器手柄在缓解位时角度值信号应为 56° 左右，但是实际检测到的角度值为 32°，并且角度值信号有跳变的现象。下载制动单元故障代码发现有代码 77，该代码反映了司控器角度值信号输出异常，即表示 TBC 超出范围，更换司控器后试验正常。

分析故障原因，得出以下结论：①司控器给 BCU1 的角度值信号无输出，造成了此次故障的第一个现象，也就是司控器手柄无论在一扇区还是在二扇区的任何位置都无制动力的故障。②司控器对 BCU2 的角度值信号偏于制动位，就是说角度值偏小。当角度值偏小时会造成司控器手柄在零位时，车辆产生制动作用。

对于本次故障，司机操作得当，在遇到类似故障时，应使用备用制动，按规定限速，保证运行安全为第一要务。

以上介绍的均为动车组线上运行突发故障的处理，对于突发故障，动车组司机及机械师在处理的过程中应首先保证车上旅客及其他车辆的安全，在做好安全防护的情况下迅速地在车上或申请下车进行检查，明确故障原因，尝试解决故障。在故障确无法解决的情况下，应迅速报告，申请救援。车辆在库内检修发生故障较线上车辆故障有着较好的解决条件，解决问题的检测设备也较为完善，具体解决办法不再介绍。

任务实施与评价

（1）下发任务单，明确学习任务、主要内容、知识目标、能力目标、素质目标要求；

（2）学生按任务单要求制订学习计划，完成预习任务及相关知识准备；

（3）介绍动车组制动系统典型的故障案例，并要求学生总结基本处理准则；

（4）教师组织学生观看制动系统故障操作视频，了解现场操作情况；

（5）教师组织学生以小组进行制动系统故障的实地操作。

参 考 文 献

［1］王月明．动车组制动技术［M］．北京：中国铁道出版社，2014.

［2］张曙光．CRH$_5$型动车组［M］．北京：中国铁道出版社，2008.

［3］饶忠．列车制动［M］．北京：中国铁道出版社，2014.

［4］董锡明．高速动车组工作原理与结构特点［M］．北京：中国铁道出版社，2007.

［5］胡准庆．动车组制动系统［M］．北京：北京交通大学出版社，2012.

［6］王亦军，慎超伦．动车组制动系统维护与检修［M］．成都：西南交通大学出版社，2014.

［7］王伯铭．高速动车组总体及转向架［M］．成都：西南交通大学出版社，2014.

［8］倪文波，王雪梅．高速列车网络与控制技术［M］．成都：西南交通大学出版社，2008.

［9］战成一．CRH$_2$型200 km/h动车组制动系统［J］．机车电传动，2009（1）：4-9.

［10］马青军，辉小斌，陈永春，等．高速动车组列车制动指令研究［J］．中国铁路，2013（增刊）：60-63.

［11］章阳，张洋，蒋军，等．和谐号动车组制动系统制动试验方法［J］．铁道机车车辆，2011（10）：73-76.

［12］李益民．动车组制动系统［M］．成都：西南交通大学出版社，2008.